作者简介

何艳梅　北京市朝阳区实验小学教师。2006年获得北京市紫禁杯班主任特等奖；2008年荣获北京市中小学"十佳班主任"称号，被聘为北京市优秀班主任工作室首批成员；2009年获得"北京市优秀教师""全国优秀教师""全国优秀班主任"称号；2010年荣获"北京市先进工作者"称号。2003年和2011年分别承担北京市青年教育科学规划课题年专项课题。

北京市教育科学"十二五"规划青年专项课题

课题编号：CFA12091

立己达人

促进儿童道德规范的认知与发展

何艳梅◎著

人民日报学术文库

人民日报出版社

图书在版编目（CIP）数据

立己达人：促进儿童道德规范的认知与发展／何艳梅著
. —北京：人民日报出版社，2018.1
ISBN 978－7－5115－5254－9

Ⅰ.①立… Ⅱ.①何… Ⅲ.①儿童—道德规范—研究
Ⅳ.①G611

中国版本图书馆 CIP 数据核字（2018）第 007356 号

书　　　名：立己达人——促进儿童道德规范的认知与发展
著　　　者：何艳梅

出 版 人：董　伟
责任编辑：马苏娜
封面设计：中联学林

出版发行：人民日报出版社

社　　　址：北京金台西路 2 号
邮政编码：100733
发行热线：（010）65369509　65369846　6536528　65369512
邮购热线：（010）65369530　65363527
编辑热线：（010）65369522
网　　　址：www.peopledailypress.com
经　　　销：新华书店
印　　　刷：三河市华东印刷有限公司

开　　　本：710mm×1000mm　1/16
字　　　数：207 千字
印　　　张：13.5
印　　　次：2018 年 5 月第 1 版　　2018 年 5 月第 1 次印刷

书　　　号：ISBN 978－7－5115－5254－9
定　　　价：68.00 元

"仁爱共济、立己达人"是2014年中华优秀传统文化教育指导纲要提出的社会关爱教育。着力引导青少年学生正确处理个人与他人、个人与社会、个人与自然的关系，学会心存善念、理解他人、尊老爱幼、扶贫济困、关心社会、尊重自然，培育集体主义精神和生态文明意识，形成乐于奉献、热心公益慈善的良好风尚，培养青少年学生做高素质、讲文明、有爱心的中国人。正确处理个人与他人和社会、自然等的关系，也是我国道德教育的一个大问题。很多时候，在熟悉的环境和熟悉的人面前，我们可以做得很好，但是到了一个新的环境或者是面对陌生人时我们处理问题的方式就很值得反思。

序　言

　　小学生进入学校，如何正确处理个人与他人、个人与集体，乃至个人与自然的关系都是需要学习的。何艳梅老师根据科尔伯格的理论，找到了小学生面临的道德问题，看似都是孩子生活中的小事，但是如何解决这些小事对学生来说特别重要。低年级学生往往喜欢告状，因为他在面临跟同学的矛盾冲突时是不知道该怎样处理的。这个时候我们单纯地告诉学生"应该宽容"是苍白无力的。利用每一次矛盾冲突的机会，慢慢让孩子学会表达自己的感受，体会对方的感受，这样来慢慢学习维护自己的利益，同时维护同学之间的友情。对于高年级学生来说，他们越来越重视跟同伴的关系，当自己的好朋友犯错以后，自己的友谊和职责发生了矛盾。这个时候个人的利益和集体的利益发生了矛盾。应该怎样去面对？何艳梅老师没有采取说教的方式去解决这些问题，而是采取了集体讨论的方式，所有的人坐下来讨论，说一说自己的感受。让所有的人都表达自己的观点同时也了解别人的想法。这个做法让学生体会到每个人的观点都是不同的，但是独特的，都是值得尊重的。

　　让所有的同学都参与班级管理是何艳梅老师的另一个亮点。所有的人都是管理者又都是被管理者。在这个不同的角色互换中他们体会到了不同视角，不同职责的人是拥有不同体验的。同时，这种轮换让每一个人都成了集体的主人，都能够为集体负责任。在参与班级管理的案例中，一个普通学生就可以提出对班级管理模式的质疑并提出自己的建议。这在很多班级中是不可能发生的。因为班干部固定化，很多学生没有机会参与班级事务的管理，他们把班干部当成"官"来看待，这样的视角让他们只能从被管理的角度思考问题，同时让很多有才能的孩子得不到应该有的施展才华的机会。固定化的班干部制度的弊端很多,而这样的轮换制就能够给所有的孩子机会。让每一个人都觉得自己在集体中是平等的一员。

一个班集体应该是建立在平等的基础上的。每个人在人格上都是平等的。这样的集体才能够培养出独立的自主的人。

北京市教育学院教授 迟希新

2018 年 4 月

目 录
CONTENTS

第一章　德育的难题——知行不一

垃圾——中国教育之痛

中科院动物研究所博士、高级工程师、国家动物博物馆科普策划人张劲硕的一条微博引爆网络，微博首页是一张满地狼藉的图片，下面配了文字："这是学生们刚离开动物博物馆的现场，满地垃圾，一片狼藉。每次博物馆里只要来了孩子，就好不了，破坏力很强……尽管进馆前我们说明了注意事项，但学校老师、家长也不教育孩子如何参观博物馆。博物馆成了游乐场，孩子进来追跑打闹，大声喧哗。"在微博里，张劲硕表示，"我们的博物馆教育做得还差得很远"，同时还指出，这已不是一个学校的问题，而是一个普遍存在的现象。

此文一出，舆论哗然，几千次的转发，百万次的点击率把公共场所学生素质问题推到了风口浪尖。

其实，丢垃圾这件事仿佛困扰了我们很久很久。国庆节的天安门广场上，11万人冒着风雨观看升旗仪式，在瑟瑟风雨中人民庄严肃穆。多么感动人的爱国场景！可是,随后的报道让我们顿时感到羞愧:天安门广场留下的垃圾,最密集处甚至露不出地面。150 名保洁员人手一把扫帚,2 辆清扫车,2 辆垃圾收集车,以"拉网式"的排兵布阵,用了半小时才全部清除。初步估计,清扫的垃圾多达 5 吨左右。

我们 12 年的教育败给了垃圾?

作为一线教师,我坚信每一位老师都不允许自己的学生随地丢弃垃圾,我也坚信无论是小学生、中学生还是成人,一定知道随地丢弃垃圾是不对的。但是问题来了:不对的为什么要做?

一、理性还是感性?

《象与骑象人》的作者,美国心理学家乔纳森·海特(Jonathan Haidt,积极心理学家),说了这样一件有趣的事情:他在读研一的时候读了哲学家彼得·辛格(一位强调人道主义的结果论者)的《实践伦理学》,他被辛格强有力的论点折服了。"看过这本书以后,我在道德上开始反对所有大规模的畜牧养殖。道德上我虽反对,但行动上并没有反对,我还是很喜欢吃肉。看到辛格的《实践伦理学》的头半年我唯一改变的是,每次点汉堡时,我就会感觉到自己的虚伪。"[①]他认为这是自己道德推论上的弱点。但是,他的经历是否也让我们想起了自己的某些相似的经历? 包括我们身边,是不是有很多这样的朋友、家人或者同事? 因此,乔纳森·海特的这个弱点是每一个人都有的,很多时候我们知道哪些是对的,但是我们往往做出了错误的选择。因此,知行脱节是普遍存在的现象:我们的"心",是头放任的大象;我们的"智",是具备掌控能力的骑象人。它们往往意见相左、各行其是,结果往往是:作为智者的骑象人被象带到了大象要去的方向。

这个故事颠覆了我们固有的思维。长期以来,我们一直以为我们的理智控制着情感,当我们做出了错误的判断,往往是情感拖了我们的后腿。正如德育过程中遇到知行不合一的时候,我们往往觉得"是感性的大象干扰了骑象人的选择"。这个时候我们也许认为,如果一个人是绝对理性的,他一定是完美

---

① ［美］乔纳森·海特:《象与骑象人》,杭州:浙江人民出版社 2012 年版,第 178 页。

的人。事实是这样吗？神经学家安东尼奥·达马西奥（Antonio Damasio）曾经研究过额叶皮层部分功能受损的病例。这个病人丧失了大部分的情绪功能，但是分析推理逻辑思考的能力并没有受影响，在智力测验及对社会规则与道德规范等知识的测试中表现得也很正常。"现在，他已不受情绪干扰，那么他是否会变得非常讲求逻辑，能看穿蒙蔽其他人的感情迷雾，走向完全理智之路？情况刚好相反，他发现自己连简单的决定都做不了。这个案例告诉我们另一个事实：理智服务于感性，也就是说，感性做出了选择，然后理性负责对这个选择进行解释。

二、情绪处理是道德判断中被忽视的部分

道德判断就跟审美判断一样。当我们看到一幅画时，通常马上就知道自己喜不喜欢。如果有人要我们解释为什么喜欢，我们就会乱编出一番说辞。其实我们并不完全了解自己为什么会觉得这幅画很漂亮，但我们的阐释模块，倾向于寻找合理的解释。你想为自己喜欢这幅画找出一个冠冕堂皇的理由，所以你就会抓住第一个说得过去的原因（可能是颜色或光线）。道德判断也是一样。两人对某事意见相左时，其实是感觉在先，后来再编理由反驳对方。就算你驳倒了对方，难道对方就会改变心意，接受你的论调吗？当然不会，因为你驳倒的，并非对方真正的立场，他的立场是在他有了判断之后临时编出来的。而这个快速做出的判断来自哪里呢？

《思考，快与慢》的作者丹尼尔·卡尼曼提出了人大脑中的两个运行系统，系统1和系统2。系统1是直觉系统，能够自动化处理问题；系统2是理智分析的系统，处理事情的速度慢。人们的第一反应往往就是系统1做出的，系统2只是在为系统1做出解释。"系统2会进行判断和选择，但它会认可系统1形成的观点和感觉，或将这些观点和感觉合理化。"①系统1的判断来源于我们以前的经历。它是我们的记忆的产物。我们一生的成长中会经历很多的事情，处理这些事情的方法会作为一种技能储存在我们的头脑中，当这个方法很

---

① ［美］丹尼尔·卡尼曼：《象与骑象人思考，快与慢》，北京：中信出版社2017年版，第383页。

成熟的时候就成了一种自然而然的自动化处理,就像开车。刚刚开始学习的时候我们要背下很多的程序,然而一旦我们熟练了,开车对我们来说没有那么多的程序了,就成为了自动化的过程。进入了系统1的直觉判断中。人们在最初遇到不熟悉的问题的时候,因为不熟悉,往往是由系统2来处理,第二次出现相同的事情,就会参照过去的处理方式,慢慢形成了一种常态,也就是成为系统1的"快速且自主发生的,有技能的行为是能快速有效地处理大量信息的能力①。"

这个系统1和系统2的说法与大象和骑象人非常相似。一个是感性直觉的,一个是理智客观的。作为感性的部分大象和系统1也会犯错误,但是更多的时候他们做的判断是正确的,是符合他们自身的需要的。无论是正确的判断还是错误的判断,都是来自这个人过去的经历。过去的经历往往以一种情绪的方式存在于我们的直觉中,因此会让我们更愿意做这件事而不是那件事。"你可能没有意识到你对某个项目持乐观态度,只是因为此项目的领导使你想起了自己亲爱的姐姐。或者,你会厌恶和你的牙医长得像的人。"②这看起来很不合理,但是这就是我们人类大脑处理问题的方式。如何让我们的判断更加合理,降低犯错的几率呢?我们可以放慢速度,让理智的系统2也可以说是骑象人来做判断。更重要的是,在一个人刚刚遇到这类事件的时候就帮助他们形成正确的判断,并让这些判断带给人的是愉悦的体验。这样,正确的方式进入自动化的系统1以后,所有的自动化的判断也将是正确的。而作为小学阶段的道德教育,也正是学生会遇到很多新的问题的时候,在处理这些新问题时,不仅要讲道理,更要处理好情绪问题,让他们从心底留下快乐的美好的记忆。这样道德的行为被重复的概率就会大大提高。

我们目前的教育往往忽视对情绪情感的处理。面对一年级学生的相互告状,老师们往往感到烦恼,觉得孩子们太斤斤计较。其实这个时候是孩子学习处理复杂关系的开始,他们要学习怎样跟同学相处,这对于孩子将来处理更加

---

① [美]丹尼尔·卡尼曼:《思考,快与慢》,北京:中信出版社2017年版,第384页。

② [美]丹尼尔·卡尼曼:《象与骑象人思考,快与慢》,北京:中信出版社2017年版,第384页。

复杂的关系是非常重要的。我看到很多老师告诉孩子要宽容,要多看到别人的优点。这固然是重要的,但是受委屈孩子内心的不愉快情绪没有得到关注,他们违拗自己的情绪来做出所谓道德的选择后,往往是不满的。这种不满就像一座火山早晚会爆发。

吴伯凡在"伯凡日思录"2017年5月26日的节目中跟我们分享了自己儿子小时候的故事:

善良是要有实力的

记得我儿子刚上小学的时候,由于比较老实,我又教育他到学校千万别跟人打架、万不得已你不要去还手,结果他经常挨打,有时候回来还不说。

但有一次他已经挨打以后,我立即发现我的教育方式是有问题的,我当时二话不说立即就把他拉到一个跆拳道馆,让他报名。当时我心里很心疼,这个孩子六岁多,跟那些大人们都一块做准备动作了,但是我挺住了,后来他逐渐练得还不错。

有一次老师来找我,说你儿子在厕所里把四个学生都踹趴下了,我说你应该找那四个同学,四个人打一个人,你找我干吗?我相信这一次对我儿子来说也算是一个小小的成年礼,虽然他只有六岁,他明白了在这个世界上善良是需要实力的,千万不能去欺负人,但是你要做一个善的人,做一个习惯于给予的人、习惯于合作的人,背后是要有实力做保证的。

《道德经》:兵者,不祥之器,国之利器不可示于人。

兵器意味着不祥、凶器,一个国家有特别厉害的武器,不能老拿出来耀武扬威。但是背后还有一个隐含的逻辑——国家一定要有利器,只不过是你不能老拿出来耀武扬威,这是不祥的,会给你招来麻烦甚至杀身之祸的。

所以一方面我们要有人生的基本功,建立社会兴趣,做一个散发温暖的人,但同时散发温暖是要有实力的,做一个善良的人是要有一个防御系统的。这种思维就不是零和思维,不是二选一(要不做一个善良而懦弱的人,要不做一个邪恶而强悍的人),就要做一个强悍而善良的人。

吴伯凡老师指出:孩子在幼儿园是个善良的孩子,他就可能被欺负,人善被人欺、马善被人骑,真有这种现象。这时候你要教孩子要一味地善良其实是害了他,也是在给他构筑一个不健康的世界观。当他不断地受伤害的时候,在他内心会形成一个关于世界的判断和认知,"这个世界是很凶险的,人人都是充满着恶意的",其实这是一个错误的观念。

我作为一线教师,非常赞同这个观点。因为受欺负的孩子往往会成为攻击者。

入学一个月了。孩子们逐渐适应了学校的生活。这天下课后,孩子们排着队去上厕所。不一会儿,就有一个男生跑回来告诉我班里的康帅同学在去厕所的路上插队。到了厕所,还在里面大声喧哗,和另一位同学抢小便池,还把那位同学推倒了,那位同学差点儿磕到池子沿上。现在他们俩还在那里打呢。我一听气就不打一处来,他干这种事不只一回了,且屡教不改。我腾地站起来,准备到厕所抓他个现行,好好教育教育他。可我还没出教室门,康帅脸上挂着笑容,没事似的回来了。我强压怒火,问道:"康帅,你在厕所干什么来的?"他笑嘻嘻地说:"没干什么呀?"我一听,更是生气,说:"同学们说你在厕所又跟其他人抢小便池,还把人家推倒了,你知道这有多危险吗?"他一听,立刻说:"是他先推我的,我先到那个小便池的。"说完,脸上还隐约露出狡黠的笑容。这时,被推的那位同学回来了,我把他叫过来了解情况,和刚才同学们说得一样。我想,铁证如山,这下康帅应该没话说了吧。谁知,他依然铁嘴钢牙,还歪着脑袋气呼呼、狠呆呆地瞪着被推的这位同学。看着他那样子,好像他被冤枉了似的。面对这样的学生,真不知怎样教育他才好!于是,我决定先和他妈妈沟通一下,争取家校共同配合,对他进行教育。

康帅妈妈说他从小上国际幼儿园蒙泰梭利式教学班。这种班的特点是,一个班内年龄大和年龄小的孩子都有,目的是让孩子们在成长过程中学会与人相处,懂得互相帮助。康帅妈妈还说,他在幼儿园时还是挺有爱心的,特别爱帮助比他小的孩子。当然,也时常会出现大孩子欺负小孩子的情况。这就不难理解,为什么总会出现上面康帅跟同学抢厕所或闹矛盾的情况了,因为被欺负久了,孩子必然会反抗,慢慢就演变成欺负人了。不过听他妈妈说康帅是个"顺毛驴",越是表扬他,越是听话。我一听,感觉有了希望,终于找到了解决问题的突破口。

知道了康帅的性格特点后,在日常教育教学活动中,我细致观察他的一言一行,发现闪光点及时表扬奖励,每当这时候康帅可美了。每当康帅有进步时,我也会及时告诉他妈妈,妈妈也会及时表扬鼓励他。渐渐地,他上课坐姿比以前好了,课上专心听讲的时间也比以前长了。为了进一步朝正确的方向引导他,我特地在班里给他安排了个擦地的岗位,他很认真负责,哪位同学灌水时洒了水,他都会立刻拿墩布擦干净。他为班里做好事的时候多了,慢慢地与其他同学闹矛盾的时候也就少了。

记得有人曾经说过"爱自己的孩子是人,爱别人的孩子是好人,而爱别人不爱的孩子才是教师的崇高境界。"那些在学习、思想、行为等方面存在一定偏差的学生,我们称之为"问题学生"。他们往往被忽视、被冷落,殊不知,学生看起来最不值得爱的时候,恰恰是学生最需要爱的时候;殊不知,错过学生的一个教育机会,没准就错过学生的一辈子。"问题学生"同样拥有一颗真诚、纯洁的心灵,也有被尊重、被赏识的愿望。对"问题学生"班主任应当给予他们更多的教育引导和关爱,最大限度地理解、宽容、善待他们。

——《让教育走进学生的心灵》朝阳区实验小学　　周丽丽

这个故事里的康帅就是被欺负后变成了以恶治恶的人。我们可以看出,在康帅犯错后,他对同学充满了恶意,眼神里满是愤怒。而当他欺负完同学后脸上洋溢的是快乐。面对这样一个孩子,我们能说他错了吗? 作为孩子,他是弱者,面对同学的欺负,他能怎样做? 做好人是需要实力的,而作为弱者的孩子怎样面对欺凌真的是一件大事。来到了新的环境,周老师不仅给予了及时的肯定和表扬,还"委以重任"让他有了归属感。我觉得更为可贵的是周老师作为教师的明察秋毫,让所有人没有被冤枉或受欺负。这样康帅也就不用使用攻击行为来保护自己了,他跟同学的关系也就得到了缓解。

面对孩子的"小问题",老师和家长如果只是一味让他"高尚"和"善良"往往会适得其反。道德教育不能走进学生的"心",不能让孩子真的从心底认可,很大的可能就是忽视了"小事情"中的情绪和情感的处理。对于几岁的小孩子,他们自身还是不成熟的个体,他们面对自己的得失还不能正确处理,单纯让他们"达人"的教育是违背人的天性的,因此这样的道德教育也是苍白无力的。

如果说上面的案例是处理个人与他人关系的困惑,丢垃圾的问题就是个人与团体关系处理的问题了。这个基本的公共道德问题为什么屡禁不止？因为人们对在陌生的环境中和熟悉环境中做事的标准不同,在熟悉的环境中我们丢垃圾是在给熟悉的人制造麻烦,必定会招致不满,这样最终的结果是自己的声誉等受到影响和损害;而在一个陌生的环境中,犯错的成本基本上为零,在没有人监督的环境中,在一个陌生的环境中如何自处?"立己达人",首先是"立己",对自己内心的坚守。不随波逐流、不迷失自我是一件特别难的事情。"不忘初心方得始终",如何让人们守住"初心",是道德教育的又一个难题。

三、科尔伯格的道德判断——神奇的阶段5

小学阶段是人社会化的开始。这个阶段孩子们要学会处理自己跟他人之间的各种关系。我从科尔伯格道德判断的分层中寻找孩子们需要面临的一些必须解决的"小问题"。

（一）道德推理的阶段和道德行为之间的关系

著名的理论家、实验科学家、教育家、心理学家 L. 科尔伯格提出了道德推理发展的六个阶段。这种道德顺序是:可能基于和外部强制（阶段1）、交换和需要满足的系统（阶段2）、对法律期望的维护（阶段3和阶段4）,以及理想的或一般的社会组织的逻辑原则（阶段5和阶段6）[①]。在道德阶段研究的基础上,克雷布斯和科尔伯格还做了关于作弊行为的研究。这个研究的目的是看学生是否能够做到诚实或抵抗诱惑。他们在两所学校挑选了123名六年级的学生进行测验。根据测试结果分成了两类,一类是在所有测试中都作弊,一类是在所有测试中都不作弊。然后根据他们属于哪一个道德推理阶段,以此来分析道德推理的阶层和道德行为之间的关系。

---

① [美]L. 科尔伯格:《道德发展心理学——道德阶段的本质与确证》,上海:华东师范大学出版社2004年版,第61页。

根据道德推理阶段,在科雷布斯和科尔伯格

实验中任一测试上作弊的被试百分比①

阶段	阶段人数	作弊百分比
1	27	81%
2	28	64%
3	32	78%
4	31	55%
5	5	20%

从表格中我们看到,处于阶段5的被试者作弊的比例是最少的。

除了这个实验研究,众多的道德教育和心理学家都对道德阶段和道德行为之间的关系进行了实验论证。马克纳戈米(1978)做了一个研究,通过观察被试道德判断和是否采取实际行为来进行分析,表明个体实际行为与道德判断之间的一致性呈单向线性逐渐增长。(被试是18~25岁的102名大学生,其中男女各半。)

按道德推理阶段而分的帮助服药者的被试人数百分比②

阶段	认为他们应该给予帮助	通过指点途径而帮助	通过个人参与而帮助	一致性①	阶段人数
2	36%	9%	0%	25%	11
3	77%	27%	0%	38%	29
4	69%	38%	0%	55%	17
5	83%	73%	20%	88%	29②

注:中间四列数字是处于相应阶段做出相应反应的被试人数百分比。通过指点途径而帮助的被试的平均道德成熟分数(MMS)是430,而没有帮助的平均道德成熟分数(MMS)是350(F=19.4,df=1/88,p<0.01)。道德评定方法是1972年的问题评分方法。

①一致性是指被试认为他们应该帮助服药者并实际上也通过指点途径而给予帮助的被试人数百分比。

②其中5个被试一开始被认为处于阶段6。他们在上述中间四列中的结果分别是100%、100%、60%和100%。

---

① [美]L. 科尔伯格:《道德发展心理学——道德阶段的本质与确证》,上海:华东师范大学出版社2004年版,第530页。

② [美]L. 科尔伯格:《道德发展心理学——道德阶段的本质与确证》,上海:华东师范大学出版社2004年版,第503页。

通过上面的表格我们可以看到:道德阶段越高级,帮助决策和帮助行为之间这种单向线性增长越明显。而且,作出帮助的道义选择和实际帮助行为之间的一致性也随着道德阶段的提高而增长①。道德推理的第 5 阶段,道德判断和道德行为的一致性达到了 88%,其中被认为达到第 6 阶段的被试,更是达到了 100% 的一致性。

这样的研究还有很多,都是从不同的角度论证了道德阶段比较高的被试他们道德水平更高,知行合一的可能性更大。

(二)科尔伯格发现的规律

道德推理的第 5、第 6 阶段都属于后习俗水平。这个水平的被试道德水平和知行合一的程度明显高于其他阶段。也就是说,如果我们帮助学生达到了后习俗水平后,就可以提高学生知行合一的百分比,也就是有效地把道德知识变成了道德行为。

如何达到后习俗水平呢? 下面我们对科尔伯格的道德阶段思想做个简单介绍。

道德判断的发展水平和发展阶段分类②

水平	道德判断的基础	发展阶段
1 前习俗阶段	道德价值存在于外在准物理事件、坏行为或准物理需要之中,而不存在于人和规范之中。	阶段 1:服从与惩罚定向。自我中心主义地遵从上级权力或特权或避免麻烦的趋向。客观责任。 阶段 2:朴素的自我主义定向。正确的行为是工具性地满足自我需要和偶尔满足他人需要的行为。意识到价值对每一行为者的需要和观点而言是相对的。朴素的平等主义与交换和互惠定向。
2 习俗阶段	道德价值存在于扮演好或坏的角色,以及维持习俗的秩序和他人的期望。	阶段 3:好孩子定向。赞许、取悦和帮助他人。服从大多数的刻板印象或自然的角色行为,根据意向判断。 阶段 4:维持权威和社会秩序定向。倾向于"履行义务"、尊重权威和为了自身目的而维护既定的社会秩序。尊重他人所获得的期望之物。

① [美]L. 科尔伯格:《道德发展心理学——道德阶段的本质与确证》,上海:华东师范大学出版社 2004 年版,第 503 页。

② [美]L. 科尔伯格:《道德发展心理学——道德阶段的本质与确证》,上海:华东师范大学出版社 2004 年版,第 49 页。

续表

水平	道德判断的基础	发展阶段
3 后习俗阶段	道德价值存在于自我对共同的规范、权利或责任的服从。	阶段5：契约的立法定向。为了协议而承认规则或期望中的个人喜好成分或起点。根据契约界定责任，一般避免违背他人的意愿或权利，以及大多数人的意愿和福利。 阶段6：良心和原则定向。不仅倾向于实际上已颁布的社会规则，而且倾向于涉及诉诸逻辑普遍性和一致性的选择原则。倾向于以良心作为一种指导性力量，并互相尊重和信任。

　　科尔伯格把道德阶段分成三种主要水平：前习俗阶段、习俗阶段和后习俗阶段（也叫原则水平）。"习俗"一词是指遵守和坚持社会或权威的规则、习俗和期望，之所以遵守和坚持也仅仅因它们是社会的规则、期望和习俗。处在前习俗水平的个体还没有真正理解和坚持习俗或社会规则和期望。处在后习俗阶段的个体理解并从根本上接受了社会的规则，但对社会规则的接受是以理解和接受确定这些规则的一般道德原则为基础的。在某些情况下，这些原则会与社会的规则相矛盾，此时，处于后习俗水平的个体便依据原则而非习俗来判断①。

　　也就是说，处于前习俗阶段水平的人，他们的规则是来自外部，也就是皮亚杰认为的他律阶段。而处于后习俗水平的人他们对规则的理解已经内化了，并且具有自己认可的一般道德原则，这属于自律阶段。也可以说科尔伯格在皮亚杰的基础上把他律到自律进行了细致的划分，由原来的2个阶段变成了6个阶段。研究表明，道德按照由低（阶段1）向高（阶段6）的发展过程，一次一个台阶地通过各个道德阶段。这样我们就可以知道道德成长的各个阶段，我们可以根据阶段的特点为道德教育提供成长的轨迹，我们就按照这个规律和轨迹帮助学生一步一步走向自律的后习俗水平（原则水平）。科尔伯格本人也认为，道德判断的阶段是关于促进个体去行动的规定、规则和原则的思维结果②。

---

①　[美]L. 科尔伯格：《道德发展心理学——道德阶段的本质与确证》，上海：华东师范大学出版社2004年版，第163页。

②　[美]L. 科尔伯格：《道德发展心理学——道德阶段的本质与确证》，上海：华东师范大学出版社2004年版，第599页。

我们可不可以完成跨越,直接进行阶段5的道德教育呢? 答案是:不可以。

道德判断跟智力等有着密切的关系。皮亚杰认为在儿童学会说话后,要经历三个主要的推理发展阶段:直觉行动、具体运算和形式运算阶段。个体的逻辑阶段和他的道德阶段存在着对应的关系。处于具体运算逻辑阶段的人,会局限在前习俗的道德阶段,即阶段1和阶段2上。逻辑阶段仅为"低级"的形式运算的人,会局限于习俗道德阶段,即阶段3和阶段4上。逻辑发展虽是道德发展的必要条件,但不是其充分条件。很多人的逻辑阶段要高于其相应的道德阶段,但绝没有人的道德阶段会高于其逻辑阶段①(Walker ,1980)。也就是说道德判断要以逻辑推理的能力为基础,高级的道德推理必须建立在较高的逻辑推理能力之上。

道德阶段的发展跟年龄虽然有一定的关系,但是关系并不特别紧密。同一年龄段的孩子因为家庭背景和文化背景的不同呈现很大的差异性。在对美国、中国台湾和墨西哥的中产阶级城市男孩的调查中,不同年龄段的孩子的道德判断阶段出现很大的差异。10岁阶段的男孩从阶段1到阶段5人数逐渐减少,也就是说处于阶段1的人数最多,阶段2的人数排在第二,依次排列,处于阶段5的人数最少。13岁的时候阶段3的孩子是最多的。阶段1和阶段2的孩子人数都下降了。到了16岁,阶段5和阶段6的人数都有所增长,阶段1和阶段2的人数基本上没有太多的变化。虽然处于不同国家不同文化背景,但是这三地的情况基本上是一致的。但是在对尤卡坦和土耳其这两地的乡村做调查后发现,它们和以上三地的数据有很大的差异,但是它们两地的数据却非常相似。从10岁到13岁再到16岁,处于阶段1的人数始终是最多的,虽然随着年龄增长阶段1的人数在减少,但是始终处于人数最多的位置。并且直到16岁,阶段3的人数才勉强排在了第2的位置。阶段5和阶段6的人数始终很少②。

根据上面的数据我们可以得知,不同文化背景的孩子他们的差异很大。同时可以知道10岁的孩子基本上都不能拥有阶段5的道德判断,但是可以达

---

① [美]L. 科尔伯格:《道德发展心理学——道德阶段的本质与确证》,上海:华东师范大学出版社2004年版,第162页。

② 此处的分析来自这一页的表格。L. 科尔伯格:《道德发展心理学——道德阶段的本质与确证》,上海:华东师范大学出版社2004年版,第59页。

到阶段 4。而到了 13 岁,阶段 5 的孩子虽然依然属于少数,但是处于增加的态势。因此,小学生的道德阶段是有可能达到原则水平(后习俗水平)的。

道德判断还有一个特点:被试一般能够正确概述低于或位于该水平的所有陈述,也能正确描述高于其所处水平一个阶段的陈述,但不是全部;但他们不能正确概述高于两个或两个以上阶段的陈述①。并且人们有偏好高于一个阶段的陈述的特点。也就是说如果被试处于阶段 3 的时候,出示所有道德阶段的陈述,被试往往会选择阶段 4 的陈述,不会选择阶段 1 和阶段 2 的解释。这种偏好也为我们的道德教育提供了可能:人们喜欢让自己的道德更加高尚。

每个人都渴望被人称为高尚的人、有道德的人。那么作为道德阶段的最高阶段的阶段 6 是怎样思考问题的呢?

阶段 6 属于良心和原则定向。不仅倾向于实际上已颁布的社会规则,而且倾向于涉及诉诸逻辑普遍性和一致性的选择原则。倾向于以良心作为一种指导性力量,并互相尊重和信任。阶段 6 的社会观点是"道德观"的观点,这种观点从理想意义上是说所有的人都应该倾向于把彼此视作是自由、平等自主的人②。阶段 6 的道德取向是理想自我:一种想象自我作为一个好的自我或有良心的人,想象自我的动机或美德的取向(相对独立于他人的认可)。看到阶段 6 的判断依据,我们是否感到这样一个很高尚的境界? 的确,科尔伯格在自己的著作中承认,阶段 6 的样本来自像马丁·路德·金这样的既是道德领袖同时还是一名道德理论的研究生③这样的个体。也就意味着阶段 6 的道德判断水平还是一个理想化假设,原来被测定为阶段 6 的被试,都被重新界定为一个 b 的阶段。这部分最接近阶段 6 的被试,在道德选择和道德行为上的一致性都达到了 100%。也可以说明,当一个人以理想自我为标准来做事的时候,他们的道德更加高尚。科尔伯格于 1958 年在鲍德温和康德理论基础上将后习

---

① [美]L. 科尔伯格:《道德发展心理学——道德阶段的本质与确证》,上海:华东师范大学出版社 2004 年版,第 61 页。

② [美]L. 科尔伯格:《道德发展心理学——道德阶段的本质与确证》,上海:华东师范大学出版社 2004 年版,第 615 页。

③ [美]L. 科尔伯格:《道德发展心理学——道德阶段的本质与确证》,上海:华东师范大学出版社 2004 年版,第 253 页。

俗类型说重新界定为类型 B。"社会自我来自模仿,并导致自我与他人之间的互惠关系,最初是两极自我,交替模仿或顺应作为榜样的他人,然后发展为作为别人的榜样、支配或同化和'炫耀'。当其意识到存在着榜样或权威(如父亲)顺从或顺应规则或规范时,无论他在两极自我——与他人关系中是否是支配性的同伴,这种前道德两极自我都会成为一个理想的道德的自我。在这一点上,孩子们能理解存在于家庭群体中每个人(或大体上每个人)都必须遵循的规则和规范。道德上遵循这些规范的自我是理想的自我,即儿童想成为的那种想象中的自我,而父母知识完整地呈现或示范。"①从他的这个总结中我们可以看到儿童在不同的时期都会有理想的自我作为内在的榜样。他们希望自己成为那个理想的自我,成为别人的榜样。由此推论,成人也需要一个理想的自我,并为了成为那个理想的自我而努力。无论是成人还是儿童,当成为理想的自我以后,即内心的理想自我和现实自我重合以后,我们会产生成就感,这种感觉激励我们走向下一个体验。

理想自我的实现虽然能够提高一个人的道德判断的水平,但是还不是我们最美妙的境界,人类所追求的最和谐、最美好的情景是:"心流体验,即沉浸体验。指的是一种顺畅、无须费力的行动。一旦达到这种状态,我们只需要跟着感觉走就对了。"②"在'心流'状态中,象与骑象人配合得天衣无缝。这时,大部分都是象(自动化过程)处于主导,一路顺畅地向前奔跑,而骑象人(有意识的思想)则完全沉浸其中,搜寻问题与机会,协助象顺利运作。"③心流状态就是理智和感性的契合,也就是孔子提出的"从心所欲不逾矩。"

孔子到了 70 岁才实现了从心所欲不逾矩,这说明人生就是一场修炼,我们为了实现理想的自我不断自我约束、自我努力的过程。而我们的目标就是——成为自己。当我们所有人,都依据自己的"良心和原则"定向自己的行为,不仅倾向于实际上已颁布的社会规则,而且倾向于涉及诉诸逻辑普遍性和一致性的选择原则,倾向于以良心作为一种指导性力量,并互相尊重和信任。

---

① [美]L. 科尔伯格:《道德发展心理学——道德阶段的本质与确证》,上海:华东师范大学出版社 2004 年版,第 647 页。
② [美]乔纳森·海特:《象与骑象人》,杭州:浙江人民出版社 2012 版,第 110 页。
③ [美]乔纳森·海特《象与骑象人》,杭州:浙江人民出版社 2012 年版,第 111 页。

第二章　道德判断各个阶段的核心问题

科尔伯格的道德阶段理论为我们的道德教育提供了一种可能:按照科尔伯格提供的道德阶段,帮助学生逐步从他律(阶段1)到自律(阶段5),最终让学生成为知行合一的人,从而让自己的行为更加符合道德的要求。

一、我和他或他们的问题(前习俗阶段)

前习俗水平分成两个阶段:阶段1和阶段2。

阶段1是他律的道德。他们的社会视角是:具体的个人观点,是朴素的道德实在论。他们往往自我为中心,根据事情的结果来做道德的判断,而不考虑原因和内在的想法。他们认为规则或规范是不可以改变的,但是如果权威认为可以,那么规则是可以被打破的。

阶段2是个人主义的工具性道德。这个阶段的个体开始意识到每一个人都会追求自己的利益,而且这些利益可能会相互冲突。他们承认追求利益是对的。所以会最大限度地满足个体的需要和愿望,而将对自己不利的后果最小化。阶段2的个体对分配公正的理解是在满足自我和他人需要的过程中,平等的价值或财务的具体交换思想。阶段2的局限是,没有提供在相互冲突的需要和利益上的冲突的主张、安排或调整优先权中做出决策的方法。而这是具有阶段3的判断水平才能解决的问题。

阶段1向阶段2过渡,需要培养个体具有什么思想呢? 我认为是——了解别人。作为自我为中心的个体,他们往往站在自己的角度考虑问题。帮助他们从对方的角度思考问题,体会不同的人会有不同的观点和利益。学会站在对方的角度思考问题,需要帮助学生学会换位思考。

二、我和集体或群体的问题(习俗阶段)

习俗水平处于阶段 3 和阶段 4 两个层面。

(一)第三者的角度

阶段 3 是人际规范的道德。他们的视角已经不再是我和他两个点,而是开始关注第三个人的观点。他们开始关注自己和周围的人之间的关系,希望被认可,成为"好孩子"。他们希望建立相互信任的人际关系,承认共同的规则,强调做一个好的、利他的或亲社会的人。阶段 3 所认可的规范是人际关系的需要,依然是一种互惠的关系,只是这种互惠不是阶段 2 的具体的互惠。而是一种债务性的责任概念:他人给了自己重要的或有价值的东西,自己不应该通过简单的一对一的交换方式终止这种不平衡,而要有感激、忠诚或报答的义务感。

阶段 3 和阶段 2 的区别是从对别人的关注到对关系的关注。他们不仅知道了自己和别人想法的不同,也意识到别人对自己的看法决定了自己在同伴中的地位。他们渴望自己是一个好孩子的形象,渴望获得别人的认可。他们不再孤立地看一件事,更加关注这件事情对自己的形象的影响,对自己人际关系的影响。他们开始努力按好的标准来要求自己。因为"好孩子"的标准的确立,帮助个体完成了阶段 2 到阶段 3 的提升。"阶段 2 的重要局限是,没有提供在相互冲突的需要和利益上的冲突的主张、安排或调整优先权中做出决策的方法。"①阶段 2 的个体面对双方的冲突,无法做出决策。也就是说,阶段 2 的孩子作为第三者的旁观角度,不仅仅要考虑甲、乙的感受,还应考虑如何平衡两者的关系并做出判断,但这是他们不具备的能力,因此,我们面对阶段 2 的学生时要引导他们关注第三者的角度。从自己的角度和对方的角度中抽离出来,从作为旁观的第三者的角度来分析和作出判断。

---

① ［美］L. 科尔伯格:《道德发展心理学——道德阶段的本质与确证》,上海:华东师范大学出版社 2004 年版,第 604 页。

（二）从个体到集体的转变

阶段 4 是社会系统的道德。这个阶段个体的视角得到了很大拓展。他们不再关注自己和一个小的生活团体之间的关系和自己的地位。而是有了社会的视角，站在社会所有成员的角度思考问题。他们认为社会系统是一套公平运用于所有成员的一致性的准则和程序。因此，只有当个体的利益与维持整体的社会道德系统相一致的时候，追求个体的利益才被认为是合理的。阶段 4 的被试已经是站在制度和系统做出判断，评价的标准要么是法律与社会制度，要么是道德与宗教制度和信仰体系。

阶段 4 可以说是一个巨大的突破，个体第一次突破了自我的局限，站在一个群体的角度、站在社会的角度来思考、看待问题。这需要一定的思维水平和社会经历才能够达到。阶段 4 的人认为，规范是为了促进群体的合作或社会贡献，是为了避免争论和混乱的规则。他们认为规则是大多数人设置的，为了维护大多数人的利益，因此无论你是否同意都应该遵守。他们认为每一个人都是平等的，创立了"人人平等"的思想，认为个体与集体是"互惠"的。生活在社会制度之中或成为其中的成员会获得利益，而这些利益的获得会引起对社会的责任感、义务感或债务感。也就是个体要对社会负责，要努力做出自己的贡献。

阶段 3 到阶段 4 的重大突破是：从规则的遵守者到维护者的转变。如何帮助学生完成这个突破呢？阶段 4 的个体不只是简单的第三者的旁观角色，而是站在规则的角度思考问题，这个转换不是个体跟个体的转换，而是从一个个体变成一个群体利益的角度。这个转变是巨大的，这不仅需要比较高级的逻辑思维能力，同时还需要很多实践经验的积累。为了完成这个经验积累过程，我们需要让学生参与班级的管理。参与管理是从阶段 3 到阶段 4 提升的关键。

科尔伯格在研究中发现，一大部分成人的道德判断水平是属于阶段 4，而且有的人再也没有提升，没有进入到阶段 5 的水平。因此，从阶段 3 到阶段 4 这个过程对于小学生来说是有难度的，是一个缓慢的过程，有很多的孩子，在整个小学阶段都是在完成这个提升的过程中。

三、做个设计者（后习俗阶段——原则阶段）

（一）知行合一的阶段 5

阶段 5 可以说是目前人们能够达到的最高的道德判断阶段。阶段 5 的被试表现出道德判断和道德行为的一致性是最高的。因此我把帮助学生拥有阶段 5 的道德判断的能力作为道德教育的最高目标。

阶段 5 是人权与社会福利的道德阶段。这个阶段的被试属于理性的道德行为者，他们认为每个人都拥有可普遍性的价值观和权利。每一个人都会选择这些价值观和权利以建构道德社会。社会系统在观念上被看作是一种契约，为了保护权利和改善所有成员的福利。社会是以合作和协议为基础的。在这种观点中，社会制度、规则和法律的评价要通过参照它们对社会中每个个体或群体的福利的长期影响来进行[①]。而当个体的福利和社会的法律和规则相冲突的时候，阶段 5 的被试也关注少数人的权利，认为有一些基本的权利是不可以被剥夺的。这是阶段 4 的被试中没有出现的，也是阶段 5 和阶段 4 的不同的核心所在。

有些权利是不可侵犯的，即使是在自由选择的契约中，这些权利也不能被剥夺。每个人都有义务作出支持这些权利的道德选择，即使它们与社会的法律或规则相冲突[②]。从这个论述我们可以看出，阶段 5 的被试不仅仅只是知道规则，他们知道为什么要制定规则，制定规则的原则和标准是什么——维护每一个人不可侵犯的权利和福利。因此，他们不是规则和法律的被动执行者和维护者，他们会审视规则和法律中的不合理，当每个人的不可侵犯的权利和法律规则相冲突时，他们会尊重每一个人的不可侵犯的权利和福利。因为他们知道，法律和规则不可能关注到每一个个体的需要，而维护每一个人的基本的权利才是法律和规则要做的事情。他们会考虑群体的长久的福利和影响，而不是只局限于眼前的一件事情。

---

① ［美］L. 科尔伯格：《道德发展心理学——道德阶段的本质与确证》，上海：华东师范大学出版社 2004 年版，第 612 页。

② ［美］L. 科尔伯格：《道德发展心理学——道德阶段的本质与确证》，上海：华东师范大学出版社 2004 年版，第 612 页。

如何从阶段4走向阶段5呢？那就是参与设计。在小学阶段，让学生参与设计班级的文化、班规、分配方案……设计的时候就要从全局考虑，同时要考虑每个人的需要，更重要的是，他们要想到这样设计对未来的影响，以及他们的设计要维护什么。有了这样的经历，孩子们就会形成这样的思维模式，逐渐进入到阶段5的状态。

（二）具有"核查"功能的阶段6

首先要说明的是：在后期科尔伯格把阶段6做了弱化，因为他没有找到阶段6的样本。他承认建构阶段6理论界定的个案材料来自少数英才样本的作品，这里所指的英才是从他们受到的正规哲学训练和他们作为道德领袖所具备的能力及承担的义务这一意义上说的。马丁·路德·金便是这样一个典范，他不仅是一位道德领袖，而且还接受过有关蒂利希（著名神学家、哲学家）的研究生教育①。

科尔伯格把阶段6定义为：可普遍性的、可逆性的以及规定的普遍伦理原则的道德。这是使用罗尔斯的理论来定义的。这种观点从理想意义上是说所有的人都应该倾向于把彼此视作是自由、平等自主的人。这意味着要平等地考虑受到将要作出道德决策影响的每一个人的观点或主张。这种规定的角色承担受到程序的控制，这些是设计来保证角色承担中的公平、公正或可逆性的②。科尔伯格坚持保留这一公设是因为："我们把罗尔斯的理论用做阶段6部分理性模式的原因，是我们认为它是反省的平衡性和可逆性概念的一个范例。皮亚杰或'硬'结构阶段假定它具有人际互动中的公正领域的特征③。"

阶段6强调的是哲学层面的普遍原则：首先，它是积极的规定，而不是消极的禁止（不能杀人、不能偷药或骗人）；其次，它们适用于所有的个体与情境。为了每个人的最高生活质量原则，与他人同样的自由相一致的最大自由原则，

---

① ［美］L. 科尔伯格：《道德发展心理学——道德阶段的本质与确证》上海：华东师范大学出版社2004年版，第253页。

② ［美］L. 科尔伯格：《道德发展心理学——道德阶段的本质与确证》，上海：华东师范大学出版社2004年版，第641页。

③ ［美］L. 科尔伯格：《道德发展心理学——道德阶段的本质与确证》，上海：华东师范大学出版社2004年版，第255页。

在财务和尊重分配中的公道或公平原则①。这些理论可以成为一种"核查"的工具,来帮助我们检验每一种设计的公正性。这种可逆性核查问道:如果你处于另一个人的位置,你会判断这种行为是公平的吗?可普遍性核查问道:如果每个人都这样做,你会判断这种行为是正确的吗?阶段 6 提供逻辑上的推测,解决了阶段 5 的相对性危机的问题。阶段 6 通过罗尔斯的"无知之幕"和"道德音乐椅"等方式让人们的观点尽量达到一致。这就破解了阶段 5 个体间和个体自身之间的矛盾。因此从阶段 5 到达阶段 6 需要逻辑推测来完成。

四、理想自我(软阶段 7)

科尔伯格一直面对着很多学者的质疑,同时他也在不断地对自己的理论进行修正。他形容自己的以前的理论是硬阶段,需要软阶段进行补充。他还根据鲍德温和康德的理论提出了新的后习俗型,重新界定为类型 B,也认可了自律类型的存在。"相对主义的事实也导致我们重新界定存在于习俗和后习俗阶段上的自律的类型说概念。在习俗阶段,即阶段 3 和阶段 4,自律类型被称为类型 B。"②他认可鲍德温的社会自我理论:社会自我来自模仿,儿童交替模仿或顺应作为榜样的他人,然后发展成作为别人的榜样,最终成为一个理想的或道德的自我。儿童都希望成为理想中的自我,这种愿望从阶段 1 就可以看到,可以说是贯穿了所有的道德阶段。对理想自我的向往使个体形成了自律的力量。

在 1984 年,科尔伯格通过福勒(1981)对一些老年样本中的信念访谈为依据的个案材料进行整理时发现:福勒所谓的信念被我们称为伦理和宗教思维的软阶段,它在继后习俗公正推理形成与稳固后仍然表现出某些成人的发展。他认为,伦理与宗教思想的软阶段 7 不但先决并且超越了后习俗的公正推理。他认为这是从一种宇宙观出发,公正与关心的后习俗原则是在那种广义地被称为自然定律的框架中被观察的。在这种框架看来,道德原则不被看成是任

---

① [美]L. 科尔伯格:《道德发展心理学——道德阶段的本质与确证》,上海:华东师范大学出版社 2004 年版,第 615 页。
② [美]L. 科尔伯格:《道德发展心理学——道德阶段的本质与确证》,上海:华东师范大学出版社 2004 年版,第 646 页。

意的人类创造物,更确切地说,它们被看成是与支配人性和宇宙秩序演变的更普遍定律和谐一致的公正原则。科尔伯格相信:以宇宙观的形成为目的的软阶段发展向我们揭示了人类发展的趋势,它们不可能在一种局限于研究公正推理本身的概念框架中被领略①。

对于科尔伯格提出伦理与宗教思想的软阶段7,我是抱着充分理解的态度。正如我们第一章谈到的象和骑象人的故事,科尔伯格开始认为道德问题是理智的问题,最终他发现了很多用理智解释不了的现象——行动没有听从理智的选择。因此他开始寻找"软阶段"。

对于宗教的理解,我更加倾向于尤瓦尔·赫拉利在《未来简史》中的观点:宗教是一种用来维护社会秩序、组织人类进行大规模合作的工具……一方面,宗教和科学的差距比我们一般认为的更小;另一方面,宗教和灵性的差距比我们想象的更大。宗教就是一份契约,而灵性是一个旅程。宗教对世界提出一套完整的描述,并提供一份定义清晰且载明各项预定目标的契约。"……如果你服从上帝,你就能进天堂;如果你不服从上帝,你就会在地狱里烧死。"正是因为这份契约写得清清楚楚,才让社会得以制定和形成各种共同的规则和价值观,从而约束人类的行为②。赫拉利在《未来简史》这本书中详细地谈到了宗教教义的演变,用事实告诉我们:宗教最在乎的其实是秩序,宗教的目的就是创造和维持社会结构③。

现在这个社会上最大的宗教是什么呢? 我想你一定会猜错。因为既不是基督教也不是佛教,不是原本意义上的任何宗教,而是——人本主义。人本主义倡导:人类自己就是意义的本源,因此自由意志是最高的权威。人本主义的口号:"要聆听自己的声音,对自己真诚,相信自己,追随自己的内心,做让自己

---

① [美]L. 科尔伯格:《道德发展心理学——道德阶段的本质与确证》,上海:华东师范大学出版社 2004 年版,第 235 页。

② [以色列]尤瓦尔·赫拉利著:《未来简史》,林俊宏译,北京:中信出版集团有限公司 2017 年版,第 164 页。

③ [以色列]尤瓦尔·赫拉利著:《未来简史》,林俊宏译,北京:中信出版集团有限公司 2017 年版,第 176 页。

快乐的事。"①人本主义的这个观点会不会让人类陷入自私自利道德堕落的境地？答案是否定的。人是群体生活的动物,生活在群体中,就需要内部的合作来对抗外界的竞争。团体的竞争力远远超过个体,所以善于团体合作的人更加容易生存,因此合作的基因得到存活,并成为一种基因或者是跟随个体的类似于条件反射的东西流传下来。基利·哈姆林、凯伦·韦恩以及保罗·布阿姆给6个月和10个月大的婴儿播放动画,动画显示小圆球要上山,小三角帮忙。小正方体捣乱,把小圆推下山。播放到孩子厌烦以后,拿出小三角和小正方体,结果显示:12个6个月大的婴儿全部选小三角;16个10个月大的婴儿中10个选择小三角。可以看出虽然还不会说话,但是他们愿意接近合作倾向的人,回避不愿合作的个体。他们的行为显然不是理性推理结果。他们不会想"小方块对红色的圆形不好,说明小方块可能会对我不好,所以我要回避小方块"。相反,婴儿的判断由自发的程序完成,这种程序对于低级暗示十分敏感……鉴于这种机制出现得如此之早,我们几乎可以断定,这是人类通过基因遗传下来的②。

　　人体里这种基因成为一种直觉,通过感觉来左右人们的决定。所以人脑中有两套操作系统。对于这两套操作系统很多心理学的研究者给出了不同的名称:大象和骑象人,自动模式和手动模式……但是无论叫什么名字,都归纳成为理智和情感。自动模式顾名思义是能够快速反应的几乎属于自动化的程序,人们的日常反应大部分是属于自动化的模式范畴。手动模式一般在遇到新的模式需要思考做出判断时会被启动。这和大脑的分工有关:大脑的杏仁核的功能更像是最初的警铃,而腹内侧前额叶皮层则负责将这个情绪信号与其他因素进行整合,全盘考虑做出决定。而背外侧前额叶皮层与自上而下贯穿规则紧密相关③。理智的功利反应面对与之相矛盾的情绪反应:"人类需要

①　[以色列]尤瓦尔·赫拉利著:《未来简史》,林俊宏译,北京:中信出版集团有限公司2017年1版,第201页。

②　[美]乔舒亚·格林著:《道德部落》,论璐璐译,北京:中信出版集团2016年版,第33页。

③　[美]乔舒亚·格林著:《道德部落》,论璐璐译,北京:中信出版集团2016年版,第105页。

一个决策标准。"

不同年龄段的人遇到的问题不同,因此,需要解决的问题也就不同。而科尔伯格恰好就找到了每一个阶段人们遇到的需要做出决策的点。科尔伯格认为,道德判断的阶段是关于促使个体去行动的规定规则或原则的思维结构[①]。从中我们可以知道,科尔伯格希望通过不断提高人的道德判断阶段来提高人们的道德水平,并且他终其一生都在致力于研究道德判断阶段从而提高人们的道德水平。他所涉及的道德判断阶段有着内在的统一性:经由各个阶段而不断接近理性的公正观念[②]。"公正"是道德判断的核心。很多的教育家和心理学家、哲学家都把"公正"作为最低限度的价值概念,并试图构建"公正"的规范模式。"正如康德(1949)、西季威客(1887)和黑尔(1982)的观点一样,罗尔斯(1971)的公正理论也试图建构一个公正的规范模式。"[③]

人本主义思想的崛起,"上帝已死",公正就是社会的准则。这个时候我们仿佛回到了起点:科尔伯格为什么要提出伦理和宗教的阶段7?

人类无法抗拒神圣。

史威德的研究发现人们道德观念分成三大领域:自主权的道德规范、群体的道德规范,以及神性的道德规范……人们遵守神性的道德规范,则是为了保护个人不致堕落,让神性存在于所有人心中。因此,文化人类学界的巨擘们崇尚纯洁、神圣的生活方式,让自己远离欲望、贪婪及怨恨等的污染[④]。杨绛先生曾说:"世间最曼妙的风景就是内心的淡定与平和。"这种境界就是感性和理智统一的状态,也就是象和骑象人协调一致的状态,这种一致不是经过判断和纠结的结果,而是一种自然而然的流露——从心所欲不逾矩。

每当人们能够提升自身道德的行为时就会产生强烈的提升感,还有人形

---

① [美]L. 科尔伯格:《道德发展心理学——道德阶段的本质与确证》,上海:华东师范大学出版社 2004 年版,,第 162 页。

② [美]L. 科尔伯格:《道德发展心理学——道德阶段的本质与确证》,上海:华东师范大学出版社 2004 年版,第 211 页。

③ [美]L. 科尔伯格:《道德发展心理学——道德阶段的本质与确证》,上海:华东师范大学出版社 2004 年版,第 233 页。

④ [美]乔纳森·海特:《象与骑象人》,杭州:浙江人民出版社 2012 年版,第 201 页。

容这种感觉是一种放开自我、很温暖或发光发亮的感觉①。这也就是当我们看到电视电影中一些英雄人物作出自我牺牲等行动时,我们内心的感觉。所以,每个人都有自我超越的愿望,而这个愿望是人不断前进的动力。这个动力不一定到了阶段 7 才开始实现,而是应该贯穿到每一个阶段。在每一阶段都帮助学生设立目标自我,然后帮助学生完成对自我的实现或者超越。

①　[美]乔纳森·海特:《象与骑象人》,杭州:浙江人民出版社 2012 年版,第 206 页。

第三章　道德判断中核心问题的解决策略

一、换位思考——使用谈话法，促进学生理解对方感受

你自己眼中有梁木，怎能对你弟兄说："容我去掉你眼中的刺"呢？先去掉自己眼中的梁木，然后才能看得清楚，去掉你弟兄眼中的刺。

——《圣经·马太福音》

（一）对方是怎样想的？——阶段 1 到阶段 2 的困惑

这是一种特别正常的心理现象。人天生就是以自我为中心的，在成长中逐渐学会理解他人。正确判断自己和他人的想法，是需要学习的。这一点，比书本知识重要得多。

1. 低年级孩子的换位思考

阶段 2 的孩子学会了站在对方角度考虑问题，这是一个巨大的转变。换位思考的能力决定了孩子的道德判断，从而影响孩子的道德行为。

儿童进入学校是社会化的开始，他们不仅仅在学习知识，更多地是学习与人相处的方法，提高人际交往的能力。作为一线教师，我们会发现很多时候孩子在描述冲突时往往会带着更多的主观判断，很少能够从别人的角度考虑问题。即使是同样的是事情，学生自己处在不同的角度时，他们做出的判断也是不同的。

作为一名低年级的班主任，课间注定是不平凡的。你瞧："老师，雯雯踩我。"小男孩睿睿急急忙忙地跑过来，委屈地说。我赶快叫来了雯雯，仔细地询问着事情的原因。雯雯不高兴地说："是他先踩我的。"小姑娘的脸涨得通红。

"是这样的吗？睿睿。"我耐心地看着身边的小睿睿。

睿睿低下头，磕磕巴巴地说："老师……我不是故意的。"

"我也不是故意的！"身边的雯雯故意抬高了音量。

"可是……可是，你就是故意的。"

雯雯立即反击道："我就不是故意的。"

你一言，我一语。我就看着他俩说了三分钟。事情大概的原委也知道了。于是，我就问小睿睿："睿睿，踩到了雯雯，你应该马上说什么呢？"

"我……我应该马上说对不起。"睿睿想了一会儿说。

"那你当时说了吗？"我用期待的眼神看着睿睿，"那你现在愿意对雯雯说句对不起吗？"

"愿意。"睿睿红着脸，转过身，"雯雯，对不起，我不小心踩到你了。"

雯雯看到这里，也红着小脸对睿睿说："对不起，我也不应该踩你。"两个孩子手拉着手，和好了。

过了几天。班中的小杰也急匆匆地跑来找我："老师，雯雯，她踩我了。"

雯雯也跑了过来。我耐心地询问着情况。

小杰说："我刚才就站在那里，她就踩我了。"

"是这样吗？雯雯。"我看着身边的雯雯问。雯雯点了点头。

我对雯雯说："那你应该对小杰说什么呢？"雯雯赶忙向身边生气的小杰道歉。

小杰看也没看雯雯，说句"没关系"扭头便走了。

雯雯一脸委屈地说："可是，我不是故意的。"

我说："你是不是觉得你不是故意的，还说了对不起，小杰就不应该还生气，就应该原谅你对吗？"

雯雯点点头。

我说："你踩了小杰，她很生气，但是她没有回踩你。你虽然说了对不起，但是小杰心里还是有点怨气，这很正常。想一想，前几天睿睿踩了你，你是不是立即踩回去了，踩回去了，你依然不开心对吧？所以，你要理解小杰的心情。"

刚才还一脸无助的雯雯，似乎想起了几天前发生的事情，马上觉得不好意思了。也没有再抱怨小杰,转身又去找小杰玩了。

——《踩脚的故事》朝阳区实验小学 关露

这是一年级孩子发生的矛盾冲突。从事件中我们看到一年级学生的思维能力还比较低,他们只能站在自己的角度思考问题。让他们了解别人的感受很关键。这也是一年级老师必须要重视的问题。首先要让双方在一起描述整个事件,然后都说说自己的感受。即使孩子当时不理解也没有关系,因为很多时候突发的事件能够让孩子体会到自己在不同情境下的心情和状态。

这个案例中的雯雯当别人踩到自己的时候,她果断地回踩过去,这对于她来说是一种本能的情绪反应。她并不觉得自己做错了(其实,老师也不应该认为她就是错了),当睿睿告状后,雯雯觉得自己非常委屈,一肚子不满,在她的判断中自己的还击是正常的:你踩了我,我也踩回去。咱们就"公平"了。可是睿睿告状让她很不舒服。因此她坚称自己也是不小心踩到的。只有当睿睿道歉后,她才承认自己的错误。过了几天,同样的事情发生了,而这次,她是一个踩人者,这就是一种巧合,让她同时体会到了不同角色上的人的感受。而当她踩到别人后,她觉得自己已经说过对不起了,别人就应该没有情绪了,别人的不礼貌就让她觉得自己受到了不公平的待遇。

雯雯的思维方式恰好属于她的年龄特征。初等教育早期(学前班~2年级):直觉道德。儿童7岁之前,道德判断主要受制于维护福利和避免伤害的关注,并受制于直接接触到的行为。然而,儿童早期阶段的道德尚且还不能通过对公平互惠的理解建构起来。对幼儿来说,公平通常是就个人需要和某人没有受到应有的对待而言的。"那不公平"通常意味着"我没有得到我想得到的"或者某人的行为给那个孩子带来了伤害①。一年级的孩子在处理矛盾的时候往往只是站在自己的角度考虑问题,他们缺少换位思考的能力和经验。因此,对于低年级老师来说,要利用孩子的每一次冲突来帮助孩子建立换位思考的意识。

当然,并不是所有事情都能够像上面的事例,刚巧雯雯在两次事件中有了

---

① [美]拉里·努奇(Larry nucci):《"好"远远不够——促进儿童的道德发展》,北京:机械工业出版社2015年版,第31页。

不同的角色转换的机会。更多时候我们需要在同一个事例中学会换位思考。

小博突然跟我说:"老师,浩浩和畅畅说我娘娘腔。"我叫来浩浩和畅畅,让他们一起描述当时的情景。浩浩说:"小博排队的时候有点慢,我让他快点。"畅畅接着说:"浩浩就说小博是娘娘腔,我就问,什么?娘娘腔?"小博说:"我就听到他们说我娘娘腔。"

师:浩浩你说小博娘娘腔,你觉得他会怎样想?

浩浩:我觉得没有什么,他应该没事。

师:那如果小博说你娘娘腔,你觉得他可以这么做吗?

浩浩:不行,他不能这么说。

师:你刚才说,你说小博娘娘腔,他应该觉得没什么,那你为什么不允许别人说你娘娘腔呢?

浩浩:我觉得不好。

师:既然你觉得不好,那么我们问一问小博的感受吧?

小博:我觉得没有什么大不了的,就是有点别扭。

师:你喜欢他这样叫你吗?

小博:肯定不喜欢。

师:你听到小博的看法了吗?

浩浩:听到了,他说不喜欢。

师:那你应该怎样做呢?

浩浩:我应该跟他说对不起,以后不这样叫他了。

师:那你觉得用这句话说别人,别人喜欢听吗?

浩浩:我觉得他们不会喜欢。

师:你为什么觉得别人也不喜欢?

浩浩:因为我不喜欢,所以别人也不会喜欢。

这个案例中,浩浩原来主观地认为自己说别人娘娘腔,别人是没有什么不好的感受。但是当老师询问他可不可以这样称呼他的时候,他马上意识到别人这样叫自己不舒服,觉得自己不能够容忍别人这样说自己。这个反应让他意识到,自己说了别人,别人也可能会用同样的方式对待自己。潜在的被别人说的这个不好的体验,让他感知到自己这样做是不对的。同时,让小博直接说出自己的感受,也让浩浩知道了,别人是有不同感受的。这也就说明了"儿童早期巨大的道德进步就是建立对公平互惠的理解。因为儿童早期是从社会交往的直接经验中获得对道德的理解的,学校对儿童道德发展的主要贡献是建立这些直接的道德体验的框架。教师通过帮助学生关注他们的行为后果和相互影响来做到这一点。……更好的使用教育时机的方式是帮助儿童解决冲突①。"

让儿童参与冲突解决的价值在于,它可以帮助儿童认清自己最初对待事情的方式与自己真正的需要和他人需要的满足之间存在矛盾②。

先理解,再引导

北京市朝阳区实验小学润泽校区　　王丽娜

开学初,我接的班有一个特别"冷"的男孩——桓,为什么说他冷呢,对待事情没有积极性,什么事情都不愿意参与。特别是在和同学相处上,解决问题的方式特别简单——"暴力"。一次,他和同班的禹发生矛盾,事情起因是禹从桓身边走过,禹提醒他没坐好,并且不小心踩到了他的本子,结果他很不高兴就绊了禹一脚,禹哭得很伤心。我找到他们俩了解情况,禹说自己不是故意踩到他的本子的,是不小心的,桓一口咬定就是禹故意的。当时的情况真是很棘手,又赶上放学,我只能先把桓留下来,跟他再做交流。

当时我的脑子里想到校长常跟我们说过的话,"站在学生的角度,从学生角度出发"。桓是一个比较极端的孩子,站在桓的角度,他之前和禹有一些小摩擦,所以当发生事情的时候,他就觉得禹对他是有针对性的,理所当然地就觉得禹就是故意针对他的。所以我先认同他的观点:"你是不是觉得平时禹跟你关系不好,今天还说你违反纪律,所以觉得他总是针对你,觉得特别委屈呀?",他立即点了点头。然后我和他一起分析,说:"我们来猜猜禹是怎么想的,那我们想象一下,如果换作是你,你只是不小心碰到了别人的东西,那个人

---

① ［美］拉里·努奇(Larry nucci):《"好"远远不够——促进儿童的道德发展》,北京:机械工业出版社 2015 年版,第 52 页。

② ［美］拉里·努奇(Larry nucci):《"好"远远不够——促进儿童的道德发展》,北京:机械工业出版社 2015 年版,第 52 页。

一口咬定说就是你弄的,你心里怎么想? 是不是也觉得很委屈。所以禹现在是不是也很委屈?"此时的桓认同了我的想法,觉得他不应该这么想。确实不能这么绝对地去判断一个人。同时我也跟他说,"暴力"不能解决任何问题,只能让问题变得更严重。你是一个特别聪明的孩子,特别是在语言交流上,要学会沟通。

　　孩子面对同学的批评总是有不好的体验,孩子们很容易拒不认错或者攻击。王老师首先肯定了他的假设,让孩子的内心得到了安慰,愤怒和不满得到了缓解。平复孩子情绪以后,孩子才可能恢复理智,开始用理智来分析和思考。这样他才开始思考自己有可能误会了同学。因此当学生处于不良情绪时,先让孩子的情绪得到平复,理解孩子的感受才能让他们也学着理解别人。理智的阶段2往往要在情绪过后才能参与决策。也可以说,孩子只有在心灵上得到抚慰有了安全感才能够理智思考问题。

　　通过上面的案例,我们基本上可以总结出帮助低年级学生换位思考要做的是让双方都说出自己的感受。让当事人还原当时情境,在双方描述过程中,学生就能体会对方的想法和感受。孩子对行为的判断能力导致对别人的误解,让彼此都说出想法就可以化解这样的误解。这几种方法是不同的思维方式。让学生从中学会思考问题的方式方法才是最重要的。

　　2. 中高年级的换位思考

　　中高年级的孩子换位思考也会存在问题。因为思维能力的不同,我们完全可以使用推理的方式让孩子们体会到我们换位思考的重要。

童言真的"无忌"吗

北京小学大兴分校　张洪莲

　　这个小故事发生在我任教的三年级,学生们思想活泼,处于叛逆期,思想波动较大。有几个同学平时为了引起大家的注意,经常搞怪。对于他们的言行,我平时总是留心观察,密切关注着。

　　最近班里发生了一件令我感到震撼的事情:一位同学小甲因病没有到学校上学,请假在家休息了一天,然而就在这一天,学生小a却搞恶作剧,在这位同学的桌子上给立了个纸做的"灵牌",上面写着"小甲之灵位"! 另外六个同学看见了,不但没制止,还添油加醋地在"灵牌"前面撒上了纸花、纸钱! 更令我痛心的是,我曾经在小 a 生病的一个月期间,不但打电话询问病情,利用休息时间去补课,还带领几个班委买了水果到她家登门探望。而那另外的六个同学之中,还包括班长、一个副班长、一个中队长,有一位居然还是这位同学的表哥!

当时我强压住内心的怒火,问小 a 为什么要这样做时,她故作轻松,说是做着玩的。我于是也装作轻松地说:"哦,做着玩的? 那今后如果你再病了,别的同学也不会再去你家看你,也给你做这么个'灵牌',你看如何?"她听我这么一说,连连摆手,说"不行不行!"我装作奇怪地问:"为什么不行呢? 做着玩嘛!"她不假思索地说:"只有死人才有这东西,我又没死!""哦,我以为你不知道呢,原来你懂得呀! 那小甲呢?"此时,她知道上我"当"了,低下头默不作声。我见第一招已初见成效,于是,乘胜追击。问了她一个看似与此事无关的话题:"小 a,平时你看书很多,想必看过有关成语故事一类的吧!"她一听可来了神,抬起头说:"当然看过!""那你知道'雪中送炭'的故事吗?""知道!"于是,她滔滔不绝地讲了起来。等她讲完了,我接着问:"'雪上加霜'这个成语你知道什么意思吗?"她略加思考,便讲出了含义。我说:"无论谁生病了,都很难受,这就犹如人在雪中,你说这时该送什么呢?"她明白了我说的意思,低下头,小声说:"该送炭!""这就对啦! 当你生病时,老师和班干部代表大家都去看你,你是什么感觉?""高兴,心里暖洋洋的。""那别的同学生病,你表达的方式你觉得合适吗?"说着,我指了指桌子上的"道具"。此时,通过换位思考,她再次低下了头,说:"老师,我觉得这个玩笑确实开大了,过火了!"见她已知错,我顺势而导,"幸亏刚才的几个早来的同学及时发现,不然,小甲看见了,该多伤心呀! 现在弥补还来得及。一会儿你到班里,该怎样说呢?""我会问问他的病好了没有,向他道歉!"我连忙说:"如果他知道了,你道歉,就是敢作敢当,知错就改。如果不知道,就不要再让他伤心了,直接问候就可以了! 不过,要利用课余时间写一篇作文,题目自拟,内容主要包括针对这件事开始的想法,和老师谈话时想法的转变,以后遇到同学生病时你的做法等三部分。明天交给我!"她郑重地点点头。对于其余的六位同学,我也运用类似的方法,让他们经过换位思考,感同身受地体验了自己行为的不当之处,知道了在别人难受的时候不能"雪上加霜""往伤口上撒盐",要及时地"雪中送炭",送去问候,让他人感到温暖,增进彼此的友谊。并且,让那几位班干部回忆了在竞选演讲时,同学们给予的信任的目光,因为他们的热心助人,对同学的关心才使同学们钦佩信服。最后,语重心长地告诉他们:"你们是同学心目中的榜样,老师心目中的优秀学生,犯错误不可怕,可贵的是知错能改,以后不再犯!"他们听后连连点头。

据我观察,此事过后,这七名同学不仅学会了关爱生病的同学,对有困难的同学也都会伸出援助之手!

美国的教育家内尔·诺丁斯提出的关怀教育其核心内容就是:学会关心。我认为"学会关心"不仅仅是教育者给予被教育者的极大关注,让学生在接受教师教育的过程中感受到关怀和平等相待,还需要学生学会对家人、朋友,甚至陌生人学会关心。不要肆意妄为,要顾及他人感受。这就需要教师提高自己的关怀能力,积极关注学生的情感需要,在学生思想出现偏差时,及时积极地进行引导,或进行干预,使他们的心理和行为处于积极健康的状态。教育无小事,这件事我除了运用换位思考让学生体验他人情感,来触动学生的内心世界,使学生在遇事行动之前学会做出正确的选择。

案例中,老师用"也给你做这么个'灵牌'你看如何?"这一句话立即让学生认识到自己的问题。这种方法所谓"请君入瓮"。对于故意为之的人,不妨用这种方法一试。

谈谈教师的"批"与"评"

2007 年的时候我接了一个五年级的班。班里的小杰是个火爆脾气的孩子,点火就着;小尹是班里的淘气包,没有一天不惹是生非。他们两个常常发生冲突,每次都是小杰把小尹暴打。经过一段时间的疏导,小杰慢慢学会控制自己的情绪。

有一天的科学课上两人竟然打了起来,科学课冯老师让他们来办公室找我解决。我特别惊异地询问他们因为什么事控制不住自己。小杰先开口了:"老师我错了,我没忍住。他往我桌子上扔抹布我没理他把抹布放在了窗台上。他又往我这儿扔一大团废纸我就给他扔了回去,他又扔回来我就没忍住跟他打起来了。"（小杰坐在第一个窗子下面,我们班的抹布总是放在这个窗台上。）我问小尹:"小杰说的对吗? 是这么回事吗?"小尹点点头,面无表情,看不出一点内疚。这个时候我对整个事情有了一个比较清楚的了解,我抚摸着小杰的头说:"你真是好样的,进步真大。第一次小尹扔抹布你没有理他是因为抹布是集体的财产,你没有损害集体的财产,在这样的情况下你还能考虑到集体的利益真是难得。第二点,你虽然犯了脾气但是很快就发现自己错了。老师希望你下一次能够比这一次控制自己的能力更强一些,更大度一些:把废纸放在一边等下课了丢到垃圾桶里。这样不仅能够体现你的修养还不至于耽误上课,更不会因为自己的冲动影响到班集体的荣誉。"小杰不停地点着头,我继续说:"这次事情主要原因不在你,你悄悄回到教室上课吧。下次争取比这次更好地控制自己的情绪好吗?"小杰没有想到自己没有受到批评,眼里闪动着被理解后的光彩,他轻轻地打开门走出办公室,并转身把门轻轻地带好。

小杰走后,我看着愣在一边的小尹,他显然没有想到小杰这么快就没事走了。我严肃地对他说:"你看到了吗? 小杰的集体观念比你要强很多! 你用了班级的抹布就应该放回原处,你没有放回去已经不对了还扔在小杰的桌子上。"

他说:"我不是故意的,上课了我着急回座位我想扔到窗台上没有扔准。"

"老师相信你说的是真的,我想小杰也是很理解你的所以他没有说什么就把抹布放好了,他这一点特别让老师钦佩。然而你呢? 竟然接着往他那里丢废纸,废纸是没扔准吗? 你怎么解释?"

（我们的垃圾桶在教室门的后面,而小杰的位置在窗子旁一南一北很难说是不小心。）

"……"

看到他低垂下眼,我接着说:"今天这件事你很自私:第一,没有考虑到小杰的感受;第二,没有考虑班集体的名誉。我们的班规是什么? 伤害他人利益的事不做,损害集体荣誉的事不做。你是两件事情都做了。小杰能够考虑到抹布是集体的财产,也考虑到你有可能不是故意的,这两点都比你做得好,比你优秀。希望你下次做事的时候也能够多为别人、为集体想一想。"

小尹这时候一脸的羞愧,频频地点着头。

故事中的小尹显然是个情商低的孩子，扔抹布人家没急就扔垃圾……面对这样的学生，我们只能帮助他梳理整个事件的是是非非，通过分析让他体会到事情的来龙去脉，逐渐让他学会体谅他人。

不能自主地换位思考的问题从一年级到三年级都会出现。如何理解"子所不欲勿施于人"是阶段1到阶段2的关键所在。很多时候我们需要家长也参与到这个教育过程中。

昊翔是二年级的调皮鬼。他闯的祸有的时候让我哭笑不得。同学来告状："老师，昊翔把我的语文书给剪坏了。"昊翔理直气壮地说："是他让我剪的，我就剪了。"告状的同学一脸无奈地看着他，显然他没有想到昊翔是真的会剪的。外班的老师来告状："你们班的昊翔踢我们班的同学了。"陈昊翔说："不是我先踢的，我看见别人踢了我才踢的。"……当发生事情以后，他总是振振有词，面对老师的批评他又总是一肚子的委屈。

面对这样的孩子，我想他最重要的是要学会体会别人的感情。于是我跟家长沟通了解孩子的情况。家长反映说孩子在家里也是特别较真，还经常发脾气。一旦不顺心就会吵闹不休。他总是觉得自己受了委屈。

听了家长的叙述，我认为孩子最主要的问题还是没有学会换位思考，于是建议家长当孩子发脾气或者做了不对的事情后，不要跟他较劲儿，而是细细说明自己的感受，让孩子学着了解别人的感受。

经过一个多月，孩子比以前有了很大的变化。以前因为一点儿小事就可以在课上大声喊叫，不管别人的感受，也不管是否上课。现在他已经可以根据上课还是下课来选择是否马上解决问题。

文中家长不仅开始跟孩子交心，帮孩子学着换位思考，还能够使用评价等手段帮助孩子养成好的习惯。在这个过程中家长也意识到自己的问题，并主动改变。当然，这位家长也是一名老师，对于我的建议可以一下子领悟，因此孩子的转变也非常明显。

(二)第三者的角度——阶段2到阶段3的困惑

普罗米修斯创造了人，又在他们每人脖子上挂了两只口袋，一只装别人的缺点，另一只装自己的。他把那只装别人缺点的口袋挂在胸前，另一只则挂在背后。因此人们总是能够很快地看到别人的缺点，而自己的却总看不见。

　　人性本来就是自私的,同时人们很少认识到自己做错了事情。"不管是高速公路上的飙车族,还是设置集中营来杀人的纳粹,大部分人都认为自己是好人,且自己的所作所为都是出于善良的动机。"[①]"我们看到别人身上的7个缺点,却看不到自己身上有10个缺点。"(日本谚语)每个民族都会有这样的谚语,无时无刻不在提示:人们天生有一个过滤器,能忽略掉很多自己的过错。各自坚守自己的立场看问题的阶段2的人很难达到和解。只有跳出二维来看问题,从第三者的角度考虑问题才能突破阶段2进入阶段3。阶段3的人是"好孩子"倾向,得到周围人的认可,维持自己的形象变得非常重要。

一包罗汉果

北京市朝阳区实验小学润泽校区　葛涛

　　一张便利贴上涂涂改改写了一段话:"亲爱的葛老师:这里面是一盒嗓子药和罗汉果。这个嗓子药特别好使,我妈妈嗓子也哑过,但是吃这个药很快就好了。这个罗汉果可以滋润您的嗓子,使药效加快。您好好保护自己的嗓子,祝您早日康复!"虽然没有署名但作为语文老师我很确定这就是她的字迹,当时我情不自禁地笑了。

　　冯欣扬,她是一个极其有自己主见的女孩子,对待一些事情特别的执拗,即使自己做得不对,也会不听劝解地执着自己的做法。她的磨蹭在班级里更是出了名的,每次楼道站队,她总是班里最后一个出去,甚至出去后还会找各种理由回班。说错英语,老师指正她的错误,拒不承认和改错。跟同学相处有时还会有动手的现象。每次找她来谈话她总是一副满不在乎的样子。

　　但是我发现她对于别人有问题的事情看得特别清楚,也非常明理。于是我先是利用平时和她聊天,了解她生活中特别感兴趣的话题,和她拉近关系,做师生之外的朋友,之后再单独找她心平气和地去聊天似的说理。

　　偶然的一次,班内两名男生因为站队问题发生口角冲突,一时冲动继而衍生出动手打架,针对这件事,我回班开班会,我不发表任何意见,而是全部交由学生去评论去发表自己的见解,我借势叫起了冯欣扬,我问她:"冯欣扬你来说

---

① 　[美]乔纳森·海特《象与骑象人》,杭州:浙江人民出版社2012年版,第75页。

说这件事谁对谁错？该怎样解决？"她一脸严肃俨然一个小法官，说："我觉得双方都有错，首先这个吃饭下楼站队是不按照大小个排队的，谁先出来谁排前面，所以从这一点看插队的张昊不对。那么张昊插队，他后面的贾青云可以和他说吃饭站队不按照上操队形，如果他还是插队可以告诉老师，而不应该动手，在这一点看是贾青云动手不对，所以两者都有错。如果我是贾青云，张昊硬要插队，我跟他说他不听我就会让他插在我前面，反正一会儿的打饭队形还是要变，所以他站不站在我前面对我而言都影响不了什么。而且还能让我班迅速站好队下楼早点吃上饭。"我接着说："说的真好，同学在一起相处难免会发生矛盾，如果以后再有类似的矛盾发生我们该如何避免呢？"冯欣扬说："我记得老师早就教育我们同学之间要友好和睦相处，我们能成为一个班的同学是一种缘分，我们应该珍惜这段珍贵的同学情谊，对待同学友好包容，那么我们班才会越来越团结向上。"听完她的回答，我带头为她的明理鼓掌，她脸红了。

所以这么一看冯欣扬她很懂道理，不是那种听不进道理认死理的孩子，于是我趁热打铁，当天下午我找她出来，先夸她中午评论的这件插队动手的事，进而又说出她平时对待同学的动手倾向问题，还没等我多说，她就说："老师，我知道我错了。"我俩就在班外的座椅上，她不再扬起头目视前方，反而是低下了头，有些散乱的头发里隐约闪过一滴亮光，我知道这时的她心融化了。（四年级案例）

孩子看待别人的问题非常清晰，能够从第三者的视角来客观判断，但是为什么到了自己身上就不能客观判断了呢？因为判断别人的对错只需要理智就可以了，而判断自己的就会掺杂很多感情，也就是要让本性来介入了，而本性往往是自私的，他们的第一反应往往是具有攻击性的。所以克服本性"恶"是需要训练的。这种训练的方法就是先让学生做个小法官，对别人的行为进行判断。然后老师再帮助学生回顾自己的行为，从而让孩子知道要站在第三者角度来考虑自己的行为。

他该被打吗？

北京市朝阳区十八里店学区牌坊小学　齐新

小东哭着回到教室："老师，小宇打我。"

师："为什么打你呀？"

小东："我也不知道，我就在前面走，他就推我还打了我一拳。"

这时，小宇也和同学有说有笑地回到了教室。老师问："小宇，你为什么打小东呀？"小宇一脸的嫌弃，说："我就看见他在前面这样走，"说着就模仿小东慢慢腾腾的样子走了两步，"我觉得他太讨厌了，在前面还不说快点走，太挡路了。"

师："他走得慢就打他？"

小宇："他是故意走慢的，你看他走路的样子！"

看着小宇一脸的理直气壮，我刚要说话，教室外面一片嘈杂。小强抹着眼泪哭哭啼啼地走进来，身边一群孩子围着，还没等我问，旁边的孩子就气鼓鼓地告状："老师，小强上完卫生间，刚走到门口，六年级的几个男生就冲出来把小强推到了地上，还说小强挡路。我们跟他们讲理他们不道歉还说活该，之后就跑了！"这个时候小宇怒气冲冲地问："看到是哪个班的了吗？找他们去！"看他这么说，我马上就回过头问他："你说六年级孩子应该推小强吗？""当然不能了！就算挡他们路他们也不能动手呀！……"小宇脱口而出突然意识到了什么，一愣，低头不语了。我继续问："怎么了？知道自己的问题了吗？"小宇尴尬地看了我一眼："老师，我不应该推小东。"看到他知道错了，我也没有批评，而是交给他一个任务，让他带着小强去找六年级的同学，让他告诉六年级同学，这样做是不对的。（五年级案例）

小宇看不惯小东的慢腾腾，因此就用力推开挡路的小东，这个时候他并没有觉得自己错了。这其实是人的本性，没有人愿意承认自己的错误，处于阶段2的人他们非常清楚自己的观点和别人的观点是不同的。因为角度不同利益不同，他们虽然知道对方的观点和感受应该是不一样的，但他们坚持自己的角度和利益他们不觉得自己有不妥。因此，让他们从第三者的角度考虑问题才能帮助他们做出客观的判断。当同班的小强遭到六年级学生推搡后，他觉得六年级同学是不对的。这就完成了角色的转换:旁观的第三者。当他从第三者的角度考虑这个问题的时候,他觉得这样做是错的,然后他才真正地认识到自己的行为是错的。这样的经历可以帮助孩子学会跳出他自己和对方两点之间的思考,而是从旁观者的角度考虑问题,第三者的角度让他能够客观地认识自己的行为。

有的时候,我们需要孩子亲身去经历解决问题的过程,帮助他们体会别人的感受。

"老师,小迪打我。"小暄大喊着来告状。小迪气鼓鼓地跟在后面:"老师,是他先打我的。""不是! 你先打的我!""不是……"

这样的情景已经不是第一次,为了弄清楚到底是谁先动手,往往会耗费老师很多精力。如果没有人看到,这件事真不知道怎样才能够解决。其实,事情往往都不是大事,就是相互闹着玩,急了,就开始相互告状。这个时候我们要是告诉他们这是小事,相互理解、相互体谅是不会有好的效果的。因为孩子认为老师让他忍气吞声,或者认为老师不在乎自己的感受。我想应该让他们自己去体验解决问题的过程,从而有更多的体验。于是,我说:"到底是谁先动的手,很重要。可是你们看老师正好有点事,你们愿意分担一下吗?"两个孩子都点头答应。老师接着说:"你们愿意自己去找证人来证明自己的说法吗? 看看到底是谁先动的手?"两个孩子分头去找证人了。一会儿,他们各自找到了一个证明自己说法的人。老师说:"你们看,每个人一个证人,那样还是不能证明到底是谁先动的手呀? 看来我们需要更多的证人。你们还需要再去找,我看快上课了,你们下节课的课间再去找吧。"接下来的课间他们一直在找。在他们找的过程中,有的同学说他们两个在相互打,被他们两个否定了,还有的同学说他们两个这样特别幼稚,他们也很不满意。下午放学的时候,他们还没有来找我,我就找到他们询问情况。小暄说:"老师,我觉得咱们班向着小迪的同学特别多,他们都没有说事实。"老师很无语——很多孩子都证明是小暄先动手,可是小暄不愿意承认自己错了。老师问:"那怎么办呢?"小暄说:"我们相互说对不起吧。"老师问小迪,小迪说:"我同意,我觉得这样特别没意思。相互说对不起就算了。"这样他们相互说对不起,这件事就结束了。

过了几天,小暄又因为相似的事情跟别的同学发生了冲突。我依然让他们各自去找证人来证明。过了半天，小暄拉着同学来跟我说："老师，我们相互说声对不起就得了。"老师："找到是谁先动手了吗？""没有，我们都有错，我们相互说声对不起就算了。"老师问另一个同学："这样可以吗？"就这样，两个人相互道歉，事情又结束了。

几天后，小暄又来了："老师，他打我！"老师说："好吧，去找证人吧。"小暄走了两步，又转回身来说："老师，我们相互说声对不起行吗？"老师问："不需要找谁先动手了？"小暄大度地说："老师，其实事情不大，我们都有错，相互道歉就挺好的。费半天劲儿，其实最后还是相互道歉。"

自从这件事情以后，小暄变化很大，不再斤斤计较，跟同学关系得到了缓解，妈妈跟老师说孩子长大了。

小暄作为三年级的孩子，他还处于阶段 2 的程度，他不想做一个宽容的人，他觉得自己受了委屈，这个观点很难改变。老师让他自己去找证人证明自己受了委屈。第一次，很多同学证明他错了，他不愿意承认。当同学说他们这样做很无聊幼稚的时候，他很不高兴，依然坚持自己的观点，依然不觉得自己有问题。第二次的时候，重复上一次的体验，他经过了几次找证人，感到自己也是有问题的，于是决定相互道歉来作为解决的方案。第三次，当老师让他再次找证人的时候，他感到了自己又要重复相同的经历，他开始厌烦了，开始反思这样重复的意义。然后，他决定这样的小事真的是没有必要浪费时间。从坚信自己是对的，到觉得自己也有问题，再到觉得这样的事情是小事，是一个缓慢的过程。孩子经历以后才真正明白，很多时候斤斤计较是没有价值的。但是，让孩子经历这个自己找证人的过程是有前提的。那就是老师清楚地明白这件事情里面没有欺凌的存在，只是简单的两个男孩相互打闹时发生的平等的冲突。避免校园欺凌是小学老师的责任，我们不能允许欺凌的存在。

二、参与

（一）参与管理——阶段 3 到阶段 4 的提升

有句话是：不想当将军的士兵不是好士兵。我想，不是每一个士兵都有将军梦，但是每一个小孩子都有当"官"的冲动。刚刚入学，都想做老师的小助手成为老师最亲近的人，享受某种"特权"。这是一件再正常不过的事情了。但是因为班干部的人数是有限的,很多孩子自始至终都没有机会当小干部。当"官"梦就这样无情地碎了。其实,做一个管理者是能够促进人的成长的。在科尔伯格的研究中发现,一个士兵因为做了班长,他的道德判断很快就达到了阶段5,高于原来和他同一水平的士兵。作为管理者,他们更能从一个团队的角度考虑问题,他们需要协调整个团队的关系,需要为了团队的发展做出决策。所以他们从事的工作的视角就能促进个体视角向集体视角的转化。

从王二小到小干部

北京市朝阳区实验小学润泽校区　葛涛

我是刚刚参加工作的老师,开始有一些孩子出现与小学生行为规范格格不入的情况时,光是一味地批评教育反而不会达到目的。因为这些孩子的个性更加突出,他们之所以有这种不恰当的行为,正是他们渴望被关注。我们班的王子童,从小受到的是缺乏关爱的家庭教育,爸爸因为工作经常出差,父子之间的沟通随之减少,不仅如此,在他做得不对时,他的爸爸经常张口骂动手打,或者因为他什么事情没有做好,把他独自关在自己的房间一两个小时不让出去,妈妈之前又怀有身孕一直忙于照顾二胎,可以说在家庭里父母双方对王子童的关注与关爱程度远不如独生子女享受得充分。所以造就的王子童个性强悍,急于保护自己,对待他人缺乏友爱与宽容。

从去年三年级接班起,不时有外班校长助理和本班同学向我反映王子童骂人的现象,针对于此,我找王子童谈话若干次,找来他爸爸沟通了一次,在和他爸爸交流的时候他爸爸表示,愿意摒弃之前的教育方式,对孩子多一些关爱和心平气和的说理。那一次后,我发现王子童确实变好了许多,他对待同学不再那么趾高气扬地责备和骂人,反而多了一份柔和气息。但是好景不长,因为他总不戴红领巾,多次被校长助理提醒,一来二去他开始骂校长助理,在全校的大喇叭广播中也被多次点名批评,导致由于他评选不上文明班集体。每次问及他的红领巾他总是振振有词,总是强调别人的错误进而来保护自己。班级中也会因为他对待同学的爆粗口诋毁同学,使得同学生气来告状。针对于此,首先我以一种不让他察觉的理由让王子童暂时不在班中,借此和同学们开了个班会,说了一下他家庭对他的影响,又说了一些王子童的优点,和在座的同学达成了一致的观点:宽容王子童同时,帮助他改正自身存在的问题。同时我也发现王子童之所以会有这种骂人的表现一是家庭教育给他的影响,二是因为他在家中没有得到足够的关注,他渴望受到别人的关注,于是我便找机会让他在同学面前展示自己。

学校举行合唱比赛《歌唱二小放牛郎》,我问班里谁愿意去演二小,我看到他的手高高举起,我便借此机会极力表扬他敢于承担,把班级的事当做自己的事的主人翁意识。他自己也是满怀欣喜地和演日本兵的施瑞霖积极筹划应该如何表演,我看到他们的细心,他们的尽责更是在全班再次大力表扬。等到正式出演的当天一早,王子童便特别兴奋地告诉我说:"葛老师,您不是说那个年代的王二小要穿的破旧一点吗?我家里没有破衣服,我就把一条短裤给剪了两个窟窿,虽然那是我最喜欢的短裤。"他的脸上带着异常的兴奋与激动,而我的心理却是一股暖流。正式演出,正值10月30日深秋的季节,剧情需要,王子童穿着半袖短裤最后躺在冰冷的地板上,一动不动。他为了这次演出不知练习摔倒多少次,却从来没有喊过疼。回班我还是针对班级责任心班级荣誉感给予了王子童充分的表扬与肯定,而他的表情不再是之前的桀骜不驯,反而是一丝的腼腆与害羞,我知道他的心正在一点点融化。

后来选班级安全员,我极力推荐王子童,肯定他具有男儿气概,是一个身兼重负,老师与同学信任的好安全员。不出所料,就在11月19日的午间广播,田老师当着全校表扬了我们班的安全员每次例会按时到位,对于班内前门把手松弛的现象及时报告,解决了班里的安全隐患。在这之后我又找了王子童再来谈之前骂人的问题,还没等我多说他自己先承认错误,保证以后不会再有此类现象发生了。此后我发现王子童在对待班级事务上特别上心,他还会主动辅导他旁边学习有困难的同学,并和那个同学说平时要认真听讲,别总让老师给你补课,体会老师的辛苦。他正在一点点转变,往爱与柔软转变……我想,这种对学生发自肺腑的表扬就像春雨一样,点滴入土,慢慢浸润,表扬也是一种无敌的力量啊!

对于一个缺少家庭关爱的孩子,我们谈什么教育都是苍白的。满足了"当官"愿望,让孩子的内心得到了满足。在王二小的表演中,他显示出了希望为集体做贡献的热情。他的付出又一次得到了同学和老师的认可,最终当选了安全员。当选安全员后的小王同学，已经不是被老师照顾和同学迁就的小干部，他的认真负责得到了学校领导的认可和表扬。可以说他已经用自己的实际行动来履行自己的职责，来证明自己的能力。当他能够胜任小干部的职责之后，老师再一次跟他谈到之前的种种不好的行为，他不再找借口，不再抱怨而是坦诚面对自己的问题，决定改正。

班主任的目标是什么？

我们班实行了值日班主任的制度，每天有一个同学作为值日班主任来协助进行班级管理的工作。周二是小林做值日班主任。这是小林一直期待的工作。他在周记中写道："这一周我要做一天的值日班主任了，我很高兴。因为从一年级到六年级我是第一次当官。平时总是别人管我，总是他们给我扣分，这次我终于有机会来管他们了。我要好好地管管他们了。"看到他的周记，真的让人哭笑不得。小林是一个跟同学相处困难的孩子，虽然已经是六年级的学生了，每天依然跟同学的冲突不断：今天打了这个，明天碰了那个。同学、班干部天天络绎不绝地给他告状，每次出现问题，他都觉得同学是针对他的，是故意跟他作对，老师是偏袒的。总之，一切都是他的理，只要是跟他的预期不同，他就没完没了地抱怨。我想通过这次做值日班主任，也许会对他有所触动，能够提高他的沟通能力，学会更好地跟同学相处。

周二早晨，我刚刚走到楼道就听到教室里面人声鼎沸，简直就是乱作一团。快步走到教室，推开门看到小林站在讲台上"舌战群儒"。原来小林对同学特别严苛，回一次头就被他做了一个违反纪律的记录，小声说句话也被他记录下来，同学们表示不满意对他提出质疑，他干脆说同学挑战班主任权威一下子做了2次违反纪律的记录。同学们看到我后叫苦连篇，小林也不甘示弱："老师，你说过，严师出高徒，我对他们要求严格是为了他们好，他们不领情也就算了，还埋怨我、冤枉我，这个值日班主任没法当了……"面对这样的乱象，我首先安抚同学们，让他们安静做好自己。然后让小林跟我来到了教室外，一到外面，小林先发制人："老师，这次我就理解您了，严格管理是为了同学们好，他们根本就是不懂事，您真是不容易。"我忍住笑，问他："你当班主任，是想给同学们创造一个好的安静的学习环境，还是想给同学们扣分呀？"小林一愣，继而笑着说:"我想给他们扣分。"

老师:"好孩子,你真诚实,这点值得表扬!不过,你为什么想给人扣分呢?"

小林:"老师您想想,我都六年级了,明年就毕业了。以前总是他们给我扣分,等他们一毕业我就没有机会给他们扣分了。所以,我必须抓住这个时机。"

老师:"宝贝呀!你忘了,你是班主任。一个班主任总是想着给别人扣分,是不是有点……"然后看着小林,"你喜欢天天盯着给你扣分的班主任吗?"

小林忙不迭地摇头:"我不喜欢,我最讨厌别人给我扣分了。"

老师:"你既然讨厌给你扣分的人,你就不能光想着给同学扣分了。那样多招人烦呀!"

小林:"那同学们违反纪律我扣不扣分呀?"

老师:"当然扣了,否则怎么做班主任呀!但是也要掌握尺度呀。不能回个头也给人家扣分呀!"

小林:"回头就不扣分了,那说话扣分吗?"

老师:"那要看是不是影响了别人,影响了别人就要扣分。"

小林:"老师,影响几个人就扣分呢?"

……

面对他的追问,我有些无奈,于是就说:"你把握这样一条标准:你扣分了,其他同学都支持你,你就扣对了。如果你扣了分,像今天一样本来挺安静的,你一管就乱了,那就说明你不应该扣分。明白了吗?"小林似懂非懂地点点头。

这样过了一个学期,六年级的第二个学期开始了。这天我来到教室,班里的小淘气跑过来告状:"老师,您看小林,他又打击报复了。他给我做了好几次违反纪律的记录。"还没等他说完,班里的几个女生就纷纷表示:"老师,我们同意小林给他扣分,他今天早晨来到学校就不断地下桌说话,还跑来跑去,特别过分。"我立即向一旁的小林竖起大拇指:"小林,你够棒的,你学会管理了,这么多人都支持你呀!"小林开心地笑了。这个时候,我才开始注意到,小林在班里已经不特殊了。好久都没有人给他告状了。

所谓的管理就是沟通。在管理过程中,既要坚守原则,又要跟不同观点的同学打交道,在这个过程中,小林发现原来如果很多人都对自己有看法,可能就真的是自己错了，而不是同学故意跟自己过意不去。从一个管理者的角度考虑问题，让他学会了反思，学会了跟同学相处。最终，他学会了跟同龄人相处融入了班集体中。（六年级案例）

这两个案例都是淘气孩子通过当小干部发生了变化。这里的原因是什么呢？因为他们终于站到了自己的对立面，站到"领导"的位置看待问题了。我们总是说换位，但是换位何其难？从来没有那样的经历，又怎么会知道那是一种怎样的感受？只有做了那个位置上的事情，知道了那个位置上遇到的问题，经历了那个位置上的苦恼，才能真正理解那个位置上人的感受。因此提倡班干部轮换制就是让更多地孩子能够真的来到不同的岗位上，在不同的位置就会产生不同的想法，思考问题的方式也会发生变化，更多地尝试不同角度思考问题。学生的思维方式才可能多角度化，才会更加全面，道德判断的能力才有可能提高。当所有的孩子都能够站在领导者的角度思考问题时，自主管理就成为了可能。

（二）参与设计——阶段4到阶段5的提升

1. 参与班规设计

"没有规矩不能成方圆"。可是为什么要有规矩？

只要有人群的地方就会有规则的存在。单独一个人的环境是不需要任何规则的。规则的存在是为了群体生活得更加美好，是为了群体中每一个人的利益。生活在群体中，每一个人都有自己的自由，但是每一份自由又都是有边界的，这个边界就是别人的自由。规则的制定就是在自己和别人的自由之间划定的边界，谁侵犯了别人的自由就是触犯了规则。所以规则的制定要让每一个感到自己是规则的受益者，规则是对自己权益的保障而不是自己的枷锁。

我制定班规的方式就是让每一个学生都参与其中的。

对于新接手的班级，我在第一天就要进行一项调查。让学生回答六个问题：

第一，你喜欢什么样的班集体？

第二，你喜欢同学有什么样的好行为？

第三，你不喜欢同学有什么样的不好行为？

第四,你希望班干部有什么好的行为?

第五,你不希望班干部有什么不好的行为?

第六,你希望自己是一个什么样的学生?

学生完成问卷以后,我会把学生的回答进行整理,然后据此制定班规班纪。也就是说,班规班纪是建立在学生自己意愿的基础上的。

希望生活在这样的班集体中(调查结果)

	具体行为	提议者
1	和谐、友爱的班集体	李京京、龙之民、孙朝阳、徐界衡、杜超、陈婉沂、牟雨萱、郝铭柱、李梦圆、刘晓龙、杨云楼、何姝瑶、韦焌桐、刘璟隆
2	团结	宋浩然、徐界衡、杜超、陈婉沂、张宇轩、廖紫云、牟雨萱、刘雅洁、肖宇阳、车昊阳、郝铭柱、郝铭柱、徐东宁、王颖、刘晓龙、刘飞、张颖、杨云楼、马京京、宋景波、皮子其、王宁、李江楠、韦焌桐、刘璟隆
3	互相帮助	程博宇、徐界衡、陈婉沂、张宇轩、钱程成、王家祖、余淼、徐东宁、吕静阳、马京京、张新宇
4	不打架	张宇轩、廖紫云、马京京
5	不骂人	廖紫云、马京京
6	帮助同学	廖紫云、韦焌桐
7	讲义气说话算数	罗天栩
8	遇到困难一起去面对	余淼
9	热闹	李梦圆
10	严格	李梦圆
11	努力奋斗	宋景波
12	诚实守信	张新宇
13	优秀、向上	皮子其

从上表可以看出学生有13项愿望,主要集中在团结、友爱这些反映同学关系的要求,可以看出学生希望集体是温暖的,在集体中能够获得帮助,能够从集体中获得关爱。

我进行了整理,得出"《希望生活在这样的班集体中》"见下表。在表格中,我不仅把学生提出的具体行为罗列出来,还标出了每一个提议者的名字。更重要的是我把学生的想法进行了提升,使学生对一些概念有了更加深刻的理解。例如,学生虽然说希望生活在一个友爱的班集体中,但是学生对友爱的理解往往是片面的:你友爱我。当自己遇到困难的时候总是希望同学能够伸出友爱的手,但是自己却没有想到关注别的同学,当别的同学遇到困难的时候也要伸手相助。于是我这样解释友爱和互相帮助:需要每一个人心中不仅仅有自己一个人,还要有别人,别的同学、别的班级;我们不应该为了自己的利益伤害到别人;每个人都需要别人的帮助,也需要帮助别人。我们要学会处理同学之间的关系,学会沟通,不使用暴力。使用暴力的人是无能的表现,只有失败者才会挥舞拳头。关于团结我是这样解释的:每一个人都要学会为我们共同的目标而努力;为我们共同的理想而勇敢面对困难。我们每一个人都希望生活在一个优秀的班集体中,这个优秀班集体的建立就是我们的共同目标,为了我们共同的理想你能够做些什么? 遵守学校的规章制度,遵守课堂纪律;做好个人卫生,让我们的教室整洁美丽……不仅仅是为了我们的集体,更是为了我们有一个好的学习环境。这些解释知识是在学生已有的词汇基础上对概念的重新认定。这个定义正是教师主导作用的体现。学生作为未成年人,他们对事情的认识理解需要教师协助他们进一步提升。也正是教师的引导促进学生的进步,这个过程就是教育。

希望生活在这样的班集体中

	具体行为	提议者
友爱、互相帮助:需要每一个人心中不仅仅有自己一个人,还要有别人,别的同学、别的班级;我们不应该为了自己的利益伤害到别人;每个人都需要别人的帮助,也需要帮助别人。我们要学会处理同学之间的关系,学会沟通,不使用暴力。使用暴力的人是无能的表现,只有失败者才会挥舞拳头。	和谐、友爱的班集体;同学之间不打架、不骂人	李京京、龙之民、孙朝阳、徐界衡、杜超、陈婉沂、牟雨萱、郝铭柱、李梦圆、刘晓龙、杨云楼、何姝瑶、韦焌桐、刘璟隆张宇轩、廖紫云、马京京
	互相帮助	程博宇、徐界衡、陈婉沂、张宇轩、钱程成、王家祖、余淼、徐东宁、吕静阳、马京京、张新宇、廖紫云、韦焌桐

	具体行为	提议者
团结:每一个人都要学会为我们共同的目标而努力;为我们共同的理想而勇敢面对困难。我们每一个人都希望生活在一个优秀的班集体中,这个优秀班集体的建立就是我们的共同目标,为了我们共同的理想你能够做些什么?遵守学校的规章制度,遵守课堂纪律;做好个人卫生,让我们的教室整洁美丽……不仅仅是为了我们的集体,更是为了我们有一个好的学习环境。	团结	宋浩然、徐界衡、杜超、陈婉沂、张宇轩、廖紫云、牟雨萱、刘雅洁、肖宇阳、车昊阳、郝铭柱、郝铭柱、徐东宁、王颖、刘晓龙、刘飞、张颖、杨云楼、马京京、宋景波、皮子其、王宁、李江楠、韦焌桐、刘璟隆
	遇到困难一起去面对	余淼
积极向上:不想做将军的士兵不是好士兵,不想成为优秀人才的人也不会是好学生。任何优秀的人才都是从小做起的。我们现在树立优秀的目标正是时候。一个优秀的班集体需要所有的成员都是优秀的,每一个人的优秀才是我们共同努力的目标。成为优秀的人才需要严格要求自己,一个连自己都管不好的人不会成为一个优秀人才,所以我们要严格要求自己。成功是需要努力付出的,天上不会掉馅饼。	优秀、向上	皮子其
	努力奋斗	宋景波
	严格	李梦圆
活跃:优秀的班集体不代表沉闷,不代表不热闹。我们要热闹不要胡闹。会玩儿的学生才是聪明的学生,才是有能力的学生。下课后我们玩什么?是追跑打闹还是做智力游戏?我们要安排好体力运动和脑力运动的时间。在教学楼中我们更多地要读书、思考……让大脑充分运动;在操场我们龙腾虎跃,让身体酣畅淋漓。	热闹	李梦圆

上表就是我根据学生的愿望制定的班规。从文字叙述方式上,我们几乎看不出班规的痕迹。这也是我要说明的。班规未必要用法律条文的语言来描述,顺应学生的需要,用他们的语言方式表达才能让他们有认同感,才能够让

他们感到这是自己制定的班规,而不是老师给的条文。

班干部往往是班级中优秀的学生,但是怎样来鉴别什么是优秀,什么是不优秀呢?我通过让学生完成"学生希望有什么样的班干部?不希望班干部有什么行为?"这两个问题,来制定班干部的评价标准,既可以对班干部进行考核,还可以让那些想成为班干部的学生明确自己的努力方向。

喜欢怎样的班干部(调查结果)

	具体行为	提议者
1	热爱班集体	李京京、余淼、车昊阳、郝铭柱
2	帮助同学	龙之民、程博宇、孙朝阳、杜超、陈婉沂、牟雨萱、刘雅洁、徐东宁、王颖、刘飞、吕静阳、杨云楼、马京京、何姝瑶、皮子其、王宁、李江楠
3	学习优秀	宋浩然、刘晓龙、吕静阳、马京京
4	做好自己的工作	宋浩然、宋景波
5	辅导不好的同学	徐界衡、张新宇
6	看到垃圾赶快捡起	钱程成
7	认真	王家祖
8	帮助同学解决一些事情	廖紫云
9	给同学做一个好的带头	廖紫云
10	老在我们之间干坏事	刘雅洁
11	让在闹的同学别闹了	肖宇阳
12	主动帮助老师	李梦圆
13	热爱同学	刘晓龙
14	不撒谎	刘晓龙
15	遵守课堂纪律	张颖
16	能够管理好同学	何姝瑶
17	管理好同学	余淼
18	不爱指挥别人干活,自己也要干	韦焌桐
19	不冤枉好人	刘璟隆

班干部行为准则

	具体行为	提议者
热心帮助同学	热爱同学	刘晓龙
	帮助同学	龙之民、程博宇、孙朝阳、杜超、陈婉沂、牟雨萱、刘雅洁、徐东宁、王颖、刘飞、吕静阳、杨云楼、马京京、何姝瑶、皮子其、王宁、李江楠
	辅导不好（需要帮助）的同学	徐界衡、张新宇
	帮助同学解决一些事情	廖紫云
	看到同学有困难无动于衷（不喜欢）	程博宇、陈婉沂、徐东宁、何姝瑶
	不关心同学（不喜欢）	李京京
与同学很好相处	以为自己是班干部欺负同学（不喜欢）	宋浩然、陈婉沂、廖紫云、罗天栩、宋景波、皮子其、李江楠
	看不起同学（不喜欢）	杜超
	跟同学打架（不喜欢）	钱程成、牟雨萱、郝铭柱、刘飞、马京京、王宁
以身作则严格要求自己	给同学做一个好的带头	廖紫云
	热爱班集体	李京京、余淼、车昊阳、郝铭柱
	看到垃圾赶快捡起	钱程成
	不爱学习（不喜欢）	徐界衡
	学习优秀	宋浩然、刘晓龙、吕静阳、马京京
	和别人一起闹（不喜欢）	肖宇阳
	落后（不喜欢）	徐东宁
	骂人（不喜欢）	王颖、刘晓龙、杨云楼、马京京
	遵守课堂纪律	张颖
	不撒谎	刘晓龙
	不爱指挥别人干活，自己也要干	韦焌桐

续表

	具体行为	提议者
对工作认真负责、公平、公正	不认真、偷懒（不喜欢）	王家祖、余淼、何姝瑶
	认真（负责自己的工作）	王家祖
	让在闹的同学别闹了	肖宇阳
	主动帮助老师	李梦圆
	做好自己的工作	宋浩然、宋景波
	能够管理好同学	何姝瑶
	管理好同学	余淼
	不冤枉好人	刘璟隆

学生回答"希望看到同学什么好的行为"和"不希望看到同学什么不好的行为"后，我根据学生的回答整理了学生行为准则。

同学行为准则

	具体行为	提议者
乐于助人	帮助同学、乐于助人	李京京、龙之民、宋浩然、徐界衡、陈婉沂、罗天栩、牟雨萱、刘雅洁、郝铭柱、李梦圆、王颖、张颖、杨云楼、何姝瑶、韦焌桐
	互相帮助	孙朝阳、徐界衡、杜超、陈婉沂、钱程成、肖宇阳、车昊阳、宋景波、皮子其、李江楠
	扶老携幼（在校外）	李京京
能够跟同学很好沟通、相处	不骂人、不打架	程博宇、张宇轩、马京京、杜超、余淼、车昊阳、刘晓龙、宋景波、皮子其、张宇轩、钱程成、王家祖、牟雨萱、余淼、车昊阳、刘璟隆
	耍弄同学、耍小聪明、欺负同学（不喜欢）	孙朝阳、张颖、刘晓龙、徐界衡、肖宇阳、郝铭柱、李梦圆、徐东宁、杨云楼、马京京、宋景波、皮子其、李江楠

续表

	具体行为	提议者
有心胸、大度不小气	互相争抢(不喜欢)	徐界衡、
	为小事而闹矛盾(不喜欢)	陈婉沂、韦焌桐
	友善、有爱心	马京京、刘璟隆、李江楠、韦焌桐
	说别人坏话、破坏同学之间的友情	宋浩然、刘雅洁、刘飞
	大方	杨云楼
诚实守信、爱劳动	说话算数	罗天栩、皮子其、李江楠
	不说谎	龙之民、徐界衡、王颖、李江楠
	勇敢、	刘晓龙
	爱劳动	刘飞
讲卫生讲文明爱环境	随地吐痰(不喜欢)	李京京
	乱丢垃圾	吕静阳
	勤洗手	张宇轩
	讲文明,看到老师同学主动问好	王家祖、廖紫云
	爱护花草、爱护环境	吕静阳
爱学习爱动脑	爱学习	余淼、刘晓龙
	爱读书	余淼
	动脑筋思考、聪明伶俐	徐东宁
	上课认真听讲	王宁
守纪律	上课有小动作、说话(不喜欢)	刘晓龙、王宁
	在楼道里大声喧哗(不喜欢)	廖紫云
爱奉献	尽量为学校做一些事情	徐界衡

从表中可以看出,学生们喜欢和不喜欢的这些行为是非常符合学校校规和社会标准的。这从另一个角度证明,人们所谓的规章制度其实是为了维护人类群体共同利益而制定的。单独一个人是无所谓规章制度的,因为群体生活使得人们要有规则,人们通过对规则的遵守来实现群体的幸福。既然学生提出的行为准则和学校、班级的规定非常相似,那么为什么还要学生自己提出呢?这是因为学生自己提出的规则他们更愿意接受,随着年龄的增长,学生们

越来越觉得规则是群体约定的结果，而不是来自于某一个权威。这张行为准则表贴在教室的墙上，每节课下课以后学生都会里三层外三层地围着它看，这种情况持续了一个多月。将近两个月的时候我发现一个学生饶有兴趣地看着这些表格，于是很奇怪地问道："你怎么还在看呀？"这个学生笑着说："以前他们总是围着看，我挤不进去，现在他们看够了我再看。"第二学期的时候，又有一些学生围着看，我更加纳闷了就问他们为什么还在看。学生说："我看看上学期我说了什么，也看看别的同学说了什么。"这使我恍然大悟，学生们关注的原因是里面有自己和同学的名字。看着自己的名字了解自己说了什么，看同学的名字知道同学想了什么，看谁的想法和自己的一致，有哪些自己没有想到的别的同学想到了……我想虽然内容相近，但是如果是教师个人制定的班规一定不会长时间引起学生的关注，甚至只有老师是唯一一个认真阅读的人。

2. 班级核心价值观——公正

我的一位朋友，她的女儿上二年级的时候发生了一件事。这件事使我开始思考班级中的民主应该是什么样的。事情是这样的：朋友发现最近一段时间孩子总是闷闷不乐，不断追问也没有得到答案。为了让孩子开心，周末的时候母女二人在家里地板上玩。妈妈故意跟女儿在地上又笑又闹，结果女儿被妈妈压在了身下，这个时候女儿不笑了，她委屈地说："妈妈你别欺负我了，同学们都欺负我，我很委屈了。"说完眼泪夺眶而出。原来这个孩子把班长得罪了，得罪的原因很简单，她没有听班长的话。这样一来班长要求全班所有的同学都不许跟这个孩子说话。因此连续一周的时间全班孩子都躲着这个女孩，没有人跟她说话。这件事让我很惊异：一个二年级的小班长怎么能够有如此之大的权利。朋友告诉我这个班长从一年级开始就替老师做很多事情，老师不在的时候管班级纪律，如果谁不遵守纪律她会告诉老师，老师就会批评被告状的人。慢慢地这个孩子就变得特别霸道，同学们都很怕她。这样班里就有一些学生跟班长关系很好，这些学生即使犯一些错误班长也不是很认真管。但是对于那些不服班长管理的人班长是非常严厉的。朋友的女儿就是一个敢于挑战班长权威的人，因此受到排挤。

这件事让我很震惊，使我开始思考一个问题：让一个学生来管理全班学生是民主吗？

答案是否定的。这就使我想起了赵汀阳老师的一个观点:他认为"民主不是也不可能是一种自足的政治制度,民主必须与保证个人自由的法治相配合,否则即没有政治正当性,也不会有政治效率①"。在班级中民主也应该是在维护全班学生的个人自由基础上建立的。一个人说了算,无论这个人是教师还是学生,这都一样不是民主而是专制。

有时候,我们教师会打着让学生民主的旗号实行个人的专政。而假借的旗号正是这些班干部。教师不得体罚和变相体罚学生,那么班干部体罚和变相体罚就可以和老师无关了。而班干部往往贯彻的是教师的想法,当学生惩罚学生的时候往往比成人更加严厉。这样的一种管理方式绝对不能被称为民主,是地地道道的专制。

小学阶段怎么培养学生民主、公平、公正……的意识呢? 我认为就是要创造一个民主的氛围,让学生在民主的环境中成长。小学阶段学生的民主应该怎样体现呢? 他们是未成年人,思想等都处于不成熟的阶段,他们对一些事情的判断还要依靠教师的引导。因此他们所谓的民主和成人谈论的民主应该有很大的区别。但是这种区别并不能以牺牲学生独立思考为代价。我认为这个阶段的民主氛围就是:<u>让每一个学生都有表达自己想法的机会,让每一个学生都有发表自己观点的权利,让每一个学生面对不公平和不公正的时候都能够有机会申诉……不让一个孩子面对不公平选择沉默和屈从。</u>

2008 年我新接手一个班,实行了近一年的"值日班主任"制度以后发生了一件事。一天,我的讲台上放着一张字条,上面写着"抗议申请"。原来是我们班的组长李京京提出的针对值日班主任的一份抗议:何老师! 您让我们轮流当值日班主任,可是有人却黑白不分,对一些人不闻不问,又对一些人严格管理无事生非。就拿李梦圆来说吧,今天,便是她当值日班主任,被她提醒的人总是和她吵两句,吵不过便不吵了。我向您申请:值日班主任管同学,组长管值日班主任(值日班主任那组的组长),其他组长管那个组组长。同学们相互管理。

看了这篇抗议书,我联想到这一天是李梦圆做值日班主任,我接到了很多

---

① 赵汀阳:《每个人的政治》,北京:社会科学文献出版社 2011 年版,第 135 - 136 页。

同学对她的投诉,认为她不公平。在我看来这是非常正常的事情。学生们做值日班主任的水平不同,当然也就会存在很多的争议。在争议过程中,学生的管理能力才会得到提高。没有想到的是值日班主任的不公平引发了学生的不满,竟然开始思考怎样把这个班主任管理体制更加完善了。虽然她的建议会使整个管理方式更加繁琐,同时达不到每一个学生得到锻炼的目的,但是她的这种参与管理的意识正是我们民主意识中最重要的。管理制度本身就是需要不断改革和完善的,这种完善就是需要每一个人的思考来完成。李京京的提议无疑证明了一点:她已经拥有了一种民主的意识。

我没有给李京京直接回复,而是让她把自己的抗议书在全班面前进行阅读。然后让每一个学生提出自己的想法,写在周记上上交。当学生们把自己的看法上交以后,我惊异地发现学生们竟然都是这样有思想!我发现学生的意见有三种——同意、不同意,另外一种是对怎样做班主任的反思。从学生们的思考中我看到值日班主任这个制度带给学生的不仅仅是能力的锻炼,更是一种民主的意识。

罗天栩:听了李京京的建议,我不由惊出一身冷汗。如果组长也能管值日班主任的话,那么还不如不要值日班主任。

陈婉沂:我有点不同意她的申请。因为那样的话自相矛盾还有点不合情理。自相矛盾是因为组长也是同学,也是同学管同学。不合情理是因为:人管人还是越管越乱,最后弄得不知道该听谁的。

孙朝阳:听了李京京发布的倡议书我感到有些羞愧,我有时也是这样。下次我要两袖清风地公正执法,到我执勤时一定不再讲什么哥们义气、江湖道义,要秉公执法合理处理矛盾,不再毛毛草草地处理问题。希望别的同学与我的想法一样,秉公执法、不讲义气。不再让同学给我们写倡议书,下次让李京京同学给全班写表扬信。

廖紫云:李京京说值日班主任有时对一些同学放任,有时又对一些同学的错误行为不肯放过。值日班主任有"私心"必须改正过来。她认为应该值日班主任管同学,组长可以管值日班主任。这样可以让全班同学服气。而我不完全同意她的看法,这样做确实可以防止值日班主任有私心,可如果值日班主任和组长是朋友那么应该也有私心。我再加上一个建议:让同学们在每周五来评价一下这星期值日班主任和组长的表现,这样可以更加使"私心"灭绝,让所有同学都能成为评委。希望这个建议能通过。

看到同学们的想法,我感到他们已经开始关注一个人的"私心"在班级管理中的危害,在努力从自身出发杜绝私心,甚至提出了为防止"私心"泛滥而进行全民监督的建议。这说明作为五年级的学生他们已经知道怎样维护自己的权利,怎样使自己生活的集体更美好。最终我采取了廖紫云的建议:每周对值日班主任进行评议。这样一来针对"值日班主任"有私心的投诉果然少了。

这件事看似小事,但是却在阐释两个重要的理念:参与、监督。面对不公平,我们该怎么办? 要积极参与改善管理制度,要勇于提出自己的建议。群众全员参与的评价就是一种监督的体制。班级管理人人参与,人人可以提出建议,我们的班级我们共同维护。这种责任意识深入人心。同时,我看到学生们都使用"公平、公正"来评价值日班主任,公平原则也是维系社会制度的关键所在。很高兴,在五年级的学生中就可以产生出这样的思想。从中也可以看出,公平、公正是基本的原则,是人类普世的价值观。把公平、公正作为价值观的学生就已经属于道德判断阶段 5 的水平。她们言行合一的概率要高了很多。

三、成为自己

人生的最大意义是成为你自己——武志红

武志红老师在"得到"专栏开设了一个心理学的课程。在 8 月 22 日这一天他讲了下面的一段话:

我先来给你讲一个故事。

我在大学本科的时候,和一个认识了挺久的女孩聊天,聊着聊着,她非常惊讶地问我:武志红,你难道不是通过别人的评价来认识你自己的?

问我时,她那种眼神,就好像看到了外星人一样。

我很自然地反驳她说:我知道我是谁啊? 我为什么要通过别人的评价来认识我自己?

反驳完之后,我也是第一次意识到,地球上原来是有另一种人的,他们通过别人的评价来定义自己是谁。于是,我也像看外星人一样看着她。

我们总说觉知自我。可是你看,我在这方面并非天才,绝对没达到孔子说的那种境界——生而知之。我这时候才意识到，原来是有这样两种人，一种是通过别人的评价认识自己是谁，另一种是自己知道自己是谁。

心理学中有一个很经典的故事。一群孩子在一位老人家门前嬉闹，叫声连天。几天过后，老人难以忍受。于是，他出来给了每个孩子25美分，说："你们让这儿变得很热闹，我觉得自己年轻了不少，这点钱表示谢意。"孩子们很高兴，第二天仍然来了，一如既往地嬉闹。老人再出来，给了每个孩子15美分。他解释说，自己没有收入，只能少给一点。15美分还可以吧，孩子仍然高兴地走了。第三天，老人只给了每个孩子5美分。孩子们勃然大怒："一天才5美分，知不知道我们多辛苦！"他们向老人发誓，他们再也不会为他玩了。

最初，驱动着孩子们玩耍的是他们的内部动机——开心。但老人通过给他们发钱，成功地把他们的内部动机变成了外部动机——金钱，而金钱又控制在老人手中，所以就等于老人控制了孩子们的行为，最终，他实现了把他们赶走的目的。

通过武老师的讲授，我们可不可以反其道而行之？

作为在教育工作岗位上工作了26年之久的班主任，我非常清楚地知道：低年级的孩子对小红花的痴迷。这些并不是来自于理论，只是来自实践。记得十几年前，我被领导安排临时管理一年级的宝宝：把宝宝们从一楼送到五楼，会议结束后再从五楼带回一楼。第一次接触一年级，我提前做了一些功课：怎样让孩子能够安静下来。来到班级门口，孩子们已经排好了长长的队伍，我弯下腰对孩子们说："宝贝儿们，闭紧小嘴巴不要露出小牙齿。"前面的孩子听到了，纷纷撅起小嘴指给我看。我很高兴，觉得这个办法不错。可是中间的小孩没有听到，他们在自顾自地聊天。我只好走到中间又重复了一遍，中间的孩子也撅起了小嘴。可是后面的孩子没有听到。好容易让后面的孩子安静了，前面的孩子又开始说了……就这样一路的欢歌笑语到了五楼。孩子们到了会场，我沮丧地回到办公室发愁：一会儿还要送回去呀，总不能还是一路欢歌笑语吧？无意中，我看到笔筒里有几把小小的纸玫瑰。我立即有了主意，我把所有的玫瑰搜集到一起，差不多有二三十枝，等到散会就举着玫瑰来到孩子们面前说："谁下楼的时候一句话都不说，我就给谁一枝玫瑰。"孩子们立即两眼放光，直勾勾地看着我手里的玫瑰不住地点头。这样从五楼到一楼我一句话都没说,就光晃手里的玫瑰了。孩子们竟然谁都没有说话。所以我觉得低年级孩子就是外部的物质奖励,因为孩子的天性决定了他们不喜欢安静坐着,不喜欢上课,不喜欢学习……总之,学校中很多很多他们不喜欢的,这个时候物质奖励可以帮助他们安静思考,让他们逐渐入门,然后逐渐发现学习的快乐、思考的美妙……

（一）不同年龄段的激励方式

我根据自己多年的工作经验逐渐摸索出适合低、中、高不同年龄段的奖励方法。这种方法是从低年级的他律阶段追求物质奖励,到高年级的自我实现。

1. 低年级——以奖为主

对于低年级的学生,我以奖励为主。这是符合学生的年龄特点的。做过低年级教师的老师都知道,当你来到乱哄哄的教室里面,如果你想让全班迅速安静下来,不可以说:"赶快安静,别说话了!"这样根本就不会有人理你。也不能批评说话的学生:"谁谁你别说了!"这样你只能让一个人不说话,其他的学生依然故我。而当你让第二个孩子闭上嘴的时候,第一个学生的小嘴又开始说了。有经验的老师会说:"小明你真棒,坐好了不说话了! 老师真喜欢你!"就这样一句话,能让小明周围所有的人都安静下来。老师会接着表扬另一个方位的同学,这样表扬几个同学以后,全班就安静了。由此可见,对于低年级的学生来说表扬就是风向标,老师的表扬能够调动所有学生的积极性。

　　我使用喜报的形式表扬学生。设立了"发言之星"、"创新之星"、"作业正确之星"、"卫生之星"……凡是希望学生能够做好的都要设个"星",同时还设置了"进步之星"表扬那些有进步的学生。

　　喜报以学生喜欢的小图片作为背景,上面写着"卫生之星"、"学习之星"……

　　2. 中年级——底线评价

　　当学生进入二年级第二学期的时候,我明显感到喜报的魅力在逐渐丧失。学生的热情一点点地减少了。当我鼓励学生为了得到喜报而改变自己的不好习惯时,学生明显有些无动于衷了。更重要的是,对于学生违反纪律的现象缺乏一定的惩罚机制,导致学生没有约束自己行为的动力。一些学生在课上积极回答问题,另一方面在课上积极地违反纪律。他积极回答问题可以得到喜报,而违反纪律以后我只能给他做一次记录。得到喜报的喜悦远远超过违反纪律的内疚。这使我很烦恼,一直在思考解决的方法。

　　一次,一名上课屡屡违反纪律的学生来到我的办公室。我准备跟他好好谈谈,希望他能够在纪律上有所好转。我对他说:"你上课违反纪律同学们对你意见很大,你如果能够管好自己就能够得到'进步之星'多好呀?"他没有反应,看着他我想:这句话跟他说了很多次了,他要是想得"进步之星"早就努力了。想到这里,我非常苦恼,也对这个学生的屡教不改而气愤,脱口而出:"做好孩子不好吗? 你为什么不想做好孩子?"这句话说出来以后,我也吃了一惊:为什么要做好孩子? 做好孩子有什么好的? 好孩子往往是听话的象征,听话的孩子就是好孩子,可是好孩子就是我们培养的目标吗? 我们就要培养"五分+绵羊"的学生吗? 好学生的标准一定不是听话! 那么好学生的标准是什么？做好孩子代表什么呢？想到这里，我不由问他也是问我自己："好孩子代表什么？"这个学生被我的问题问住了，看着我没有回答。这时我的大脑在飞速旋转：好孩子代表什么？好孩子身上有什么优良的品质？……突然，一个想法冒了出来，我欣喜地自问自答了："好孩子都有自制力，能够管好自己。"说完这句话，站在我面前的学生两只眼睛一下子亮了。我知道这句话打动他了，于是接着说："你看咱们班的某某同学，他上课的时候就能够管理好自己，不违反纪律。这说明他是一个很有能力的同学，你要想知道自己的能力有多大，就要看能不能管住自己。你想试试管好自己吗？"他点了点头。果然，他的纪律有了好转。

通过这件事，我想是到了改革评价方式的时候了。于是我就设计了"诚信"章的底线评价方式，来帮助学生学会自律。

"诚信"章的评价分成两个方面，一个是"诚"，一个是"信"。"诚"表示诚实不撒谎。作为一所农村学校，有的时候会发生这样的事情：一个学生告诉我他的作业本忘在家里，准备下午带过来。我会很爽快地答应。到了下午，当我询问作业的时候，他会告诉我又忘记了，能否明天带来。我知道到了明天他还是不能把作业带来。果然，第二天问他时依然没有带来。为了杜绝这样的事情发生，我告诉学生没有写作业是习惯问题，撒谎是品行问题。我们不能为了一个习惯问题犯品行问题的错误。"诚"就是品行的标准，鼓励学生实话实说。"信"表示能够把应该做好的事情做好。应该做好的事情就是"有待改正学习习惯记录表"和"一日生活记录表"中的内容。如果这两张表中没有记录，就可以得到"信"章。

"诚信"章的评价注重的是学生能够自律，守住一名学生的底线：按时交作业，上课遵守纪律……"诚信"章和喜报不同，它只是盖在本子上的两枚印章而已。

这两枚印章如何激起学生的兴趣呢？我决定把"诚信"章和学生自我管理的能力结合在一起。我给他们讲了"棉花糖测验"的故事。

20世纪60年代，美国斯坦福大学的沃尔特·米歇尔博士做了一个实验。他和助手选取了一批四五岁左右的孩子，做了智商测试。之后在一间屋子里放了一张桌子，一把椅子，桌子上放了一盘棉花糖和一个铃铛。实验人员让孩子们分别单独进入房间，并告诉他如果坚持15分钟不吃棉花糖，他可以再得到一块。而如果他实在坚持不住诱惑，那么可以摇铃铛把棉花糖吃掉。

要知道，在那个年代（现在不好说），对于一个四五岁的孩子来说，一块棉花糖的诱惑力不亚于一块名表或者一部豪车对成人的诱惑力。

孩子们依次进入房间，实验者在外观察。

发现有的孩子进入房间很快就把棉花糖吃掉了。有的孩子抓耳挠腮，在地上、椅子上、桌子底下爬来爬去，有的都坚持了10分钟最终还是没忍住，也把棉花糖吃了。但有的孩子的确可以忍受巨大的诱惑，坚持到15分钟。而他们也的确如愿得到了两块棉花糖。

实验第一阶段完成后，研究者又继续跟踪观察记录了30年。也就是说，直到那一批孩子基本上成家立业。

研究显示，凡是坚持时间长的孩子，在后来的生活中，普遍地学习成绩好，人际关系融洽，工作收入高，事业顺利，家庭和睦，幸福感强。当然每一项都应该加上一个比较词——更。

而这一切，与智商无关。

结论：

实验者最后得出的结论是：决定一个人是否成功、幸福的因素中，占据了主导地位的是自我控制能力，而不是智力因素。

读完这个故事，我告诉学生："诚信"章就能够检验你自我管理抵制诱惑的能力。能够经常得到诚信章的同学自我管理的能力一定很强。相反总是不能管好自己的同学不会得到诚信章的，也就证明他的能力很弱。

动员工作结束后，"诚信"章开始使用了。最初的一个阶段，诚信章对学生是一个很大的挑战。中年级的小学生，也不过是八九岁的小孩子，自制能力都不是很强，丢三落四的事经常发生。诚信章的使用使一些经常能够拿到喜报的学生得不到奖励，心理的失落可想而知。特别是一些优秀的学生，他们平时对自己的要求很高，有时因为一次没有带作业或者一次卫生没有整理好而丢分,他们特别懊恼。在这个时候,我激励他们:没关系的,这就是一个提高自制力的过程,你们就是在学习管理好自己,慢慢会好的。随着时间的推移,得到诚信章的学生逐渐增多了。那些成绩优异的小干部往往能够连续几周得到诚信章。

诚信章的使用也给沉默寡言学生成功的机会。这些学生的成绩不是很优秀,在班里很难有表现自己的机会。而诚信章是一种底线评价,这些底线规定对于他们来说是非常简单的事情,他们很容易就能够遵守。同时他们的细心也帮了大忙,诚信章是他们很容易得到的。得到诚信章使他们的信心大增,脸上的自信明显增多了。

还有一些成绩比较差的学生也通过诚信章找到了自信。

这是一名六年级学生的周记。六年级开学初的数学摸底测试他只得了27分。他第一次周记让我琢磨了好久也没有弄懂他的意思。但是,我从来没有放弃对他的激励与个别辅导。他不爱写作业,能躲就躲。为了帮他养成好的思维习惯和学习习惯我是煞费苦心。经过一个学期,他竟然得到了一枚“诚信”章,他特别高兴!写下了这篇周记。从周记上我们可以看出有很多的错别字,句子也非常不通顺,但是这已经是一篇能够看懂的周记了!从这篇周记中,我进一步深刻理解了那句话——成功是成功之母。得到了诚信章,他对自己的学习也有了信心,他表示要把学习搞上去。

在这里需要说明的是,诚信章的使用不局限于中年级。在一轮课程改革结束后(从一年级到六年级),我选择了自己比较擅长的高年级的教育教学工作。每接手一个新班级我都要从诚信章开始进行评价,即使是从六年级开始教学也是如此。诚信章的使用效果非常好,总是能够使一些自我管理能力较强的学生脱颖而出,使大多数学生的自我管理的能力得到提高。作为班主任我把工作重点集中在自我管理能力较弱的学生身上,工作更有针对性,更有效果。

"诚信"章的评价关键所在不是得到两个章,而是"诚信"章背后的价值——有自我管理的能力。这种内在价值需要教师在评价学生时不断地肯定学生的自我管理能力,而不是评价他得了多少的诚信章。

3. 高年级——自我超越

学生进入高年级,我发现一些学生参与评价的热情降低了。始终处于积极参与评价的学生是班里前1/3的同学。这是为什么呢?如果一个评价不能够调动全班学生的积极性,那么这个评价一定是有问题的。经过一段时间的观察和思考,我感到经过几年的学习,经过一段时间的评价,学生们给自己贴上的固定的标签:我是中等生,我是……这样的标签对学生的积极性产生了很大的影响。对于优等生来说,他们觉得自己很优秀于是就要继续把优秀保持下去,因此对评价非常感兴趣;中等生感到自己再努力也不过是中等生,跟优等生的差距是不可弥补的,因此热情不是很高;对于纪律差的学生来说,无论怎样努力得到诚信章的希望都是渺茫的。于是就产生了:反正已经是落后生了,不可能跟上其他同学的步伐,索性就不努力了。

如何突破标签的效应,让所有的学生都有能够成功的机会?这成为摆在我面前的一个难题。这时,一段话从我脑海中跳了出来:老子的《道德经》第三十三章:知人者智,自知之明。胜人者有力,自胜者强。知足者富。强行者有志。不失其所者久。死而不亡者寿。于是开展"自胜者强"活动的想法应运而生。"自胜者强"的活动是这样运行的:让学生自己制定目标,如果能够完成就盖上"自胜者强",这样一来所有学生不再是跟别人比,只是在跟自己比,这样一来所有学生又有了积极向上的动力。

想好以后,我就开始具体操作了。首先我重新出了一期黑板报,介绍了老子的生平,把他的这段话写在黑板报上,并进行了翻译:能了解、认识别人叫做智慧,能认识、了解自己才算聪明。能战胜别人是有力的,能克制自己的弱点才算刚强。知道满足的人才是富有的。坚持力行、努力不懈的就是有志的。不离失本分的人就能长久不衰,身虽死而"道"仍存的,才算真正的长寿。

　　学生们对新出的黑板报很感兴趣,都饶有兴致地把板报内容看了。并对老子这个人的生平议论纷纷。下午上班会课的时候,我介绍了老子,重点讲了对"胜人者有力,自胜者强"的理解。我告诉学生,一个人一生中最大的敌人就是自己,能够战胜自己的人是无往不利的,是最大的强者。学生们听得津津有味。这个时候,我提出:"你们能成为一个战胜自己的人吗?"学生有的点头,有的低头不语,有的摇头看着我笑……"要战胜自己可不是一件容易的事情,首先你要知道自己的缺点或者不足是什么,然后你还要有战胜自己的决心和勇气。最重要的是你要有毅力。战胜自己是一场持久战,没有毅力根本就不可能成功!"这个时候有的学生开始举手表示希望挑战自己。看到希望参加的学生越来越多,我拿出"自胜者强"的图章:"我知道你们一定有兴趣参加,已经为你们准备好了!"一个新的活动"自胜者强"在我们班开展起来,我明确了这次活动的主题就是:今天的我比昨天强。要求学生只是跟自己比,自己比以前有进步了就是最大成功。活动要求是这样的:首先学生自己设定自己的目标,写在周记上。等实现这个目标以后拿着写好计划的周记来找我盖章。

　　这个活动使所有的学生都开始寻找自己能够达到的目标。有的希望下一周自己能够有创新的记录,有的学生希望自己下一周的学习习惯分数比这一周高,有的学生希望自己作业正确率能够得到提高……一些淘气鬼也制定了"下周比这周纪律好的计划"。看到学生们热火朝天地投入到活动中我是由衷地高兴!

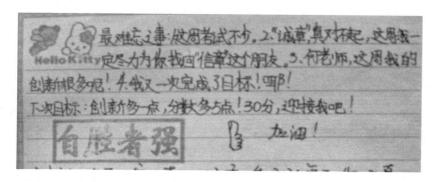

　　这是一名优秀学生的周反馈,在周记中她很高兴自己实现了目标,同时为自己设立了下周目标:创新多一点,分数多5点!

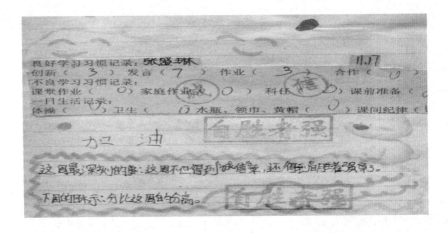

张盛林是我们班里一个比较瘦小的姑娘,我刚刚接班的时候,她的作业总是不能按时交。经常到学校以后才发现自己的家庭作业没有完成,于是就利用所有时间来补作业。在我的帮助下她的作业能够按时完成了。在"自胜者强"的活动中她竟然总是能够得到"自胜者强"的盖章。而她每一次的目标也很简单:分比这周高。就是这样一个简单的目标,竟然使她的良好学习习惯记录越来越多。良好学习习惯的分值可以跟班级里面优秀的学生媲美了。这周她创新 3 次共 15 分,发言 7 次共 7 分,作业 3 次共 3 分,合计 25 分。很多班级里面优秀的学生学习习惯记录得分未必比她多。她能够取得这样的进步是我始料未及的。也许她就是每周"比这周分高"的目标使她逐渐完成了对自我的超越。

这是我们班的淘气鬼尹增晖在班级博客上的发言:

尹增晖(灰王子)"自胜者强"对我来说　　　　　2008 - 10 - 31 14:50

五年级下学期到了,我们班又新加了一项规章制度名字叫做"自胜者强"的一个章,之后我就对他感兴趣了!只要你在一张纸上写上你要奋斗的目标,之后写上名字,再写上哪年哪月哪日之后就交给老师,你什么时候完成了你写在纸上的任务之后,老师就会在你的周反馈表上盖上一个大大的"自胜者强"的章,之后你就可以在那一张纸上写下下一个目标了。我就是如此,我写上了下周我一定要得正分,在这一个星期内的第一天和第二天我都没有完成作业,再加上课上说话而且是没用的话,所以在两天内我的分就已经是负 12 分了,这下我有些着急了。我要努力,争取得正分,在后来的三天我上课就举手回答问题。我的努力没有白费,终于把分"挣回来了",我太高兴了! 我得了正15分! 我终于用我的嘴把分"挣"回来了!

从这篇文章中,我看到一个跟"诚信章"无缘的淘气鬼为了能够获得"自胜者强"而做出的努力。在一周的前两天,他自己的分已经到了－12分。他开始着急了,于是利用后来三天的时间上课拼命回答各种问题,最终获得了＋15。他这种"挣"分的想法也许有些不妥当,动机也许不纯,但是使他走向正分毕竟是一个好的开始。

六年级第二学期,学生很快就要毕业了。这个时候我又有了新的担心:中学的老师不可能也使用这样的评价,如何让学生能够在没有评价的时候也不松懈呢? 为学生进入中学做好过渡,这是六年级第二学期我重点要做的。我更加重视评价学生努力的过程,在周记里面更多的是对他们的鼓励,对他们成长的激励。

一次一个学生问我:"老师,李明洋为什么能做创新记录,他作对的题我也做对了,我为什么不能做创新记录?"我看着这个个子不高一脸坏笑的小家伙,知道他在故意跟我耍赖,也许他是希望自己的创新记录多一些吧。我对他说:"你不认为李明洋作对这道题对他来说是非常不容易的吗?""是挺不容易的。"他点着头,接着说,"我做对也挺不容易的。"看着他的样子,我想他是不肯轻易放弃了。于是我说:"我不这样认为,你是非常优秀的学生,这道题对你来说应该会做。如果没有做对我还要批评你的。你认为会做这道题重要还是得到创新记录重要? 你希望我降低标准要求你吗? 你如果觉得自己是一个把这道题当成创新题来做的学生,你也可以做一次创新记录。"他看看我,想了想,笑着说:"我还是不做记录了,会做题挺好的,如果这道题我做不出来心里会不舒服的。""对呀! 同样一道题,你做不出来不舒服,他做出来以后感到非常高兴。这个事实对你来说就是一件非常幸福的事情了。他多希望像你一样呀。我希望你有的是李明洋的这种精神,对自己的一个超越,自我超越比得到奖励要重要得多。"他笑呵呵地说:"对,自胜者强嘛!"

这件事情发生后,我利用班会时间开展了"成功是什么"的班会活动,让学生们谈一谈自己的成功经历。通过对成功经历的回忆体会成功。最后得出:成功是一个过程。经历努力的过程比一个结果重要得多。

这次活动以后,学生们把自己的成功经历写成作文,我整理成《自胜者强》文集。从中我发现,大多数学生写了自己为获得"诚信"章或"自胜者"强章而付出的努力,以及获得以后的开心。

成功的过程
刘宜

上五年级时,数学和语文都换了新老师。数学老师何老师是我们的班主任。

为了让我们更严格要求自己,老师做了三个表来督促我们的学习,有"良好学习习惯"表、"不良学习习惯"表、"一日生活"表。只要在"良好学习习惯"表里有发言记录,其他两个表上没有记录,就得到了"诚信"章一枚。如果"不良学习习惯"、"一日生活"表上有记录,就得负分。

我有一个毛病:上科任课的时候管不住自己。看到很多同学获得诚信章我心里特别羡慕,我也想得到诚信章。从此,我就开始为得"诚信"章而努力了。

这样坚持了一天,我有些忍不住了。一次科学课上,老师正在讲课,我走神了:刚才刘杰做的鬼脸真有意思!王雪涵带来的图片真好看……想着想着,我鬼使神差地想跟他借来看看,就小声叫他:王雪涵、王雪涵……一个巨大的身影挡住了我,我抬头一看——科学李老师正用严厉的眼神看着我。我很懊恼,怎么这么管不住自己呢?正在我自责的时候,突然看到同桌低头写着什么,再看大家都在写,我很尴尬,怕老师看到,于是假装在写,低下头赶紧偷偷问同桌:"老师让写什么呀?"她没有理我。我又问了一遍,她终于告诉我了,可就在这时候,我似乎感觉到了有一双眼睛盯上了我,感觉十分不踏实,抬头一看——科学老师很生气地看着我。下了课,课代表给我作了不良记录。看着周反馈上孤零零的诚章,我很难过,由于自己的坏习惯影响了自己得诚信章,真是后悔极了!

我痛下决心:一定改掉上课走神的毛病。就这样,我制定了学习目标和计划,并严格地执行,每当上课刚要走神的时候,我就对自己说:为了诚信章,你一定要认真听讲!经过一段时间的不懈努力,我终于改掉了上课走神、说话的坏毛病,并且有几周我连得了好几次"诚信"章呢!现在的我,上课认真听讲,积极发言,成了老师经常表扬的孩子。

改掉了坏习惯,学习成绩也有所提高,我终于尝到了成功的滋味,那味道,像一股清泉流进了我的心里,美美的、甜甜的……

把失败抛开
王晨

在我们班墙上贴着两张记录表,一张良好习惯记录表,一张是不良习惯记录表。

因为刚到一个新的班集体,刚开学的时候,我课上积极发言,作业清楚整齐,总是能够得到表扬,因此总是能够得到正分。过了一段时间后,我开始放松对自己的要求,作业错题越来越多,回答问题也越来越少,有的时候还不能够按时完成作业。这样我的学习习惯开始出现负分了。

我想调整一下心态,下次就好了,可是过了几个星期还是摆脱不了负分,连续几周都没有得到正分了。我感觉自己好像掉进了失败的泥潭无法爬上去了。这个时候妈妈看到了"周反馈"上老师的留言,知道我的学习习惯出现了问题,于是坐下来跟我谈心,我把自己的苦恼全都说了出来。妈妈听了以后说:"我们一起来想想办法。你看,这几周你回答问题越来越少了。是不是因为提前没有做好预习呀?如果能够提前预习,老师课堂上提出的问题你就能够回答了。你的作业正确率低是不是因为检查得不够。妈妈决定每天帮你检查作业,我们一起努力一定能够获得正分的。还有我们可以在创新上下一番功夫。老师规定把思考题作正确就能够得到创新记录,这一项就加5分,你好好地研究研究思考题,遇到问题妈妈能帮你。"接着,妈妈拿出周反馈,指着老师写的评语说:"你看,老师对你说的话:不要灰心,不要让我失望。老师这样相信你,你应该对自己有信心。"听了妈妈的话,想一想老师对我的鼓励,我决定调整好心态,不辜负家长和老师对我的期望。

从那以后,我及时预习,按时复习,上课多多发言,认真思考老师提的问题……就这样努力了一周,到了该公布成绩的时候了——正分!我得到了正分,我终于摆脱了负分的困扰,我以后再也不让负分靠近我了,不让正分离开我了!

这件事情让我明白了:犯了错误并不可怕,可怕的是犯了错误而不去改。如果让失败的阴影围绕着你还是会失败的。

我特别感谢妈妈对我的帮助,感谢老师对我的鼓励。我感觉家人和老师像一道彩虹帮助我走向成功。

在这次活动后,对成功有了自己的认识。他们用自己的语言对成功进行总结。

成功的味道:是一种只有用努力和汗水才能换来的味道,一种用金钱买不到的味道!

成功是一粒花种,只有在你的精心照料下才能开出美丽的花朵。

成功是茶,当你喝第一口时也许会觉得有些苦涩,但如果你用心细细地品尝,就能品味出它独特的味道。

成功是一辆游览车,带着你、我、他看到无限风光!

成功是一个阶梯,当你迈上第一阶时,你就会想知道后面的结果。

成功是推动器,它总是推动我们前进。

成功是一个迷宫的出口,当你经过不断努力才会找到它。

成功是一个奇怪的棒棒糖,刚刚舔到它的第一口时可能是酸的,但是只要克服这种酸,就会尝到甘甜。

成功是一辆车,只要你踩下油门它就会越开越快!

成功是一个苹果,当你没有成功的时候,你觉得它是酸的,但当你成功了的时候你就觉得它非常甜。

成功是一棵树,只有你不断努力浇水、施肥,才会有丰富的果实。

成功是一个太阳,它可以使人看到光明。

成功是基石,要想更进一步,就必须把基石码得更宽更大。

成功是一块磁石,总是吸引着你、我、他!

成功好似一块巧克力,吃起来是轻柔的、细腻的、甜甜的。

成功是一盏明灯,照亮你我前进的道路。

成功是一块怪味糖,刚含入口中时又苦又酸又涩又辣,但怪味过后是一份甘甜。

成功是一盏明灯,能够照亮你下一个目标。

成功是一个顽皮的魔法师,他总是施展各种魔术搞恶作剧来玩,只有有毅力的人才能来到他的身边。

成功是一种感觉,可以使你高兴起来。

(二)奖励中应注意的问题

最近几年,物质奖励频频受到指责,认为小红花的物质奖励摧残了孩子们的积极性,改变了孩子的兴趣,让孩子们变得物质化了。这种担心不是没有道理的,有的时候老师在运用奖励时的确让学生变得急功近利。但是也不用太过于担心,因为急功近利的奖励往往维持不了太久。

1. 关注大多数

老师奖励学生小红花,学生说:"我有好多了,不要了"。看似天方夜谭可是确有其事。仔细分析这一现象暴露了教师在课堂评价中的问题。

不想要了,因为太多了。这说明什么问题? 第一,老师发红花太频繁,学生失去了兴趣。对于刚刚上学的孩子,我们发红花是为了吸引他们的注意力,进而促进他们对学习本身的兴趣。同时发红花要让孩子体会到,自己做得很好,要引起学生的自豪感。老师为了发红花而发红花,过于频繁孩子就没有兴趣了。第二,"均无贫。"多与少都是相对的。这个学生感到自己的红花多说明其他学生得到的红花太少。对于有很多红花的孩子来说,已经远远超过了其他同学,至少没有人能够跟他的红花数量相当,如果存在一个和他红花数量相当的学生,他就不会拒绝红花了。其他同学红花少说明被关注的机会相对少。如果大多数学生处于被忽视的状态势必会影响这些孩子的积极性。同时由于遥遥领先的优势也使这个学生对表扬感到麻木甚至厌烦。这样才会发生不要红花的事情。

对于低年级学生,特别是一年级学生的小红花式的奖励,应该照顾到大多数,让大多数甚至90%的学生得到奖励。刚刚入学一个月的学生,可以100%地进行奖励。因为刚刚入学的学生来到陌生的环境需要适应,需要来自老师的肯定,老师的奖励让他们感到自己是被接纳和认可的。这种认可让他自己有成就感和满足感,有利于他们对新环境的适应和接纳。有的老师会感到疑惑:如果奖励过多,怎么分出学生的层次?

作为老师我们一定要明白,奖励的目的不是把学生分层。如果把学生分层,我们不需要奖励也可以知道。如果通过分层,你就会发现,只有20%的学生是优秀的,只有这20%获得奖励。那么其他的80%的学生的积极性怎样调动?奖励是为了让大多数学生获得动力,奖励人数过少对群体来说,没有激励的作用。因为努力了也未必达到。奖励人数少能够激励的只是优秀的20%,而这部分学生最好的奖励并不是小红花,而是让他们体会成就感是最大的奖励。

2. 不迁怒

一次,一位老师跟我抱怨:同事的孩子真不好教!原来,同事有个儿子在她的班里,这天她走到教室门口就听到那个男孩站在讲台上跟全班同学说:"同学们,你们喜欢小红花吗?"还没等同学们回答,男孩又说:"我可不喜欢得小红花,那破玩意要他干什么呀!搁都没地方搁!"老师叙述完,很是无奈地看着我。我问道:"这个孩子得过小红花吗?"老师说:"没有。那孩子太淘气了,每次我刚要奖励他,他又犯错了……"听到这里我想老师们也知道了为什么这个孩子说不想要小红花。作为一年级学生,在第二个学期的时候依然没有得到过小红花,他的内心是多么崩溃呀!因此,他表现出不想得小红花是在情理之中的。

迁怒,是我们老师最容易犯的错误:因为学生表现不好就忽视好的表现。老师要确立对事不对人的理念。不能因为孩子犯错而忽略他的优点,也不能因为优点而忽视问题。

奖励是一门学问,好的奖励能够激发向上的动力,不好的奖励会适得其反。作为老师要研究学生的心理,根据学生的特点进行奖励。奖励学生很多的时候未必一定要用物品,语言、动作甚至神态也是最好的奖励。当学生表现出色的时候一个竖起大拇指的动作,一个欣赏的眼神都能起到激励的作用。最好的奖励是这份奖励和学生内心的需求相契合,也就是外部奖励和学生内心的体验相契合,这个时候的奖励是学生的一个自我认可的过程,学生通过这个认可的过程获得自我肯定,也就是越来越自信。自信,就是相信自己。自信不是依靠老师和家长的盲目表扬获得的。只有老师和家长的表扬和孩子内心体验一致时,自信才开始产生。因此,好孩子是夸出来的,但是不是所有的夸奖都能够确立自信。怎样夸?是一门学问。

第四章　讨论法在班级管理中的应用

　　科尔伯格曾经在学校中开展了道德讨论的项目,他发现"虽然通过呈现高一阶段的推理,同伴群体对道德两难问题的讨论会促进道德阶段的发展,但不呈现这种道德推理的讨论也能促进道德的发展。例如,科尔比(1972)研究发现,道德讨论项目的实施导致一些习俗水平的学生在复测中已有一些阶段5思维的发展,而在预测时并无阶段5推理的存在。"[①]

　　根据这个研究成果,我创设了"讨论式班会"。班会的讨论内容就是学生日常遇到的问题,通过把日常中的问题拿出来讨论,也就是把学生真实的矛盾冲突展现在他们面前,促进学生思考生活中的问题,通过讨论梳理出好的处理方式,促进学生今后更加道德地处理问题。同时让学生根据讨论梳理出自己的想法,还可以帮助班主任了解本班学生的道德判断水平,让今后的工作更加有针对性。

　　讨论的模式是:

　　(一)前期准备

　　1. 选用合适的案例故事来和大家一起讨论。

　　2. 提前把我班所有学生分为几个小组。

　　(二)实施

　　1. 出示讨论规则(用投影展示出来)

[①]　[美]L. 科尔伯格:《道德发展心理学——道德阶段的本质与确证》,上海:华东师范大学出版社2004年版,第192页。

一场好的讨论的九个规则①

一般原理:一场好的讨论的目的是通过和其他人一起工作来提出一套最好的观点或方式来应对情境。在一次争论或辩论中,只有一方胜利。但是在一场好的讨论中,每个人都是胜利者!

(1)在发言者前先思考。

(2)仔细倾听别人说话的内容。

(3)不要打断他人的讲话。

(4)轮到你发言时,可以引用别人说的内容。

(5)只谈你真正确信的。

(6)不要保持沉默,确保为讨论做出贡献。

(7)给他人发言的机会,不要独占讨论。当你说完时,让至少两个人讲完话你再讲话。

(8)支持他人好的观点,即使他们的观点和你不同。

(9)找寻最好的解决方法,即使它和你最初的思考方式不同。

这个原则要带着学生一一解读,避免学生不清楚规则而发生冲突。同时老师在整个讨论中要遵守这个原则,同时强调:我们的讨论对事不对人。不要使用攻击性语言,只说自己的感受。

2. 出示讨论主题:老师陈述事件始末。

3. 讨论——发表对这件事的看法。不是说自己的相同的事。

(三)总结反思

1. 收集学生的感受(中高年级可以采取写一写的方式)

2. 整理感受——了解孩子所处的水平,并分类统计。

注:以高年级讨论为例。整理学生的文稿后,我发现学生思考问题的角度存在很大的差异:有的是从个人角度,有的是从我和朋友两个角度,有的是从我和朋友的关系以及班级发展的角度,还有的想到了班主任的信任和班干部的职责等角度。于是我就根据学生思考问题角度的多少来进行分类。

---

① [美]拉里·努奇(Larry nucci)著:《"好"远远不够——促进儿童的道德发展》,北京:机械工业出版社2015年版,第71页。

我或朋友(班级):从一个角度思考问题。

我和朋友(班级):知道不同的角度想法是不一样的。

我、朋友和班级(老师):考虑关系的处理,知道我和朋友、和班级之间的关系。

老师(价值或职责)、我和朋友和班级:把班干部作为一种职责,从朋友的身份中剥离出来。有的会想到这是老师的信任。思考问题不仅仅是在我、你、他这个平行的维度,还考虑管理者的上下维度。

管理者角度:站在班级发展的角度思考问题或者提出自己的建议。侧重于问题的解决。

还有一个其他:不同的班级情况也不同。有的是属于没有清晰表达,有的是属于只能就事论事……总之属于阶段1的初级水平。

一、讨论式班会在中高年级的实践

(一)中高年级问题讨论:我要辞职

因为工作中遇到这样的事情后,我开始跟同事了解情况,发现:当一个班干部发现自己的好朋友违反纪律该怎么办呢? 这是学生在高年级会普遍面临的问题。

随着年龄的增长,学生开始更加重视同学的友谊。他们更在乎同伴之间的认可,但是当职责和友谊发生了冲突该如何取舍决择? 这个问题考察学生是否能够把自己纳入到集体中来,从个人和朋友的关系,个人与集体的关系等多角度考虑问题。故事的选择来源于真实案例:小李是班干部。他非常认真负责,当同学违反纪律的时候他就会指出,要求同学改正。可是最近他发现自己的好朋友总是犯错,每次他批评好朋友的时候,他的好朋友都很不高兴。小李很苦恼,他觉得不想失去好朋友。于是他想跟老师提出辞职,不想再做班干部了。

根据这个故事,我们设计了几个问题:

1. 你觉得小李应该辞职吗?

2. 你如果是小李的朋友你怎样想?

3. 如果所有干部都这样想,会怎样呢?

这个讨论内容分别在四所学校的四、五、六年级进行讨论。

讨论式班会的环节设计及感受

北京市朝阳区十八里店学区牌坊小学六5班　訾春艳

一、现场记录：

(1)部分孩子的想法：他们有共同的想法，觉得小李不应该辞职，可以私底下和他的好朋友商量一下，征求好朋友的谅解，并说明自己的用意，会好好管理其他同学，也同时希望自己的好朋友越来越好。班干部的职责，就应该秉公办理，尽职尽责。因为这些班干部是班主任老师最信任的人，如果都包庇自己的好朋友就愧对老师的信任，更愧对自己的职责。做班干部就要认真，那样才能使每个人进步，提升自己的班级荣誉感，使自己的班级更优秀！

如果"我"是小李的朋友，我可能当时会生小李的气，会想一点面子也不给我，还好朋友呢？但是如果小李耐心地跟我沟通，讲明白理由，我会支持他的工作，接受他的意见，把自己的缺点改正，做更好的自己，更应该为有这样的朋友而高兴。

如果所有人都这样想，那样每个人都不愿当班干部，都怕得罪好朋友，那样我们的班级会乱糟糟的，不像是个集体了。

(2)还有一部分学生这样想：我认为小李应该辞职，因为人拥有一个好朋友真的很不容易，班干部只是个职位，我认为朋友比面子职位更重要。我不当，会有比我更适合这个工作岗位的人来当，会把工作干得更好。

如果我是小李的朋友，我会很生气地找他谈判，你干什么？就不能通融通融，这些小事也没什么大不了，咋不给我点面子，让我在全班面前这么难看，还是我好朋友呢？从今以后，我们不再是朋友，一刀两断。

如果所有人都这样想，我觉得就没人适合当班干部了，班里面会乱七八糟的。我觉得这些事还是班主任想得最周到，让班主任来处理所有班内的事情。

二、总结反思

作为班主任教师，我认为开这样一节班会课，可以了解孩子们的现状，更多地了解孩子们内心的真实想法，孩子们也敢于发表自己真实的心声，没有思想负担。能时刻地关注孩子的思想动态，并且可以根据现状，寻求更好的方法来增强班级凝聚力。

全班1/3的学生能正确地看待集体荣誉,能正确地看待班干部的职责和责任,也能知道每一个学生越来越好,才能使班级变得更好。

还有一部分学生认为,友情更重要,不能真正地看到包庇他人的后果,或者是不能想到班干部的责任和集体的荣誉,只是关心自己的事。

还剩下最后一部分学生,他们会在组内发表自己的想法,但是不肯在全班面前表露自己的想法。估计还会有一些同学不愿意说自己的想法或者是和别人雷同。

我会更加用心地关注每个孩子的思想动态,对于正义感比较强的孩子多树立典型榜样,对于集体荣誉感稍微落后的孩子,要让他们多留意班内的好人好事,潜移默化地增强孩子们的班级凝聚力,让他们明白班荣我荣。多用班中的真实案例或者是热门话题,开展这类的讨论会、辩论会,让学生敞开心扉,说出心声。那样才能真正地了解学生,才能得到信任,才能创建更民主和谐的班集体,真正提升班级凝聚力。

以上是老师的反思和现场的感受。我根据学生的纸质思考整理出下面的数据。

牌坊六5班　29人			
不应该辞职20人　69%		应该辞职9人　　31%	
自己的错谅解	生气	生气	
16人　55%	4人　14%	9人　　31%	
45%			

通过上面的表格我们可以知道有69%的人是不支持辞职的。支持辞职的人有9人,占到31%。而且这9个人都对被班干部批评感到生气。

支持辞职的学生,在回答"如果你是小李的朋友你会怎样想?"这个问题的时候都觉得被好朋友批评是特别没面子的事,觉得不能接受。其中有3位学生认为如果小李不辞职的后果是:会没有朋友,被换掉,被说坏话或者有危险。有2位学生觉得小李必须做到"通融",不要批评自己,这样才能做朋友。4位学生觉得友情很重要,不希望伤害到友情。有7位学生觉得如果都学小李,班级的秩序会乱,老师会累。有1位同学觉得总是会有一些人认为职位比友谊重要。1位学生觉得这件事情太伤脑筋,还是由老师去处理吧。这部分的孩子还是从个人角度思考问题,即使他们觉得自己的选择跟集体的利益相冲突也要毅然决定维护自己的利益。这也从另一个角度说明他们处理复杂关系的能力欠缺。因此我认为他们的道德判断属于阶段2的水平。

不支持辞职的4位学生,在回答"如果你是小李的朋友你会怎样想?"这个问题的时候都觉得自己很生气。只有1位学生表示要跟小李"绝交",小李应不应该辞职这件事情上,他也显示出犹豫不决。先写了应该,又划去写了不应该。他觉得如果小李辞职,他的朋友没有人管,就会变得越来越坏。3位学生觉得小李如果私下里跟他朋友谈谈就会原谅小李继续做朋友。其中1位学生提出要小李以后批评的时候语言稍微改一下,不要太严厉。还有1位学生觉得小李如果不私下里跟自己沟通,就不做朋友。但同时他还说:不能因为一个事件,就打乱了规则,这样干什么都没有规则。所谓,无规矩不成方圆。

其他16位学生在回答"如果你是小李的朋友你会怎样想?"这个问题时,都觉得小李的朋友应该理解小李,应该换位思考。他们认为小李批评自己是自己做错了,应该改正自己,小李是在帮助自己。

从数据中我们可以看出,班级中45%的学生因为被批评而气愤,这种气愤说明他们虽然年龄是六年级的学生,但是依然没有解决"他说我"的问题。这个问题是简单的两个人的关系,但是有很多成人也没有很好地学会处理和解决。这个问题看似简单,其实特别不好处理。因为处理不得当,学生的不良情绪就会在记忆中留下来,以后一旦出现相同的情景就会触发不良情绪,不良情绪就是没驯服的大象,他们往往会不听从理智的选择而做出非道德决定,引领大象走向了道德的反面。

如何处理好"我和他"的关系?我们还是需要回到事情的开始,重新帮助他们思考:"他说我"怎么办?

根据对数据的分析我建议班主任找出班里发生的事情来完成"'他说我',怎么办"的讨论。因为班级中近一半的孩子表示出愤怒,说明这些孩子有这样的经历,可以挑选出不同的案例展开讨论。让双方说说自己的感受,别的孩子可以参与讨论,但是只说自己的感受。这样每个人从自己的角度说出感受,达到相互的理解。要让学生养成对事不对人的习惯。这样的讨论最后可能达成共识:班干部注意自己说话的语气,同学面对别人的批评应先思考是不是自己的问题,班干部说得不对就积极沟通。更重要的是:双方都要明确他们是对事不对人。

接下来开展第二个班会:假如没有班干部我会怎样? 这个班会的核心是让学生知道,因为人生的最高境界是从心所欲不逾矩,没有自律的人才需要他律,不希望别人管自己,就要自己管好自己。不能管好自己就是把管理的权力交给了别人。总会有人无论有没有班主任,他们都会守纪律。这个时候老师要肯定:这个学生成为他自己。他是一个自由人。

管理建议:六年级的学生可以实行班干部轮换制,现任可以留下来协助,其他学生轮换。可以每天一个孩子做值日班长或者值日班主任,负责班里发生的所有事情,然后总结感受。这样一轮结束大家都可以坐下来说一说做值日班长或值日班主任的感受,体会班干部的不容易,从而思考自己平时应该怎样做? 最终理解:管理的最高境界是不管。管理的本质是沟通。自律才是每个人的终极目标。

讨论式班会的环节设计及感受

北京市朝阳区十八里店学区牌坊小学六2班　齐新

主事件的看法的讨论:

在班内发言中,我班站起来发言的学生都能够站在班集体的角度来分析,来谈自己的看法,尤其是班干部们的发言,自己认为正确的就要坚持,好朋友会理解;好朋友的不理解是暂时的,可以通过别的渠道来帮助好友,使得友谊更加坚固……让老师听了心里都很认可,也很欣慰,感觉到孩子们的懂事。

发言的十多个同学,有的是课堂积极发言,有的成绩优秀,有的是听从教师的教导,有的是各科教师的助手。多年学校教育的作用还是比较明显的,效果也是显著的,孩子们的见解和三观正在沿着学校教育的方向,不断发展着,不断矫正着,同时他们代表了班级的主流,是主要的有影响力的。

还要看到,有十二三个学生没有在班内发言,他们也许有自己的不同看法,但是看到大家的意见这么统一,可能就不敢表达异议了;也可能存在人云亦云;还有缺乏主见的学生,还不能形成自己的看法(虽然与他们接触才第二周,但我看到了四五个学生的茫然)。

第二个讨论:你如果是小李的朋友,你怎样想?

大家都是理解性发言。有隐藏性,不见得都是理解小李,只是大家都不表现出来,所以发言的在重复到第六人后基本也就没什么可说的了,没能形成真正的讨论。

第三个讨论大家都这样想,结果会怎样?

没有讨论,只是让大家自己想象。然后进行了自己整理自己的想法,写成文字稿。

这位老师可谓经验丰富:她敏感地发现班级中发言的学生都是所谓的"好学生"。同时她也关注到班里四五个感到"茫然的"孩子。

因为这个班级和上一个属于同一所学校,我就把这两个班级的学生道德判断情况做了对比。

	管理者角度	老师(价值)、我和朋友、和班级	我、朋友和班级(老师)	我和朋友(班级)	只说推想
六5班	1	13	11	4	0
六2班	1	6	13	3	4

从对比中我们可以看到这两个班的差异很大:道德判断水平明显要落后于5班。

通过分析学生的文字反思,更加明确了这个班级存在的问题。

全班27人,有4人没有理解或表述清晰自己的意思,这对于六年级学生来说,是不可思议的。

2人同意辞职,其中王洁提出人人平等的观点,尊重小李个人感受,建议班干部轮换。同时认为作为小李的朋友被批评很是没有面子,表示宁可死要面子活受罪,也要灭一灭小李的威风。显示出很强烈的抵触情绪。王硕认为有私心很正常,为了别人和班级舍弃自己的朋友,这是不能理解的,并认为小李是对的,做个平凡的学生。

21 人不同意辞职,其中 4 人不仅关注到集体和友情的问题,还关注了老师的信任。4 人是关注了班干部的职责所在,同时也关注了要私下跟朋友交流达成共识。他们认为班干部就是要顾全集体的利益。

5 个学生只关注没有班干部就会乱,简单强调要听老师和家长的话,属于阶段 1 他律阶段。这在六年级的孩子中的确是很少见的情况。

还有 5 个同学认为辞职是对违反纪律同学的纵容,不能允许这种情况的出现。这样的描述也明显感觉到一种对抗的情绪。

1 个学生认为这样的行为会造成班级分裂。他认为这样的班级没有团结一心(这个学生恰好是班长)。

综合分析后我做出了这样的推论:班级不团结,没有凝聚力。干部和同学之间有矛盾。整体道德判断水平偏低,这一点跟这个班级在学校学习成绩偏低的情况相符。

经过跟老师沟通知道,这个班六年一直换老师,成绩在年级垫底。齐老师刚刚接手这个班级,发现他们连最起码的学习习惯都没有。全班一半以上的学生存在不写作业的现象。频繁地更换班主任和班级成绩长期处于较低水平,导致班级的认同感低,学生没有成就感和自豪感。班级的凝聚力不足。但还是有很多的学生处于积极的状态:全班只有两人支持辞职。

根据分析我建议:建立班级认同感。

班主任可以为学生制定毕业一年我要怎样过的计划。让每个人不留遗憾地离开小学。

开展轮换制,每天一个值日班长。借此锻炼每一个人,让有能力的孩子显露出来。每个人都为集体付出了努力就能够开始爱这个班集体。

后记:班主任带领同学设计了班徽,并制定了详细的计划,帮助每一个人规划好自己的一年计划。

初步尝试讨论式班会

北京市朝阳区十八里店学区牌坊小学五年级 张欣玉

针对同学们中存在的典型实例,开展"班干部该不该辞职"的主题讨论式班会,旨在通过本次讨论活动,帮助同学们建立自我意识,增强班级责任感,同时也让同学们更好更深入地了解"做有责任感的人"的内涵。让"做有责任感的人"这一信念永植心中。

同学们通过阐述个人与集体密不可分的关系,举例说明或举反例反驳的方法,阐明要敢于担当,要有责任心的重要性,从而使每个人从思想上认识到自己是集体的主人,从行动上做有担当、有责任的人。

讨论式班会,就要突出讨论来,但讨论并不是随便地说,首先我出示了讨论的规则,让同学们明了规则之后,紧接着出示实例,小李很苦恼,他觉得不想失去好朋友。于是他想跟老师提出辞职,不想再做班干部了。这时就有小声议论的同学了,但老师要强调讨论的规则。之后把要讨论的三个问题抛出进行全班的讨论。力求讨论的全面,每人都要发言,最好都有自己独到的观点。最后就是把自己的观点整理成书面语写下来。

其实本次的讨论式班会是一种新型的尝试,老师是教书育人,要给予充分的尊重和爱戴,也需要同学们的支持和鼓励,每个人都会遇到问题,学生还小,遇到问题的时候会想不全面,以小孩的思维来做事,在这个时候,教师是朋友,给予帮助,讨论式的班会就是在畅所欲言的平台上,引导孩子如何去思考,如何去选择。特别是学生一些小毛病或典型事例在讨论中更能拉近师生之间的距离,促进师生间共同的进步。

在这位老师的描述中我们可以看到老师的理念:做有责任感的人。老师引导学生从个人与集体的关系等角度,通过举例和反例的方式让学生积极思考责任心的问题。她无形中教给学生要从两个角度思考问题。作为班主任潜移默化的影响,使这个班学生呈现出的道德水平接近甚至超过同校的六年级学生的水平。

	管理者角度	老师(价值)、我和朋友、和班级	我、朋友和班级(老师)	我和朋友(班级)	只说推想
六5班	1	13	11	4	0
六2班	1	6	13	3	4
五年级	1	9	10	5	0

赫尔斯坦(1968)发现,母亲的道德水平与其孩子(不管性别如何)的道德

判断水平存在清晰的关系。尽管 41 位习俗水平母亲中有 50% 拥有前道德水平(阶段 1 或者阶段 2)的孩子,而 12 位原则水平母亲中没有一位拥有前道德水平的孩子。从直接传递或社会学习的观点来看,没有理由认为习俗水平的母亲在传递(她们自己)习俗水平的道德体系给孩子上比原则水平的母亲更无效。高一阶段的假设也不能解释原则水平的母亲在推进前道德水平向习俗水平前进的这种优势。也许正是原则水平母亲的行为而不是她们的判断与孩子相匹配对这一影响起决定性作用①。从这个角度来说,老师思考问题的方式也许对学生的思考方式也会有影响。从这个班学生思考问题的角度可以看出一些与众不同的思考。

耿艺娜:如果他辞职了,他失去了帮助别人的权利,如果他不辞职他失去的是自己的好朋友。但是如果小李的朋友只是因为被说了几句就不和小李玩的话,那我觉得小李不应该为了自己的好朋友而失去帮助别人的权利,因为这样不值得,不值得为了一个"假"朋友而放弃。如果我是小李的朋友,我会先想自己的错,明明是我犯的错,而我却不和他玩? 应该是他不跟我玩,我会向小李道歉。

李飞炎:……班干部的职责就是要帮助同学把短处变成长处,如果小李辞职,那就是不负责任的表现……

这个班的孩子不止一个谈到班干部的职责,并且把管同学作为对同学的帮助。虽然其他班也有学生认为同学管自己是为了自己好,是在帮助自己改正错误,但是只有这个班的学生明确认为帮助同学取长补短是班干部的职责。也就是把班干部定位在一个服务的角色上,这个定位思想在其他班并没有被提及到。其他班学生都有认为班干部不容易当,认为班干部是一种荣誉。"友情可以没有,但是职位不能不要的。""可以再找几个朋友,班干部一点儿都不好当,被别人抢走就不好了。我不能让我的朋友丢了这个责任,那是个很好的责任。"从这个角度讲,这个班级的老师的管理方式跟其他老师有着不同。

---

① [美]L. 科尔伯格:《道德发展心理学——道德阶段的本质与确证》,上海:华东师范大学出版社 2004 年版,第 81 页。

我该辞职吗？班会讨论

朝阳区实验小学南校　丁静

进入四年级，孩子们告状的事情大大减少了，在"欣喜"之余，我又发现了新的矛盾焦点，那就是班干部与好朋友之间的关系"日渐紧张"，有的班干部畏首畏尾，不能正常地开展工作、管理班级事务，有的班干部甚至产生了不想当的想法。为此，我决定召开一次主题班会。

在班会开始，我首先出示了一个情境：

小李是班干部。他非常认真负责，当同学违反纪律的时候他就会指出来，要求同学改正。可是最近他发现自己的好朋友总是犯错，每次他批评好朋友的时候，他的好朋友都很不高兴。小李很苦恼，他觉得不想失去好朋友。于是他想跟老师提出辞职，不想再做班干部了。

接着引导孩子们展开讨论：你觉得小李应该辞职吗？

有好几个同学高高地举起了小手，有的同学说："我觉得小李不应该辞职，因为他好朋友犯错了让他改正是好事，是为了他好。"有的同学说："同学犯错就应该被批评，他的做法没错，不应该辞职。"还有的同学说："小李非常认真负责，好朋友错了就是错了，没有什么不可以说的。"

听了同学们的看法，我又问："小李批评好朋友的时候，好朋友都很不高兴，小李不想失去好朋友呀！"

生1：班干部就应该有自己的原则，肯定会得罪人，甚至有可能失去好朋友，不能为了好朋友而失去自己的原则。

生2：小李可以跟自己的好朋友谈一谈，相信好朋友会理解他，也会支持他的工作的。

听了孩子们的发言，我能感受到孩子们还是很理解班干部的。

我又出示了第二个讨论题：你如果是小李的朋友你怎样想？

生1：我觉得小李做得对，我会原谅他。

生2：小李，有时候你说我，我肯定是不高兴，可我可以改，我不希望你辞职。

生3：如果我是小李的朋友，如果做错了事，及时改正就不晚。做错了事，小李指出,那是他的责任。

生4:我做错了,如果他不批评我,我一定不会改正错误,其实他是为我好。

生5:小李你不要辞职,你努力当上了班干部,就应该做好他,你不可以失去这份工作,我们还是好朋友。

听了同学们针对这个问题的讨论,我更加欣慰孩子们有能够为别人着想的意识,能够正确地看待问题,而不是站在自己的角度。

在这基础上,我又抛给了孩子们一个问题,引发孩子们更深入地思考:如果所有的班干部都这样会怎样?

孩子们的心声几乎是一致的,如果所有班干部都辞职,那么这个班将会很混乱,没有秩序,老师就会很累。

最后,我让孩子们谈谈感受,有的孩子说:"班干部太不容易了,太难当了。干不好,老师会批评,管理同学,同学会不理解,会失去很多朋友。"有的孩子说:"班干部对于班里真是很重要的,班里不能没有班干部。"还有的同学说:"我一定要听班干部的话,他们批评我都是为我好。"

这是四年级学生的讨论课。我依然按照五六年级的标准进行分析,差异就比较大。

	管理者角度	老师(价值)、我和朋友、和班级	我、朋友和班级(老师)	我和朋友(班级)	只说推想
牌坊六5班	1	13	11	4	0
牌坊六2班	1	6	13	3	4
牌坊五年级	1	9	10	5	0
南校四3班	0	1	12	13	5

四年级学生在思考问题的时候还是处于比较低的水平,大部分不能从多个角度思考问题。很多时候他们的回答会自相矛盾,因为他们在不同角色中会有截然不同的判断和选择。这也可以推导出他们虽然知道别人的想法和自己不同,但是如何处理这些问题,他们感到有难度。

南校四3班	31 人		
不应该辞职 26 人　　84%		应该辞职 5 人　　16%	
自己的错谅解	生气	生气	不生气
15 人　　48%	11 人　　35%	1 人　　3%	4 人　　12%
38%			

从表格中我们可以看出,26 名认为不应该辞职的学生中,有 11 人对被班干部批评感到生气。这个数字是认为不应该辞职人数的 42%。其中还有 4 名是班干部。这 4 个班干部作为班干部他们认为不应该辞职,但是当别的干部批评他们的时候他们是不开心的不接受的状态。但是在回答是不是该辞职的时候显示出了矛盾:不应该辞职,因为班里的纪律是他负责,但是没有朋友也会伤心,还是要为班级的纪律负责。但回答自己如果是小李朋友的感受时他是这样说的:小李你最好辞职,要不然我又要让老师批评了。一批评我,我就不开心,所以你最好辞职。这四位学生都不约而同地显示出了这样的矛盾。不希望小李辞职,但是作为小李的朋友被批评让他们很不舒服,想不再做朋友,甚至觉得小李还是辞职好。学生这种不良情绪对他们的行为是会有影响的。因此处理好这部分情绪就是在跟自己内部的大象进行协调,情绪即大象和理智的骑象人协调一致后,人们的行为才能更好地达成一致。

在这个班级中,孩子们还是没有解决同学或者班干部批评自己的时候应该怎么办。因此班级中还是需要针对"他说我,怎么办?"这个主题进行研讨。培养他们换位思考很重要。这就需要老师在处理班级中的问题时能够慢下来,让当事双方说说感受,让学生讨论解决方案。这样一来我们的速度慢了,但是把一个问题讨论透彻了,以后再遇到相同的问题,我们就可以采取相同的处理方式,让每一个孩子都知道,这样的问题该怎样处理,逐渐形成班级的一个规则。这样会逐渐减少问题处理的时间。同时,每个人都知道这样处理的原因,减少误解,化解学生心中的不满。因为很多时候,孩子们不知道为什么不可以这样,为什么不可以那样。多说,多解释就能减少误会。

建议:在班级中轮岗,轮流做小法官之类的小干部,让所有人都有机会处理同学之间的问题和违反纪律的问题。在处理问题的过程中体会不同位置的人的不同心理,从而更好地体谅对方的想法,学会换位思考。

(二)团体中的特殊人

1. 站在管理者角度的学生

在这几个年级的问卷中,在每个班里都有一个视角比较独特的学生。

六2班:我认为如果所有的人都像小李的朋友这么想,班级固然会安静一段时间,但再这样班级就永远都合不拢了。你有你的想法,我也有我的想法,但却总是合不到一起,老是以为自己应该是班级拥护的。这样,一个班级就分了两组:一组是班干部,一组是普通学生。他们总是没有想在一起,想的都是自己的事,这样班级是不会团结的,只会渐渐疏远,所以他们总是管理不好班级,这都是因为他们的心没有紧紧系在一起,导致不团结。

六5班:我是大队委,小李和我一样,也有着管理其他同学的权利和义务。但我认为,友情要比地位更加重要,如果你连友谊都没有了,那么地位还有什么用呢?当一个班长,最先要做到的就是团结同学,培养自己的领导力,让同学们既不记恨你,又听你的话。首先,自己要做到最好,如果自己都做不好怎样让别人服从,要是有同学遇到困难,你要热心帮助他人,做到该严厉时严厉,该温和时要温和,这样管理同学们,才能让人心悦诚服。

五年级:我认为小李不应该辞职,如果小李辞职,那他就是在逃避问题。而且小李当上班干部,肯定有一定的经验。他既然当上了班干部,那他就一定要对班级负责任,一定要给班级做一些自己能做到的事情。如果我是小李的朋友,我会想要体谅一下他,他也有自己为难的事情。如果自己为难了,会不会跟小李一样呢?小李很难做出选择,他将要在朋友和工作中选其中一个,那是多么难的一件事情呀,一个人不能没有一个知心朋友,但是也不能没有一个能达到自己满意的工作。所以,如果我是小李的朋友,我会选择多加体谅他一下。如果全班的班干部都要像小李一样,因为朋友和工作的选择,就辞去工作,那班级就不能成立了,一个班级如果没有班干部,那就不是一个完整的班集体。

四年级:我觉得不应该辞职,因为老师既然把这份班干部的工作交给了你,你就该一直认真完成任务。如果我是小李,我就认真完成任务不辜负老师的希望。如果我是小李的朋友,我就会说:"小李你不要辞职,班干部不是谁想当就能当的,你努力当上了班干部,就应该做好它,你不可以失去工作,我们还是好朋友。"如果所有的同学都这么想,就会世界大乱,老师也管不了这么多同学,如果没有班干部,老师多累呀!老师每天忙上忙下的,晚上很晚才睡,为了老师,为了班级的纪律,所以不要辞职。

这几个孩子都是班里的班长或者纪律委员,他们对问题的思考比较全面,是站在一个管理者的角度考虑问题。特别是六年级2班的这个班长,他也清晰地看到了班级里面的问题,他也指出同学们没有团结一心,从这个角度可以看出,班长的道德判断水平往往会比其他同学高一些。这跟他总是协助班主任进行管理工作有关。科尔伯格在他的著作中提到:一位被试在越南做军官时,从习俗道德水平转化到了原则思维,这显然因为他意识到了法律——秩序的"军队的道德"和越南人更为普遍的权利之间的冲突①。作为军队中的管理者他能够更多地处理秩序和权利之间的冲突,这个过程促进了他道德判断水平的提高。而班干部也是这样,他面对的冲突比一般同学多,所以道德判断能力提升也会快于其他同学。这个发展的过程也是缓慢的,四年级的干部中依然有很多作为班干部面对同学对自己的批评感到气愤的情况。但是到了六年级,班干部大多能够坦然面对批评,认为被批评是自己的问题,自己需要改正。

班会讨论发言同学的记录

朝阳实验小学润泽校区六年级　葛涛

小恒:(班长,聪明懂事,但是对班级琐事处理得不多,人际关系不太好。)

1. 我觉得不应该。因为班干部就是为了管理班级,不能因为要管理的人是自己的朋友,不想失去这个朋友,就对他的错误视而不见。

2. 我如果是小李的朋友,我不会因为这件事就不高兴,小李管理我是为了我好,纠正我的错误,而不是破坏我们的友谊,我会按照他的提醒去改正自己,而不是责怪小李。

小桐:(学习委员,成绩很好,乐于为同学们服务。)

---

① [美]L.科尔伯格:《道德发展心理学——道德阶段的本质与确证》,上海:华东师范大学出版社2004年版,第193页。

1. 小李不应该辞职,批评别人做得不对是班干部应该干的事,班干部的职责就是为了帮别人改正错误,且如果小李的好朋友因为这点事就和小李绝交的话,那他不算是真朋友,小李大可不必和他交往。

2. 如果我是小李的朋友,我会先和他说明班干部的职责,然后再和他分析这个问题:当你批评了你的朋友之后,你应该去帮助他改正,而不是一味地怪自己。你不用辞职,你的做法是对的,班干部是支撑整个班级的力量,老师是因为信任你才选你当班干部的,如果你辞职,岂不是辜负了老师对你的信任。

小霖:(纪律委员,学生会代表,人际关系非常好,总是替别人着想。)

1. 不应该辞职,因为小李管理班级的初衷没错,可能只是方式的问题。

2. 我会想到他这么管理我或班级的方式可能有误,但管理的方向没错,我也会去改正毛病,我还会在课下和小李沟通,并协助他一起管理。

小瑾:(卫生委员,是双胞胎之一,少言寡语,默默付出,不计较个人得失。)

1:我认为小李不应该辞职。小李干得这么好,就是因为怕好朋友生气,就放弃了这个班干部的职业有点儿遗憾。希望小李不要因为朋友而放弃了这份工作!

2. 小李管的我觉得好烦啊。我不想和他做朋友了。

小瑄:(卫生委员,两个双胞胎之一,少言寡语,乐于为班级服务。)

1:小李不应该辞职。要告诉小李,如果真心对朋友好那就应该帮助朋友改正错误。而不是一味地纵容,不提醒朋友。这样反而会害了朋友。小李不能辞职,他对工作那么负责。不能为了朋友,而辞退了工作。这样反而让他的朋友改正不了错误。

贾青云:(体育委员,张扬好管事。)

1. 我觉得小李不应该辞职,因为如果小李就为了不想失去好朋友而辞职的话,那当初竞选的时候就应该思考这个问题是要当班委还是要保住朋友。

2. 如果我是小李的朋友的话,我肯定会体谅小李因为他是职务所在,我不能总是因为我自己的问题去怪罪别人。

小坦:(群众,默默无闻,低调沉默,从不惹事。)

1. 我觉得小李不应该辞职。小李不应该辞职的原因是,小李平时工作认真负责,他在对待自己好朋友犯错时的态度和做法也是正确的,但是我希望小李在批评同学的方式上有所改变,尽量采取让同学容易接受的方式。

2. 如果我是小李的朋友,首先应该反省自己、改正错误,同时我也会感谢小李,是他指正了我的错误,使我变成一个更优秀的自己!同时我也要向小李学习做一个有责任感的人,并且支持小李的工作。

小瑟:(群众,后加入的同学,擅长文艺,与整个班级融入较慢。)

1. 我觉得他不应该这样做,因为他既然是班干部,就应该做好相应的准备,就应该以身作则,给同学们做榜样,不能为了一点点的事就不做,而且这件事没有错在他身上,而是错在那位同学的身上,那位同学明明说话了,却要以好朋友的身份来威胁他,这样很不对。如果是我,我会继续当班干部,并提醒那位同学。

2. 我会觉得你是我的朋友,为什么不能对我宽松一点?以前跟我是好朋友,现在当上班干部,就开始管我、说我,这个朋友真不好。

通过这份课堂的记录我们可以看出,在班级中乐于发言的孩子往往是班干部,班干部中有一位负责卫生的小干部,老师对她的评价是:不计较个人得失。但是正是这个小干部在面对同学批评的时候感到"好烦"。我想虽然感到不开心,但是她应该没有在班级同学和老师面前展示出来。这次能够真实表达,可以看出这个班的言论自由的氛围还是很好的。另一个同学作为后转入的学生,也能够真实表达自己的想法:"为什么不能对我宽松一点儿?"这个孩子因为新加入一个班级中,同学和班级的融入感不强,还没有一种归属感,因此渴望对自己的宽容,这在情感上是可以理解的。

小干部们能够站在管理者的角度思考问题的机会往往多于其他同学,因此处理冲突和复杂关系的能力往往要高于普通学生。因此,让更多的人参与班级管理可以大大提高一个班级的道德判断水平,因为人人都有机会面对复杂的矛盾冲突,都能够有从另一个视角看待问题的机会。

科尔伯格在他的著作中也指出:"总之,我们认为,责任较大的职位比责任较小的职位,更多地鼓励道德的角色承担。"通过对这120多名学生的调查也发现了,小干部们普遍比普通学生道德判断能力稍好一些。

2. 独特的思考者

在文字稿中,我也发现了几个很有特点的孩子,他们的观点虽然和班级里大部分人不同,但是依然可以看出他们是具有独力思考的能力的。

六年级小洁

我认为每个人都是班级的主人,都应该为班级做出贡献。如果每个班干部都和小李一样想辞职的话不用十分在意,因为我们可以找到更好的,在权利与友情面前,友谊最大。而且我们恪守人人平等的规则,班干部和同学都是一样的,班干部只是同学的代表,吸取同学的意见,推进班级进步的,或许可以让同学轮着当,这样一来不用一个人承受所有的班长的压力,不会很累。二来每个人都能为班级做贡献。三来大家的友谊也不会松散,一直牢固。而且我们站在小李朋友的角度来想,可能就是觉得:"你在那么多人面前批评我,我很没有面子的,让同学嘲笑我。还让我听你的,你伤害了我的自尊心,我为什么要听你,不会更加没面子吗?所以我宁愿死要面子活受罪,再说了,你以为你是班长了不起吗?我就要灭灭你的威风,我不听。"情况更加恶劣。如果小李辞职,以朋友的角度来劝告他,可能会更好,这样就不会让他有低人一等的思想,我们也可以挖掘更好的人才,如果不行,小李可以复任,综上所述我认为小李应该辞职。

六年级小硕

我认为小李会辞职。因为小李是班干部,他确实要处处提醒大家,哪怕是小李的好朋友。但小李是班干部,他就要处处为大家着想,哪怕是自己的好朋友也要批评。没有人为了一份小小职业,就失去了最好的友谊,最好的朋友。没有人会这么伟大,为了职业而舍弃自己最好的东西。就相当于为了别人,而舍弃自己。就像圣母一样,无私为别人而贡献?谁都有私心,虽然班干部要为班级做事,为班级奉献自己的时间。但小李他想和朋友玩儿,一起聊天,做一个平凡的学生也可以呀。大家总说班级、班级,但是谁考虑过小李呢?他也想拥有一个好友谊。所以我觉得小李会辞职,他想有一份真挚的友谊。

六年级小龙

我觉得小李应该辞职,因为友情比地位重要,这么多好朋友哪个是对你真心的?这么好的朋友非常难交,并且如果不辞职,好朋友会传你的坏话,比如:铁面无私的大公鸡之类的。交朋友没有一个愿意的。还有学生的看不起,就算是个班干部也当得惭愧。如果我是小李的朋友,我想我们是这么好的朋友还当众批评我,给不给一点面子,我们今天就绝交。

(回答如果所有的人都这么想会怎样?)不可能每一个班干部都这样想,总有一个铁面无私、地位比友情重要的人。

五年级小冯

我认为小李该辞职,因为如果你有一个真心的朋友,形影不离你不会因为他不好的毛病就不和他玩吧!要辞了职,这样你们就平等了,再走进他的心理慢慢了解产生毛病的原因,你这样做,小李的朋友才不会伤心,也不可能多心。如果干部都这么想的话,事情会很糟糕,但是友谊是不可阻挡的。大家这样就随他们去吧,这也是自己的事,自己完全可以控制自己的困难,这也是一种方法。

四年级小澳

我觉得应该辞职,为了自己的好人缘。(作为小李的朋友)小李,你批评我是应该的,我改正。

这些学生都是支持小李辞职的,并且他们无一例外,都不是班干部。

这些学生都明确表示:友谊第一。虽然表达方式不同,但是他们觉得友谊很重要。虽然我们可能认为他们还是站在自己的角度考虑问题,因为他们眼中职位只不过是自己一份荣誉而已,还没有一种班级的责任感。但是可以看出他们对事情有着自己的判断。四年级的小澳,并没有因为自己被同学批评而生气,他觉得是自己错了,这个观点和他要维护的"好人缘"相一致。五年级的小冯也觉得没有班干部会很糟糕,但是他依然认为:自己的事情,随他去吧。六年级的小龙,他能够清楚地认识到不可能所有人的观点是一致的:总有一个铁面无私、地位比友情重要的人。同为六年级的小硕说到:没有人会这么伟大,为了职业而舍弃自己最好的东西。就相当于为了别人,而舍弃自己。就像圣母一样,无私为别人而贡献?谁都有私心,虽然班干部要为班级做事,为班级奉献自己的时间。但小李他想和朋友玩儿,一起聊天,做一个平凡的学生也可以呀。从他的话中,我明显感到他没有从集体中获得温暖和动力,但是他想做一个平凡的学生也不是错的呀。处于纷繁的世界,环境对学生价值观等的影响是巨大的,我们不可能要求所有的人想法一致。尊重别人的观点,正视别人的价值观,这是现代人应该拥有的品格。

小洁作为一名六年级的学生,她虽然不是班干部,却能够提出班干部轮换制的管理方法,并明确提出人人平等的原则:在权利与友情面前,友谊最大。而且我们恪守人人平等的规则,班干部和同学都是一样的,班干部只是同学的代表,吸取同学的意见,推进班级进步的,或许可以让同学轮着当,这样一来不用一个人承受所有的班长的压力,不会很累。他很客观,考虑了很多种情况,并且有自己的价值观,属于道德判断的阶段5的水平,虽然只是六年级以后还会有变化,但是这也是很难得的。我设想:如果真的实行班干部轮换制,小洁会不会脱颖而出呢?

综上所述,班干部作为班级中的一个重要岗位,能够帮助学生体会到不同的角色思考问题的方式,因此让所有学生都能够尝试做班干部,都能够有做班干部的经历,这样这个班级学生的道德判断的水平一定能够得到普遍的提高。在第六章中,我将详细介绍自主班级管理模式。

(三)讨论式班会在低中年级的实践

进入二年级,孩子们告状的主题从原来"老师他打我"变成了"老师他说我"!这表明,孩子们从对自己身体的攻击的重视,变成了对自身名誉的在乎。

案例1:小明刚刚站起来,后面的同学大声说:"你挡着其他同学了。"顿时,小明就大哭:"你们冤枉我,我没有。"

案例2:我在小强身边走过,他正在跟晓东大喊:"你胡说!"一看到老师后就一脸委屈地说:"老师他说我的数学书乱!"

……

这些事情在成人眼里是特别小的事情,但是在孩子眼里真的是天大的事情。很多时候我们会说孩子矫情,可是一个二年级孩子的道德评价处于阶段1或者阶段2的水平,他们特别在意对外部评价的依赖是很正常的。其实这何尝不是成人烦恼?很多依赖外部评价的成人也是会为别人的指责而烦恼,他们常常感到自己被别人"冤枉"。可以说总是感到自己被攻击的成人,在他的童年时期就没有很好地处理"他说我,我怎么办"的问题。

美国著名心理学家、哲学家威廉·詹姆斯(Willian James)在一个世纪前就说过:人类不仅是需要同类相伴左右的群居性动物,而且我们有这样一种天生倾向,即希望被同伴注意,希望获得赞同。对一个人来说,最大的惩罚是脱离社会,并完全地被人遗忘,而不是躯体上的处罚①。孩子们入学就是社会化的过程,在乎别人的评价是为了更好地适应社会,避免被孤立。从这个角度看,孩子的反应是再正常不过的事情了。我们需要做的事情就是帮助他们如何面对这样的问题。于是"老师,他说我!"的主题班会就召开了。

首先我跟小明、小强私下沟通好,让他们谈谈当时自己的心情,他们都很高兴地答应了。班会始了,我首先板书今天讨论的主题,并明确了讨论的规则。然后让小明来描述自己的感受。二年级的孩子描述不是很清楚,这个时候我会辅助提问,让更多的人了解当时的真实情景。

小明:我站在前面,所有的人都说我挡着他们了。

师:你是说所有人吗? 全班的同学都在说你吗?

小明:不是所有人,好多人。

师:有哪些同学觉得小明挡住他了。

有三四个同学举起了手。然后我对小明说:"你看,你以为是全部,很多人,其实就是这几个同学。"得到小明的认可,我们的谈话继续。

师:你觉得很多人都说你挡着他们了,其实并没有你想象的那么多人。不过你当时认为有很多人,你当时的心情是怎样的呢?

小明:我心里特别难过。我觉得特别委屈。

师:你想听听这些同学的想法吗?

小明点头。

师:当时说小明挡住自己的同学,谁愿意说一说自己当时是怎样想的。

小昊:当时下课了,我还没有写完,小明站起来就正好挡着我,我就看不到黑板上的字了。我特别着急。

小昊的话刚刚说完,另外几个孩子也纷纷应和。

师:小明,听了小昊的话你想说些什么呢?

小明:我觉得他着急写完了好去玩儿。

说完这句话小明停顿了一下显得有点犹豫,似乎觉得自己说的话有些

---

① [美]lrvin D. Yalom、[加]Molm Leszcz 著:《团体心理治疗——理论与实践》,李敏、李鸣译,李鸣审校,北京:中国轻工业出版社 2010 年版,第18 页。

不妥。

师:小昊说的是什么呢?

小明:小昊说他着急写完。

师:你能理解他着急写完的心情吗?

小明的表情明显地放松下来,说:"我理解了。"

师:那你还怪那几个同学吗?

小明:不怪他们了。

师:你看,事情没有你想得那么糟糕。没有那么多人批评你,而且他们喊你也不是因为你不好,而是因为他们着急把作业完成。也就是说不是针对你的。

小明已经没有了一脸的委屈,点了点头。

师:听了这件事,谁愿意再说一说自己的心情呢?(这个时候我是想让孩子们针对这件事发表自己的意见。但是显然孩子们的思维水平不够,不能进行讨论,只是自顾自地说自己的经历。)

于是,我转换了话题,让小强说说自己的经历。出乎我的意料,他并没有说小东的事情,而是说了另外一件事。

小强:那天我发作业,找不到同学的座位,小林说我是笨蛋。我很伤心。

我把目光转向小林,他一脸的茫然,仿佛在努力回忆小强说的事情。

师:小林你听了小强的话有什么想说的吗?

小林:没有。

师:那你当时是什么想的?

小林的表情不太好了,看出他在努力控制自己的情绪。我担心他会哭,马上又问了一句:你觉得自己当时做得对吗?

小林如释重负地摇头:不对。

师:你看这件事你几乎都记不起来,小强却难受到了现在。这句话是不是有点太伤人?我们以后还是尽量不说这样的话对吗?

小林点头。

班会结束后我告诉孩子们可以把自己的感受写一写。下面就是孩子们对这件事的思考。

小贝:今天我们开了一个班会叫"谁说我",别人说我,我很伤心,但是要看情况,要是误会就解释清楚,同学之间要团结一心,相互帮助,我们都是好朋友。

小萱:如果我被别人挡到了,我会说:"你好,你挡我了,让一让好吗?"如果我挡到了别人,我会说:"对不起,我挡到你了。"我们还是好朋友。

小加:昨天我们班会讲了"他说我",如果我挡住同学写作业了,同学们说:"让开,让开"我就会让开,再去给同学们说对不起,我觉得同学们应该互相帮助。

小崔:今天班会讲了"他说我"。如果我挡住了别人看东西,别人说:"让开让开。"我就给他让开了。我还跟他说:"对不起,我挡到你了。"所以同学要互相帮助。

小茜:今天我们上了班会课,讲了"他说我",如果我挡住了同学写作业,同学们就会说"让开,让开"我就让开,再去跟同学们说对不起,同学说我,我非常难过,今后我们一定要相互帮助,还讲礼貌。

小志:今天何老师给我们上了一节班会课,题目是"他说我,怎么办"。老师说被同学说过的请举手,然后很多人都举手了。如果我被同学说我做错了,我就虚心改正错误。有一次,我踩到了一个同学的脚,他说:"你踩到我的脚了。"我说:"对不起,我不是故意的。"他说:"没关系。"我觉得同学要互相有礼貌。

小杰:有一天,一位同学说我是一个胖子,我听了很生气,但想了想,我又不生气了,因为我们都是同学应该相互帮助,所以我就不生气了。

小婷:有一次我幼儿园同学骂我生气鬼,当时我非常伤心。她骂我时两只眼睛还瞪着我,我很害怕,当时没有人帮我,我心里很不舒服。之后我说:"我没有生气以后别这么说。我们再做好朋友吧。"她说:"好吧。"我们又成了好朋友。

通过上面孩子们的日记,我们可以知道,大部分孩子处于阶段1的水平,他们只是就事论事,他们要维护的是"好朋友"的关系,他们认为同学之间的关系应该是相互帮助。有的孩子被唤醒了回忆,想起了自己曾经被同学说的过程,也都是以"好朋友"和"相互帮助"的目标来对自己的原谅行为作出了解释。

小帆:今天我们上了班会课讲了"他说我",如果我挡住了同学写作业,同学们说:"让开,让开。"我就会让开,再去给同学们说对不起。同学说我,我很难受,也很难过。所以同学之间应该互相帮助,不应该说其他同学,以后一定会好好对待同学。

小阳:他说我,怎么办? 如果有人说我,我就会生气,但是他和我说对不起,我就会原谅他。如果我说他,他也会生气,所以我会很友好地和同学交流。

这两个孩子的判断水平属于阶段2的层面。他们已经理解了人和人之间的关系是相互的。如果我对别人不好就会得到别人的不好对待。为了避免别人对我的伤害,我就好好对待别人。

这样的调查就帮助老师确定了今后的引导方向:这件事,对你们今后的朋友关系有影响吗? 作为一个提问的重点,让学生感受到你的攻击性行为,给别人的感受是什么,同时这个行为对朋友关系的影响是什么。

我觉得这样的研讨是不能一次解决问题的,长期的研讨的氛围可以帮助孩子遇事后积极地思考、积极地表达。在表达和交流中提高人际交往的能力。

他说我,怎么办?

朝阳实验小学润泽校区三年级 王丽娜

班会后,收集整理性的反思:自我反思(1个):

我如果和同学发生矛盾,我会先想一想我的问题,然后道歉,和他和好。

两个角度(3个):

第一个:我和同学们说得很好是因为①我很少和脾气大的人说话;②我很少说别人不好的话。

第二个:①后面的同学不要说不好的话;②不要什么事情就告诉老师。

第三个:我听了这两个故事,我觉得这些小事应该可以自己解决,而不是告诉老师他怎么了,她又怎么了。我希望我们能团结起来,让我们一起加油吧!

好好沟通(4个):

第一个:我会用一种亲切、温暖的方法。比如:

他的字很乱了,你会用(C)

A. 你的字真丑。

B. 见鬼都没有那样的。

C. 你的字有进步,再努力!

第二个:如果我遇到这件事我要好好处理。耐心处理。

第三个:如果我和同学有矛盾,我会认真地和他说话。

第四个:我觉得我应该做好自己,跟同学交流好。

找老师:如果我都遇到了事,我会不理他,回班了让他改正。(回班怎么让他改正? 我推论是让老师来解决。)

不找老师:我应该和他自己解决不找老师。

要谦让(3人):

第一个:要谦让,有礼貌。

第二个:如果真的发生了我会来到他身边,说要团结友爱。

第三个:我觉得团结友爱很重要,我要谦让。

就事论事(4人):

第一个:因为有人踩到了我,会说:"对不起!"

第二个:如果我前面有一位同学站起来挡到我了,我就会说:"×××你挡到我了,可不可以让一让?"

第三个:如果有人踩我的脚,我会对同学说:"你踩到我的脚了。"同学会说对不起。

第四个:如果我是小明,我会说对不起。

润泽三年级	王丽娜	15				
自我反思	两个角度	一个角度				
		好好沟通	找老师	不告诉老师自己能解决	要谦让	就事论事
1	3	4	1	3	3	4

三年级学生开始有了要不要告诉老师的思考。自我反思的学生首先想到的是自己有没有问题,并且当自己有问题时赶快道歉。提出好好沟通和从两个角度考虑问题的学生都是从两个角度考虑问题。好好说话就是站在对方角度考虑问题,并且认为沟通是解决问题的一个好的方法。提出要谦让的孩子

基本上还处于他律阶段，对事情间的相互关联还不能深刻理解。就事论事的孩子的思维水平也是处于较低的水平。

讨论式班会反思

北京市朝阳区实验小学南校四年级　宋玉军

到了四年级，学生面对同样的问题，就有了和低年级不同的感受和反应，比如"老师，他说我"。

案例：班长提醒到："小史，你出队了，扣一分！"小史高声反驳道："我没有！"并且挥手打了班长一拳。……

如此问题不胜枚举，孩子在低年龄段已经遇到过，但是目前的反应却和之前大不相同，更多的孩子有了"私心"，孩子做错了事情，更多的考虑是自己在别人中的形象是否受到影响，同样，在教育此阶段的孩子时，老师是否也可以尝试多站在"同学"的角度来和孩子沟通，多让孩子矫正自己的行为和语言，利用此阶段的心理特征来因材施教。为了让老师、孩子都更了解同学们的想法，于是"老师，他说我。"的主题班会就召开了。

班会一开始，我揭示了今天的讨论主题，并明确了讨论的九条规则。重点说明了不能指责和批评，要多讲自己的感受。

师："老师，他说我"，你觉得是谁说的？

小张："学生说的。"

师："谁可以说得具体一些，什么样的学生说的。"

小李："犯错的学生说的。"

师："如果你做错了，被说了，该怎么办？"

小周："我应该及时听取说我同学的意见，认真改正，因为我想说别人的时候，其实我也是希望他可以做好，那么别人说我的时候，也是希望我可以做的更好。"

师："说得很好，你还有其他的想法吗？"

小孙："不过我也有没犯错的时候，也被班委说了。"

师："那看来，被说的同学，有两种可能，一种是犯错的，一种是被误会的，犯错的情况应该比较多见，那因为误会被说过的同学，举手让大家看下。"（近

一半的同学举起了手)

师:"那我们就来仔细说说,你被其他同学说了,而你的确被误会了,你应该怎么办?"

小史:"老师,有一次游玩站队的时候,我发现队里有同学扔出了垃圾,为了不影响班级形象,我出去捡,但班长以为我私自出队,大声批评了我几句,并给我扣分了。我在同学心中的形象受到了很大影响,我当时生气极了,就打了班长一拳。"

师:"虽然你不应该指出具体是哪位同学,但我还是想知道班长的想法。"

班长:"当时他打了我一拳,我想着他平时不应该这么凶,可能有其他原因,我没有还手,而是及时告诉了大队长,不过我心里也很不舒服。"

师:"看来,被同学误会的说了,心里很难受,但是你们觉得谁的处理方法更好? 为什么"

小赵:"班长处理方式更好,如果班长也同样和他打在一起,那两位同学有可能都会受伤。"

师:"那如果你是小史,你被班长说了,你该怎么办?"

小关:"我会和班长解释清楚,出队是我的不对,但我是因为捡纸才出队的,不过我肯定不会打班长,毕竟班长是因为班级的良好形象才管我的。"

小谢:"虽然是因为做好事,而被班长误会了,但是我知道班长不是故意的,他是为了让我站好队伍,为班级形象争光,就算我要捡纸,也应该先报告。"

师:"你们的方法很理智,如果小史这样做,你觉得还会有上面的事情发生吗?"

小史:"老师我打人不对,我以后要先解释清楚。我向班长道歉。"

师:"好,班长说说你的想法。"

班长:"我下次也应该先问清楚是什么原因出队,我也向小史道歉。"

师:"看来班长和小史都知道以后遇到这样的问题该怎么办,那你们也写出自己的想法吧。"

反思:

孩子们到了四年级,进入了科尔伯格的习俗水平阶段,即寻求认可定向阶段,也称"好孩子"定向阶段,儿童的道德观念逐渐倾向于主持公正、平等。

面对"老师,他说我",多数孩子的想法都相对趋于理智,更多的都是在遇到别的同学说我的时候,如果确实做错了,那么要改正,不能有其他的想法。如果被同学误会了,也不能当众顶撞,更不能动手打人,应该先向同学解释,必要的时候可以找其他同学来证明。

可以看出,孩子逐渐需要得到更多的尊重,更希望和其他同学是平等的关系。在班级管理中,"老师,他说我"这一现象的解决,也应该引申到其他班级管理中的问题,因势利导,让学生作为独立意义的人、独立意识的人而被尊重。

宋老师让学生们根据自己生活中的经历写一写自己的感受。

23 人写了自己曾经被冤枉或者误会的经历。21 人只写了应该怎样,其他 2 个人感到自己被冤枉后不应该骂人或者大喊大叫。

小宸:当一个同学说我,因为他误会我上课看课外书。但我看的是课内书,我应该先跟他解释,如果他不信,就把书亮给他看,而不应该骂他,最后告老师。

小怡:当一位同学说我在课上看课外书,但我没有看,我应该和他解释,不应该大吵大闹。

4 人写了自己当时做错了,并认为自己应该主动认错。

只有 1 人写出来两种情况。小宇:当有一个同学说我,因为(追跑打闹)。但我没有? 我应该和同学说我没有。我确实错了? 我应该主动改错。

通过对学生文字的分析,我发现这个班中82%同学有被冤枉的感受,一般都是说话、课上纪律等琐碎的小事。于是就跟班主任宋老师沟通,在今后的同学扣分的过程中,可否有一个宽限的机制:第一次先提示,如果第一次提示后改正就不扣分;如果提示后依然违反就扣分,这样多给学生一次改正的机会,就可以减少他们被冤枉的感觉。毕竟班级管理的最终目的不是扣分,而是为班级创造好的学习氛围,从中学会自我管理。

同时小宇作为小干部能够从两个角度思考问题,并且是唯一的一名学生,又一次说明小干部在班级中道德判断的水平高于其他同学。

别人说我,我怎么办?

这个问题真的是小问题吗?

作为成人感到孩子们每天告状的内容都是小事,但是真的当我们面对别人的指责和批评的时候我们是不是能够比孩子们处理得好呢？

所有人都希望有一个好的关系，希望能够生活在一个友善的环境中。这是人类本能的需要。但是当自己真的受了委屈，或者被别人攻击后，如果还是一味地谦让，这种不良情绪得不到宣泄，那么这样的"老好人"有时候会突然爆发。

例如一年级的小贝，家长总是告诉他要谦让，自己被同学说了的委屈情绪就压抑在心里。一天因为家长晚接，他在班里拿墩布乱甩，被告诉老师。老师询问的时候他说没有淘气，但是有两个同学都说他真的玩墩布了，老师虽然没有批评他，但是说："你看两个同学都这么说了。"这句话触动了他，老师刚离开，他就气鼓鼓地离开教室自己到校门口跟家长走了。等老师回来没有看到他急坏了，赶快联系家长才发现是一场虚惊。可是这件事情的确需要引起重视，本来这次小贝的确是淘气了，但是他可能不觉得自己淘气，两位同学都说他淘气了，老师相信了以后，他感到很愤怒，对这种愤怒的处理方式就是不跟老师打招呼就走了。这个举动很危险，其实，他只是在宣泄自己的委屈，老师不幸成为他宣泄情绪的对象。

小学低年级阶段很多学生是在以宽容"好朋友"等的理由要求自己谦让、宽容。家长也是喜欢这样引导孩子。甚至老师也提倡孩子们相互宽容，可是一味谦让会让孩子的情绪得不到宣泄，对学生长久身心发展不利。到了中高年级，如果学生依然不能处理这部分情绪，容易引起老师和同学对他的误解，如果他持续这样做，就会被认为是一个不接受批评的孩子，或者是一个很不讲道理的孩子。

二、真实问题班级讨论

（一）正确面对挫折（六年级）

人的一生中会遇到各种各样的挫折，独生子女的父母们没有人愿意自己的孩子遇到它。于是我们会创造各种条件让孩子避免遭遇困难和挫折。当孩子真的遇到挫折的时候家长们有的会怨恨甚至采取报复；有的会抱怨不公平；还有的跟孩子一起坦然面对，帮孩子渡过难关。

家长采取的方法不同，必然就产生不同的后果。

1. 抱怨——扼杀了爱的激情

刘宁是个很聪明、优秀的学生。在一次数学竞赛的选拔中,他和一个同学的分数相同,但是因为种种原因被淘汰了(原因跟班主任无关)。对此,他没有说什么。可是紧接着的一件事情让他爆发了。班里要选几名学生去电视台录节目,要求家长一起陪同。学校里提出要选择有一定文化修养、能够代表学校发言的家长。而他的家长恰好没有文化因此他没有被选中,当时他就哭了。班主任老师想找家长谈谈可是家长看到老师早早地就转过脸去或者是拐到别的路上去了。跟家长的沟通成了泡影。

从此这个孩子变了:上课故意捣乱,数学课几乎就不发言了,作业乱糟糟,有的时候还故意跟班主任老师挑衅……不用说成绩也是越来越差,班干部也被免去了。从他看老师的眼神中,老师看到了仇视。班主任老师做很多工作,他虽然有了转变,但是他的数学再也没有了以前的灵气,他总是避免在数学上有什么好的表现。对老师也再没有了信任与亲切。他就这样远离了班集体,始终游离在班级之外。再也没有了激情。

(二)抱怨——埋葬了前进的勇气

李琦是个高高瘦瘦的男孩,因为怕孩子的身体不好,所以家长为孩子报了武术班,每周六、日两天进行训练。功夫不负有心人,这个孩子竟然以优异的成绩进入市级比赛。在比赛前,教练对他和家长说:"这孩子,一等奖没有问题!"家长和孩子充满了信心。可是比赛结果出人意料:他只获了三等奖。家长愕然了:"怎么回事? 我们孩子不是很好吗?"教练说:"可能是评委不公平。"于是家长和教练一起抱怨着评委的不公正和社会的黑暗。纷纷表示:"这辈子也不会参加这样的比赛了!"

也许这次比赛的确是有失公平,但是因为一次的不公平就放弃了所有的比赛,是不是也等于放弃了一切可能的机会呢?

(三)抱怨——引发家校冲突

我和我的一年级新班——家校合作培养爱心

北京市朝阳区实验小学润泽校区　窦家轶

记得有一次我刚接一个新的一年级不久,就遇到了这样一件事。

我们得知我校罗马校区的熊新正同学患上了"急性白血病",并了解到他的全家为了给孩子治病已经倾其所有了。为了帮助我们的伙伴,学校组织为熊新正小朋友捐款,并提前对学生进行了"献爱心"的教育。因为我们一年级的学生比较小,担心孩子学不清楚这件事,老师就给每位学生的家长发了短信息。第二天一5班班里32名学生,只有2名学生没有带来捐款。1名学生是因为前一天中午进行捐款倡议的时候没在班里,不知道这件事。而另外一位学生,则是以"我忘了"为理由的。我看到了她当时窘迫的表情,作为教师我没有埋怨,我对她说:"没关系,以后还有机会。"

周五,年级组决定为了鼓励学生"互相帮助,献爱心"的良好品质,为捐款的同学都颁发了一个"爱心小天使"的小奖状。放学的时候,小郑同学的家长突然找到我说:"老师,孩子放学的时候情绪有点低落,因为别人都有小奖状,而他没有。"于是,我给家长解释了发小奖状的原因和他家孩子为什么没得奖状的原因。而这时,小郑同学的爸爸不仅没有理解,还很情绪化地质问:"那您问他是为什么没捐款吗?"我再次向家长解释:"这次献爱心活动是自愿的,孩子们表现得都很积极,让老师们都很感动。同时为了表达生病的小同学的家长对孩子们的感激之情,我们特别为献出了爱心的同学颁发了小奖状。您的孩子说忘了带,我并没有责备她,同时还告诉她,只要有爱心在今后的学习生活中还有机会表现。"当我给家长解释了我当时的做法后,家长的口气稍微变得缓和了点。

通过分析我认为,这次活动是非常有意义的,从学校的"倡议"开始,到班里的班会讨论,孩子们表现得都很有爱心和同情心。因为担心孩子小,学不清楚事情的意义,我还给家长们发了短信。我认为家长是能够了解和理解的,但是这位家长当时的口气就跟我错了一样。家长的不理解,让我感到很意外,也很苦恼,不知道家长的这种"质问",我应该怎样面对,我今后将怎样和这样的家长相处。为此,我和我们组的老师对此"事件"展开了讨论,开始进一步地学习与家长沟通的方法。

看到这个案例,我们不仅要疑惑:老师做错了什么?是不是不应该奖励孩子?是不是沟通上有问题?也许都有值得商榷的地方。从另一个角度来讲,我们的教育工作越来越难做,因为家长也是变得越来越敏感和脆弱。

挫折出现了,失败在所难免。我们做父母的应该怎样做呢?是让这次失败成为孩子成长路上的台阶还是拦路石?下面这个妈妈的做法是值得我们学习的。

紫薇,一听名字就感觉到它的柔弱,我见到过一朵顽强的紫薇花。

4月,正是紫薇花开放的时候。我们学校开展评选"文明小学生"的活动。第一轮选举在班内进行,获胜的同学可能代表学校参加区里的评选活动。当我把这个消息告诉全班同学的时候,不由得环视那些具有实力的人,我看到徐紫薇眼睛里那自信的光。徐紫薇是很具有实力的一名同学,不仅勤奋好学成绩优异,而且拉得一手好二胡,多次在北京市举办民乐比赛中获奖。

班里评选是由选手自己先演讲,然后同学投票,当场进行唱票决定人选。投票结果徐紫薇以一票之差落选,"文明小学生"由实力相当的沈冬雪获得。想一想前几天也是因为落选,一个孩子当场就哭了,快一个月了还没有调整过来。我真担心同样的事情再发生。可是,我看到的是紫薇一如既往地做事,仿佛什么都没有发生。面对同一件事情,两个孩子的反应是这样得不同!

带着这样的疑惑,我找到了徐紫薇的妈妈。当我提起落选的事情时这位文静的母亲连连说:"没关系的。紫薇刚见到我的时候哭了,我告诉她机会还会有的,你以后的路还长着呢,别因为这件事情就觉得一切都完了。跌倒了就爬起来,好好找一找失败的原因,下次努力。"

听了家长的话,我的心中涌出了不尽的钦佩:这样的妈妈真是太伟大了。她用自己的豁达教育孩子面对挫折,使孩子不在哀怨中痛苦沉沦。她的这种爱才是最伟大的爱。

带着激动的心情,我组织了班会"做个自信的人"。在这次班会中,我和学生一起分析了一个自信的人,在面对机遇时要大胆把握住机会,同时还要有面对挫折失败的勇气。胜不骄、败不馁的人才是自信的人。特别是当徐紫薇激动地说起自己的感受时,同学们也跟着纷纷落泪,对她充满了理解与钦佩。这次班会使学生体会到了人的一生中会遇到许多的挫折,我们应该正确对待。

现在的孩子被几代人密切呵护着,唯恐受到伤害。然而温室里的小花怎么能够禁受得起风雨的考验呢?稚嫩的肩头怎么能够肩负起重担呢?让孩子经历挫折,在失败中得到锻炼正如让小草经历风雨一样,会使他们长得更加茁壮。小小的紫薇花,经历了这样的风雨后不是已经更加坚强了吗? 愿小花小草们都能够经受风雨的洗礼,如紫薇般坚强。

针对班级中其他事情,我们还开展了:

"做个心胸宽阔的人"主题班会

一、设计目的:

1. 定位自己在同伴相处中的角色。

针对高年级学生自我意识逐渐增强,在同伴中获得认可的欲望也越来越强,如何定位自己是与同伴相处的一个很重要的心理因素。是不吃亏? 还是宽容大度?

2. 与人相处能力是一个社会人最主要的能力之一。随着年龄的增加,与同伴相处的过程中会出现这样那样的矛盾,如何处理这些矛盾是培养学生情商的重要一个方面。体谅别人,原谅同伴是一个很重要的相处原则。

二、主持人:徐紫薇　谷灵溪

三、班会过程

(一)主持人谈话导入

谷:前两天王帅和宋威在操场时打起来了,你知道是怎么回事吗?

徐:知道。他们可不是打了一次了! 这已经是第三次了!

谷:什么? 都三次了! 他们这是为了什么呀?

徐:哎! 这还要从几天前说起。一天,大课间,王帅抱着球下楼,眼看就到操场了,不小心摔了一跤。

谷:哎呀! 摔坏没有呀?

徐:倒是没有摔坏,就是球跑了。

谷:那还好,要是摔坏了就不好了。可这跟宋威有什么关系呀?

徐:本来跟宋威没有关系,可是这个时候宋威正好路过,抱起球就跑了! 王帅就生气了,追着宋威要球,你也知道宋威可是咱们班的飞毛腿,王帅哪追得上他呀! 王帅可给气坏了,从大课间回来在英语课上就跟宋威打了一架,气还是没有消,第二天上操就开始干上了。

谷:原来是这么一回事呀! 这事到什么时候才能解决呢?

徐：是呀！不如今天咱们一起帮帮他们吧？同学们，你们说好吗？

谷：请宋威和王帅做我们的嘉宾，我们一起来谈一谈我们应该怎么办吧。

（二）换位思考——体会不同人的不同心理

徐：请王帅说一说摔倒的时候心里是怎么想的？

王帅：心理很难受，很疼。可是宋威是我的同学，竟然也不帮我、也不理我，拿起球就走了，我心里很难过。觉得特别伤心。

谷：请宋威说一说王帅摔倒的时候你心里是怎么想的？

宋威：我什么都没想拿起球就走了，我想快点玩球。

徐：你知道王帅心里很难过吗？

宋威：不知道，没有想过。

谷：你想一想如果是你摔倒了，你最需要的是什么？

宋威：我会自己爬起来，我不觉得怎么样了。

徐：你真坚强，要是我摔倒了肯定和王帅一样觉得很委屈的。同学们有谁和我一样？

（同学们发言，说自己摔倒了的感受）

谷：有谁跟宋威一样觉得无所谓？

（同学们发言，说自己的感受）

徐：看来同学们遇到相同的问题心里的感觉却是不一样的，我现在才知道。

谷：是呀，我也是。我觉得每个人的感受不同是很正常的，我们做事的时候真的应该多想一想，我们也许觉得没什么的事情，对于另一个人来说也许就受到了伤害。

宋威：我也刚知道，原来王帅这么难受。（面对王帅）真对不起，我没有想到。我要是知道就会去扶你了。

王帅：没关系。我也有错，不应该为了这件事就开始找你的麻烦跟你打架。（两个人握手言和，全班鼓掌。）

（三）如何处理同学之间的不愉快

1. 谷：没有比看到两个同学言归于好更高兴的事了。可是我们在生活里不是每个人闹矛盾的时候都能够让全班同学来帮忙的。我们自己怎么来对待同学中的不愉快呢？

徐：是呀，请同学们想一想，要是你是王帅，当宋威把球抱走后你会怎么想？

（同学发言）

谷：当同学间遇到不愉快的时候，我们应该宽容些。知道吗？心胸开阔可有长寿的作用呢！我知道一位老人活了100多岁，就是因为他的心胸特别宽阔，很少生气。

2. 徐：同学们你遇到过不愉快的事吗？你是怎样处理的？

（同学发言，主持人评议）

3.（可以是小游戏，提出什么叫心胸开阔）谷：说了半天心胸开阔，你们知道什么叫"心胸开阔"吗？

（同学们发言）

当我们遇到不愉快的时候，我们能够宽容才叫心胸开阔。你们认为班里谁的心胸最开阔？

（同学评议：周沫）

徐：我想请周沫到前面来说一说，当刘子越咬她的时候她的心情。

周：当时我想，刘子越可能心情不好，我不想跟他计较。

谷：你为什么会原谅他呢？

徐：你的心胸真开阔，我很佩服你。刘子越，你听了她的话有什么想法呢？

刘子越：当时我错了，周沫作为班干部批评我是对的。我不该那么冲动。

谷：我建议咱们评选周沫作为咱们班心胸最开阔的人。

（四）总结

1. 徐：同学们在这节班会中有什么收获？

谷：做个心胸宽阔的人其实是一件很开心的事，你就会很开心、很快乐，少了很多的烦恼。

2. 老师评议：

这节班会使我看到了同学们的才华，你们真的长大了，有了自己的想法，能够自己解决问题了。我很欣赏周沫同学的作法，她用自己的宽容得到了同学的信任与尊重。咱们的班级网站就要开通了，我决定让周沫同学作为咱们班级的义务调解员,负责论坛的工作,同学们如果有什么问题可以在论坛上发表出来,也可以找周沫来帮忙解答。

的确,做个心胸开阔的人最大的受益者其实是我们自己。想一想,我们的铅笔掉在地上了,如果我们认为是同学故意弄到地上的就会很生气,就会千方百计找到是谁干的,在找的过程中我们就会怀疑到很多人,浪费好多时间不说还会影响和同学的关系。一点小事就会为我们增加许多的烦恼。如果我们想:是同学不小心碰到地上的,就不会为这件事烦恼了。所以,心胸开阔是对自己最大的奖励。相反,心胸狭窄是对自己最大的惩罚。

希望同学们都做个心胸开阔的人,那样你们会很开心很快乐的。为我们的快乐,让我们一起来努力做个心胸开阔的人吧!

我们一起用歌声来表达我们的心愿,在歌声里,如果你跟谁曾经有过矛盾、曾经有过误解,那你就过去跟他握握手、拍拍肩,让不愉快烟消云散吧。

(合唱:如果想心胸开阔就来拍拍手,如果想心胸开阔就来拍拍手,如果想心胸开阔就表明你的态度吧,来吧我们一起拍拍手。

如果想心胸开阔就来跺跺脚,如果想心胸开阔就来跺跺脚,如果想心胸开阔就表明你的态度吧,来吧我们一起跺跺脚。

如果想心胸开阔就来拍拍肩,如果想心胸开阔就来拍拍肩,如果想心胸开阔就表明你的态度吧,来吧我们一起拍拍肩。)

做个自信的人,做心胸开阔的人,这两个班主任都是在帮助学生正确处理生活中的不愉快。

处理学生个人与集体之间的关系也是经常发生的事情。

经历过这次班会,那个小男孩也乐观起来。

1. 该抓还是该放?(六年级)

随着年龄的增长,孩子对老师和家长的依赖逐渐向同龄人转移。他们更在乎与同伴的关系。这种依恋持续到成年。当我们身边有一些同事或者朋友做了不该做的事情的时候,我们有勇气挺身而出吗?而当我们的学生悄悄地告诉我,他发现他的同学和朋友有错的时候,我是没有勇气指责他的正义之举的。我对他的行为是一种由衷的敬意。也许有的学生的确是为了报复等一己之私来告发,但是被告发者如果不犯错误告发也就无从说起了。当然,我认为使学生明确我们作为监督者应该具有怎样的出发点是非常重要的。但是要寻找恰当的时机,借助学生中的随机事件把这种思想介绍给学生。

记得在 2006 年的一天,我正担任六年级 3 班的班主任。我们一个学生小旗,他是一个非常内向文静的"小伙子"。这天他来到学校门口被执勤生拦住了,问他:"你的红领巾呢?"他低头看去,一下子就惊了:早晨明明把红领巾系在了胸前,现在怎么不见了? 执勤生不听他的解释,毅然给了他一张扣分条:没有佩戴红领巾,扣一分。小旗很是沮丧,要知道他从来没有给班里扣过分呀! 来到了教室,小旗一脸苦相地告诉同学们自己给班里扣了分。立即引来了同学们的一片唏嘘:"怎么办呢?"经过一番讨论,很多同学决定和小旗一起利用中午的时间去抓"倒饭"的同学,把扣掉的分挣回来。那个时候我们学校一些学生中午的时候把吃不了的剩饭倒进垃圾桶,为此学校煞费苦心,最后想出这样一个办法:发动全校同学监督倒饭者,抓到一个倒饭的学生奖励监督者所在班 5 分,扣除倒饭者班级 10 分。为了能够把自己丢掉的 1 分找回来,小旗和几个同学早早来到食堂,嘴里吃着饭眼睛盯着垃圾桶的方向一刻都不敢放松。当小旗已经绝望的时候,听到班里的小武大喊"快!"只见小武已经飞奔向垃圾车,一把抓住了一个正在倒剩饭的五年级男生。小旗也跟着跑了过去,他们决定把这个学生带到少先队室,交给少先队辅导员进行处理。见到自己被抓了,这个五年级的男生立即痛哭流涕,一把鼻涕一把眼泪地请求放过自己一次。于是几个人就僵持在哪里,跟小旗一起去的几个女生心软了,想放过这个学生。可是小武不答应,小旗左右为难,最后考虑到班级的荣誉还是硬着头皮把这个男生带到了少先队室,交给了少先队辅导员。本来这件事可以说是结束了,没有想到在我们班里引起了轩然大波:当小旗回到班里,立即迎来了女生们劈头盖脸的指责。当我走进教室的时候,小旗已经像个泄了气的皮球在教室的角落里低着头一言不发。小武却神采奕奕地跟女生们对峙着。女生们一个个满脸怒气,对着小武指手画脚! 看到我走进教室,女生们安静下来嘴撅得老高,嘴里嘟嘟囔囔。了解了情况,我认为这真是一个绝好的讨论议题。于是告诉他们下午班会时间就讨论这个问题。

下午主题:"该抓还是该放"的班会召开了。班会异常激烈:男生坚持该抓,女生认为该放互不相让。男生们的观点集中在:倒饭就要抓,谁让你倒饭了？为了班级的荣誉心肠就应该硬一些。女生的观点是：惩罚不是目的，只要知错能改就行了，得饶人处且饶人。

我看双方争执不下，很难有一个结论。于是改变了议题：你们看我们的两个当事人，一个是小旗垂头丧气，一个是小武理直气壮。同一件事，他们为什么有不同的表现呢？口快的女生立即跳起来说："小武是铁石心肠！"立即得到了女生们的支持。小武不服气地瞪了瞪眼睛，把头转过去嘴里叨唠着："反正我就抓他！"

我让同学们静下来，对小旗说："你说说现在的心情。"小旗一脸沮丧，带着哭腔站起来说："我挺难受的，不抓他就给咱们班扣分了。抓了他确实特别残忍。"

我又问小武："你为什么这么理直气壮呢？"小武好像终于等到了发言的机会，从座位上跳了起来说："老师，告诉您，绝对不能放他！这个家伙经常倒剩饭，每次抓到他都会可怜巴巴地求你，可是他就是不改！他一点儿都不值得同情！"

小武有一个习惯，每天中午都要到食堂附近去抓倒剩饭的人，所以对倒剩饭的学生非常了解，这也是他能够很快发现倒剩饭的人并第一时间抓到的原因。听了他的叙述，我问同学们："你们看他们说的话中有什么不同之处吗？"学生们摇摇头，我又让他们重复了一遍。这个时候有个女生说："小武说这个学生屡教不改，如果他真的是经常倒饭今天不放他就是对的。"看来女生们因为情绪的原因根本就没有给小武讲话的机会，到现在刚刚弄明白小武的意思。我接着问："你们听一听，他们抓倒剩饭同学的原因有什么不同。"这个时候学生们才慢慢静下心来思考，他们很快就发现，小旗为了弥补自己造成的损失而去抓倒剩饭的同学。而小武是因为对倒剩饭的行为非常痛恨所以才去抓。

这个时候，我感到时机成熟了说："你们看这两个同学都是去抓倒饭的同学，他们做的事情是一样的，可是面对同学们的指责一个就显得理直气壮，另一个觉得自己做错了事情。这里最大的区别就是他们的目的。小旗的目的是弥补自己的过错，为了班级利益。小武的目的是杜绝倒饭这种现象，他是为了公共利益。

这个区别使他们在面对指责的时候表现不同。为了个人的目的而做的事情就会显得力量薄弱,说话也就没有了底气。如果你是为了公共的利益,为了一个大的道理,那么你就拥有了很强大的力量。小旗虽然是为了维护班级的利益,但主要为了弥补自己的过失,为的就是个人的利益,所以他在同学们的指责下一点儿力气都没有了。而小武为的是节约粮食的大道理,是公正的大利益,所以他在同学们的指责下依然理直气壮。

这说明,行为本身不是最重要的,重要的是你的出发点,你的动机与目的是什么。比如你看到咱们同学违反课堂纪律,为了维护一个好的学习环境,为了全班同学的利益你批评了他,并给他做了违反课堂纪律的记录,这样做你就觉得是对的。如果你是因为不喜欢这个同学,当他犯错误的时候你立即对他进行举报,这个时候你的做法就是为了报复,那样做你就会心虚。"学生们听了我的话,有的陷入了深思,有的若有所悟地笑了……

对于六年级的学生来说,面对友情与班级规则的冲突他们一般都是很茫然的。也可以说在情与法的漩涡中纠结。这和他们的心理特点密切相关。作为班主任要能够帮助他们解开心结,正确地分析事情从而做出正确的判断。

2.(一年级的)冲突问题——这是一场误会

这是场误会

北京市朝阳区实验小学南校　张丽

第一次接手一年级的小学生,我和他们一样都需要适应和磨合,从和他们的交往中寻找方法,积累经验。一年级的孩子好动,动手没有轻重,而且他们自己解决问题的能力还没建立,什么都要依靠老师来解决,包括他们之间的矛盾。这个年龄段的孩童,喜欢用肢体语言表达情感,语言表达能力还较欠缺。

小霆是一个小男生,平时好动喜欢说话,刚一下课,就手舞足蹈地要出教室,完全不顾及老师的要求。小欣是个女生,性格比较直爽,经常指出同学的问题,她认为不对的,一定要说出来,或是做出来。小霆经过她身边时,小欣直接用拳头捶了小霆一下,比较用力,小霆马上过来找我告状,说小欣打他。于是,我把小欣也叫过来了解情况。

师:你们两个跟我说说是怎么回事?

霆:我经过她身边时,她使劲捶我。

欣:老师他的胳膊一直摆动,嘴里还"嘟嘟嘟"地乱叫。

师:然后发生什么了?

欣:(不说话)

霆:她打我。

师:是这样吗,小欣?你打了他一下。

欣:是,可是老师他胳膊一直在动。

我一时没明白过来小欣为什么一直强调胳膊的问题,别人动,也不能随意打人呢。所以我问:那他动他的,你为什么打他呢?

欣:因为老师刚刚说下课,他不应该乱动还嘴里发出奇怪的声音。

我这才明白,原来小欣是在帮我"教训"小霆。虽然出发点是对的,可是显然用错了方法。

师:小欣,老师谢谢你这么关注班里情况。但你看,你把小霆都打疼了。

霆:真的很疼,打到我肚子了。

师:遇到事情时,我们应该先告诉他,而不是直接动手。你发现同学表现不好,想要制止,老师表扬你,但是打人却不对,以后遇到这种问题,你知道该怎么做了吗?

欣:知道了,老师。

师:小霆,你知道自己的问题了吗?

霆:知道了老师,我不应该乱动乱叫,因为老师还没说完话呢。

师:你看小欣不是故意要打你,而是要告诉你这种行为不对,只是他用错了方法。小欣,如果别人也用这种方式对你,你会不会觉得委屈,也不知道自己怎么错了,为什么被打了一下。但是如果对方直接说出你的问题,是不是就很好接受了。

欣:老师我以后好好说话,不动手了。

师:老师知道你是个懂事的孩子。小霆,你还疼吗?

霆:不疼了老师。

师:你们看这是一场误会,但是打人确实不对,你们应该怎么做呢?

欣:对不起。

霆:没关系。

两个孩子开开心心地出去玩了。

一场"纠纷"解决了，我回忆了一下最近孩子们之间发生的告状事件，无非都是他碰了我一下，他撞到我差点摔倒了，他总挤我之类的。我决定开一个班会，告诉孩子们应该怎么做，自己怎么处理这种状况。我找到小欣、小霆，告诉他们我打算开个班会，要把他们之间发生的事情告诉同学们，让其他同学也学会处理问题的方法，两个孩子愉快地答应了。

（班会记录）

师：孩子们，今天发生了一件事，小欣因为小霆不遵守纪律打了他一下，可是小霆不知道为什么被打，就来告老师了，你们有没有过类似的事情啊。

生1：老师，一到下课，我往外走，小明总是挤我，都好几次了，我差点摔倒。

小明的表情变得严肃，却也一头雾水。

小明：老师我不记得了。

师：很多时候我们无意的行为，就会造成彼此的误会和不满。可能你自己都不知道，但是却让对方不舒服了。

师：其他同学说说。

生2：有一次下课，豆豆都快把我撞到了。我就告诉老师了。

师：还记得老师怎么处理的吗？

生2：老师把豆豆和我叫过来，让我们俩说一下发生了什么。

豆豆（站起来）：老师我不是故意的，下课了我着急出去玩，就撞到她了。

生2：老师说如果我也着急，也去撞别人，那别人也会很疼，很生气。

师：还有想说的吗？

生3：我上次跟浩浩玩，他把我推倒了，我就哭了。

浩浩：老师，我不是故意的，我道歉了。

师：浩浩，那你知道为什么要道歉吗？

浩浩：我不该推他。

师：那为什么推呢？

浩浩：我和他玩得特别高兴，我喜欢和他玩。

师对生2说：你知道他为什么推你了吗？

生3：老师，他喜欢和我玩，是不小心的。我理解他了。

师:但是如果喜欢一个人,就不顾及别人感受,随意的举动,就会伤害到别人。

生4:老师,我们要为别人着想,如果发生不愉快,要先问清楚原因。

师:你说得真好!遇到这类事情,两个人要心平气和地说出原因。再好好想一想,如果反过来,他也这样对你,你会不会开心。其实把事情说开了,说清楚了,我们就会了解对方的想法,不仅会原谅对方,更会让自己注意。你们看,很简单的方法,都不用老师解决,你们自己就解决了。

生5:老师,今天烁烁拿我笔,我很生气。但我要先问问他原因,自己解决。

其他同学:老师我也要自己解决问题。

生6:老师我要为其他同学想,我会慢慢走路,不会撞到别人,不大喊大叫了。

豆豆:老师,我也要为别人想。

师:同学们其实小欣和小霆之间也是误会,小欣是因为小霆不遵守纪律动手,但小霆不知道。小欣呢应该用讲话的方式,告诉小霆,而不该动手。这件事,他们都知道自己的问题了。我想通过今天的班会,我们知道了,发生问题,要先问清楚原因,先不要着急,看看能不能换个位置为对方想一想,试着这么做,看看谁通过这种方法,自己解决了问题。

作为一年级老师,孩子的小报告还是很多的,很多时候我都没有耐心问问为什么就主观判断了。这次经历让我知道,很多事并不像我们看到的那样简单。我需要不断强化这种思想,让孩子慢慢接受并去运用,我也要戒骄戒躁,每天都提醒自己要耐心对待孩子的问题。

从这次经历中,张老师也受到了触动,原本以为只是学生之间的小打小闹,其背后竟然还有我们不能理解的原因。所以,作为低年级的老师,要有足够的耐心帮助学生梳理发生的小矛盾、小冲突,也许一次不能让他们学会什么,但是只要老师坚持这样帮助学生处理问题,这个班级学生沟通能力、解决问题的能力一定会得到很大的提高。

3. 巧用情景剧

化解班内东西危机

朝阳区实验小学　周丽丽

自己曾经带的一个班,班内总是莫名其妙地丢东西。不是今天这位同学新买的橡皮找不到了,就是明天那位同学的铅笔丢了。起初,我并没有往心里去,以为只是孩子们年龄小,忘记自己放到哪儿了而已,再说又不是什么值钱的东西。可是,丢的次数多了,我便渐渐觉得有点儿不对劲儿,于是留心观察,并私下向丢东西的同学调查情况。

渐渐地,事情明了了,所有这些事情都集中在班里一个叫小月的孩子身上。甚至,班内有的孩子觉得这样很好玩儿,也恶作剧似的藏别人的东西。我一看,这势头可不好。可是,随便拿人东西这种事也不好随意就把孩子叫过来批评一顿,搞不好会很伤孩子的自尊心,让他在别人面前抬不起头来。

思来想去,我决定以诚实守信为主题在班内召开一个"别人的东西该不该随便拿"的主题班会。

一、巧用小品,引出问题

班会那天,主持人宣布班会开始以后,先上场的就是同学们自编自演的小品《谁偷了我的铅笔》。

(旁白:要上课了。)

女生1(走进教室,坐在座位上整理上课用品):啊……我新买的铅笔怎么不见了?

边上的女生:你再找找,是不是在书桌里面。

女生1:不可能,我刚才出去时明明放在桌角了。(指着周围的同学大声说:"准是你们谁偷了我的铅笔。")

周围的同学:你怎么能这么说呢? 谁拿你的笔了。太可气了,我们以后都不跟你玩儿了。

女生2:(拿着铅笔,很不好意思地走过来)对不起,刚才我要改个错题,就顺手拿了你的铅笔用。

女生1(依旧不依不饶):我就说嘛,准是有人偷了我的笔……

二、组织辩论，自我教育

我一看，时机来了，便上前解围，说道："同学们，尽管刚才这位同学在没有证据的情况下就说同学偷了她的东西，是不对的，很伤害同学间的感情。但别人的东西该不该随便拿呢？认为可以的举手。"

就这样，我顺势将班里的同学分成两组。认为可以拿的为一组，认为不可以拿的为一组。然后分组讨论，列出自己组的理由。然后每组各派4名代表，到前面展开辩论。其实，辩论的过程，就是对学生进行自我教育的过程。最后，同学们达成一致意见，不可以随便拿别人的东西，如果要用，也要经过本人允许才行。就这样，没有老师的长篇说教，孩子们在讨论过程中明白了别人的东西是不可以随便拿的道理。

三、借用经典，强化教育

我对同学们说，不随便动别人的东西自古就是我们中华民族的传统美德，你们看《弟子规》中早有记载：

事虽小　勿擅为　苟擅为　子道亏

物虽小　勿私藏　苟私藏　亲心伤

同学们齐读背诵，在背诵过程中强化了这方面的教育。

班会开完了，从此以后班里再也没发生丢东西的事情。就这样我巧用班会化解了班内丢东西的危机。

通过这次班会，作为班主任的我也深深体会到在对学生进行教育的过程中应更讲究方式方法，只是单纯的说教是不行的。应因人而异，因地制宜。只有教育走进学生的心里才会取得最好的教育效果。

情景剧复原客观情境，引发矛盾冲突也是一个好的方法，特别是在低年级效果会很好。

4. 通过故事开展教育

小故事的大作用

朝阳区实验小学　吴毓栴

独生子女时代，孩子们更加自我为中心，很难看到同学们的优点。于是我开展了这样的一个班会。

"我想先给你们讲一个猫头鹰社长的故事。"我故作神秘地和同学说。这时孩子们出奇得安静和专注,从他们的眼神中可以看出他们非常渴望听到这个故事。

于是我抓住这个好时机,开始了这个故事:"猫头鹰社长一天让比目鱼记者去找世界上最美的事物,然后拍下照片。于是比目鱼出发去寻找世界上最美的事物了,它找呀找,看到了一只大公鸡,高高的鸡冠,漂亮的羽毛,它想,很漂亮,刚要拍下来,忽然大公鸡打了一个鸣,比目鱼一听,不行,声音不好听,大公鸡不是最美的。

于是比目鱼又继续找,这时它发现了一只螃蟹在沙滩上,它一看那两个大钳子,很是威武,嗯,它是世界上最美的事物,但这时他看见螃蟹在横着走路,一想,不行,横着走路不好看,于是又没拍成。比目鱼又继续找,找呀找,到了晚上他也没有拍到世界上最美的事物。"

我的故事讲完了,停顿了几秒钟,看着同学,有的好像明白了什么似的,有的同学一脸迷惑。接着我问:"你们说为什么比目鱼它一样最美的事物也没找到?"问完后,马上有学生说:"它老看到别人的缺点。"

我于是抓住时机进行教育:"是的,你们见过比目鱼吗? 它的眼睛都长在一边,看事物不全面,总是看到别人的缺点,所以它一张照片也没拍下来。那你们愿意当比目鱼吗,总是看到别人的缺点吗?""不愿意。"同学们争先恐后地说。

"我相信你们也不愿意做老看到别人缺点的人。只有经常发现别人身上的优点,自己才能进步,所以老师希望你们多看别的同学身上的优点,不要抓住别人身上的一点错误不放。比如,在我们和同学相处过程中,同学不小心碰了你一下,说句"对不起"、"没关系"是不是就没事了,老师希望今后经常听到你们说发现了谁身上的优点。"

接着我又让班内的同学都说说发现了其他同学身上的什么优点,同学们都积极地说着别人的优点。看着学生们在发现别人优点的同时学会了宽容别人的缺点,我的心里有说不出的高兴。

这节课后,我便能经常听到某个同学和我说又发现了谁的优点。班内同学间的关系也越来越好,班内氛围也越来越和谐。很少再听到两个同学为了一点小事而争论得互不相让。借着这次班会的契机，今后只要是班会课有时间，我都会让同学们互相夸奖，并让被夸奖的人说说自己的感受。

通过这个案例我感到，作为一名教师，一名班主任要善于发现问题，并且学会艺术、智慧地处理学生的问题，用学生能够接受的方式教育学生，这样会达到事半功倍的效果，同时教师自己也在这个过程中发挥智慧，体验了成功。其实做一名智慧教师并不难，只要眼中有学生，心中想学生，那么办法就会应运而生，智慧的光芒就会处处闪现。

5. 做个发问者——班主任处理学生间矛盾的策略

作为班主任，总是要处理学生间的各种各样的矛盾。这些矛盾大多是鸡毛蒜皮的小事，但是我们又不能够草率处理，因为有些事情对于学生来说是天大的事情。但是当我们认真面对这些事情的时候却发现，有许多事情很难说出谁对谁错，令我们处理起来很是头痛。

在一次听胡玉顺老师的讲座时，胡老师的一句话启发了我。她说："班主任要学会做个发问者，让学生自己得出结论。"于是我开始尝试做个发问者。

一、问出结论

今天张夺跑来告诉我："老师，李浩然和王帅在楼道里打架。"正说着，王帅气鼓鼓地走了进来："老师，李浩然打我的球，在操场打，在楼道里还打！"正说着，李浩然满头大汗地走了进来，从他满脸的兴奋可以看出他玩得很开心。但当他看到站在我面前的王帅时立刻低下头一言不发了。一见这种情况，我心里已经有了底。（要是平时我一定狠狠地批评他，让他认错。）

我把他叫到身边问："你跟王帅在楼道里做什么了？"

"没干什么。"

"王帅说你打他的球是怎么一回事呀？"

"我没打。"他睁圆眼睛望着我。

看到他的明亮的眼睛我想他的这句话是真的。

"那你做什么了？"

"我拽他了。"

"你为什么拽他呀？"

"……"

"你不会没有原因就拽人家吧?"

他压低声音说:"我想上他前面去。"

我心里暗暗发笑:只有孩子才会这样做。

"你到他前面去了吗?"

"去了!"他很自信,嘴角流出一丝得意的笑。

"那你进来的时候怎么比他晚?"

"我去洗脸了。"他的脸上依然很兴奋,显然为自己的做法感到很自豪。

"你比他早到了,感觉很好吗?"

他的眼睛向右转动了一下,停了一会儿脸色暗淡下来:"不好。"

我想他大概是想到被同学告状现在站在这里挨批评的代价太大的缘故。

沉默了一会儿。我问道:"我们学校要求在楼道里应该遵守哪些礼仪?"

"靠右边,不拥挤。"

"说得很好呀,用四个字概括就是'右行礼让'。"

"你知道为什么要右行礼让吗?"

"省得乱。"

"说得好! 不乱就是有秩序。你是喜欢一个有秩序的校园还是乱哄哄的校园?"

"有秩序的。"

"要想有一个好的有秩序的环境靠一个人可不行,需要每一个人都做到才行呀,你说对吗?"

"对。我没有做到。"他很惭愧地低下了头。

"老师看你已经知道下次该怎么做了,也相信你能够做好,对吗?"

"好。"

李浩然走了,回想这次处理问题没有了指责、批评,但是教育的目的同样达到了。不同的是我没有了平时的气愤,学生也少了许多的不平。原因就是,结论是学生自己得出来的,自己找出的错误接受起来更容易。

二、问出办法

有些学生做事是有一定的目的。但是因为经验的限制往往事与愿违。

一次课间后,有人告诉我:李岩跟六年级学生打架。

一会儿李岩来了,我把他叫过来问:"你今天有事情要告诉我吗?"

我的话音刚落,他就蹦出了一大串话:"老师不赖我,是他们招事!都好几天了他们老是抢我的球,今天我急了才跟他们说理来着!他们根本就不讲理!……"说着他委屈地歪过头。我慢慢地说:"我听明白了,你找他们不是打架,只是讲道理,让他们下次能不跟你捣乱、抢你的球是吗?"

"是。我不想打架。"

"你进步真大!知道打架不能解决问题!"

听我这么一说,他立刻把脖子转了回来,美滋滋地低着头抠着手指头。

"你今天跟他们讲道理的成果怎么样呀?"

他重新愤怒了,说:"他们根本就不说理!"

"说明你的目的没有达到?"

他显得很沮丧地点了点头。

"有没有更好的方法?"

"告诉他们老师,可是不管用!"

"你试过吗?"

"没有。"

"没有试过怎么可以这么说呢?"

"你可以先试一试告诉他们班的老师,如果不起作用我再出面帮助你好吗?"

"行。"

"现在我们来分析一下你刚才的作法,你认为如果不是上课的铃声响起来了,你会怎么样?"

"跟他们打起来。"

"打起来会有什么后果你想过吗?"

他摇了下头,不再作声了。

"想一想我们班级里这个月的目标是什么?"

"争'五好班集体'。"

"你看自己今天的作法对咱们班有没有影响呀?"

他很羞愧地站直了身子,双手垂到了身体两侧(他已经很清醒地认识到自己错了)。

"听说过南辕北辙的故事吗?"

"嗯。"

"你看你今天是不是就犯了这样的一个错误呀?"

他很真诚地点着头。

"你现在知道以后遇到这样的事情应该怎么做了吗?"

"知道了,先跟老师说,商量商量。"

"你真聪明,一下子就知道了。以后做事情前要好好琢磨琢磨,不要脑子一热就去。那样会犯很多的错误的。"

通过这两件小事的尝试,我感到"做个发问者"真的比做一个法官、裁判轻松得多,学生也更容易接受。

每个人都有逃避批评的心理,所以总是找出种种理由来为自己开脱辩护。这个时候如果老师没有了指责批评,而是和学生一起对自己的行为进行分析,使学生有机会作为一个旁观者来审视自己的言行。这个时候学生得出的结论他感到心服口服,同时也是一个自我教育、自我反思的过程。

班主任工作是一门艺术,也是一门学问。作为一名中年的教师,最容易犯的错误就是固守在自己知识经验的圈子里,不再探索创新,因此,我们的工作只是停留于低层次的经验总结的程度,要想得到理论上的提升,我们需要像万玮老师一样:勤记、多想。只有这样等到我们离开三尺讲台的时候才会无怨无悔!

第五章 创设自我管理的班级环境
——镜子评价法介绍

一、"镜子"评价的概述

唐贞观十七年(公元 643 年),直言敢谏的魏徵病死了。唐太宗很难过,他流着眼泪说:"夫,以铜为镜,可以正衣冠;以史为镜,可以知兴替;以人为镜,可以知得失。魏徵没,朕亡一镜矣!"这句话是说"一个人用铜当镜子,可以照见衣帽是不是穿戴得端正;用历史当镜子,可以知道国家兴亡的原因;用人当镜子,可以发现自己的对错。魏徵一死,我就少了一面好镜子啊。"把魏徵比喻成"镜子"堪称对魏徵人生价值的最高评价。我们日常生活中镜子的使用频率是非常高的,根据镜子我们可以了解自己的仪容,使自己处于一种更好的状态。如果镜子中影射出自己的行为习惯,学生就可以对自己有一个客观的了解,从而对自己的行为进行调整。我使用的评价就是用数据组成的一面学生客观行为习惯的镜子。

(一)"镜子"评价的界定

"镜子"评价是一种基于学生学习与生活的特定行为的客观记录和量化统计,对学生行为和习惯进行反馈强化和价值判断,促使学生自觉矫正非期待的不良行为,形成期待的良好行为习惯的一种评价手段。

依据对学生行为记录、统计分析的时间周期不同,镜子评价分为"小镜子"和"大镜子"两类评价。

"小镜子"评价是以周为周期,即以一周内学生个体学习和生活行为表现的统计结果为依据的评价。反映学生一周的行为表现。以下是"小镜子"评价的举例：

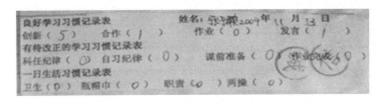

大镜子：

"大镜子"评价是以学期为周期的整体性评价，即是以"小镜子"评价结果的连续记录所获得的数据为依据进行的评价。它反映学生一学期行为变化的进程和趋势。

可见"小镜子"每一周的客观记录是"大镜子"的数据来源。在"小镜子"的数据中有良好学习行为和有待改正的学习行为。良好的学习行为加分（创新5分、回答问题1分、合作2分、作业1分），有待改正的学习习惯减分（科任课纪律2分、自习课纪律2分、作业1分、课前准备1分），这样就得到每一周的分数。把这些分数连续填入数轴的相应位置，逐渐形成折线统计图，显示每一学期的学习行为变化趋势。以下例子所显示的就是"大镜子"评价所依据的折线统计图。第一张图呈上升趋势，表明该生行为不断进步。而第二张图则相反，表明该生的行为开始不稳定后来逐渐走下坡路。

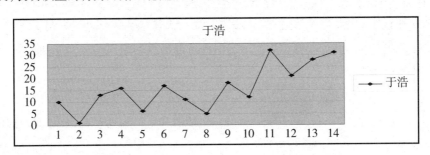

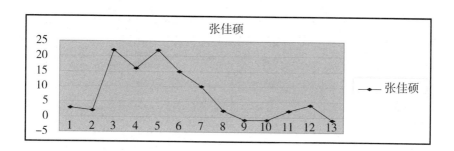

这两面镜子能够反映出学生的具体的学习行为表现。在这个评价面前学生感受到的是自己的努力勤奋或者是松懈懒惰，从而能够通过对自己情况的了解来调整自己的状态。因此，这两种评价都是一种过程的评价，学生的学习生活在继续评价就会延续，学生永远有机会下次做得更好。因此这样的评价与其说是评价，不如说是"情况反馈"更加明确。

（二）"镜子"评价的操作工具

"镜子"评价中这些数据的获得是依靠几张表格来完成的。

一种是《有待改正的学习行为》记录表，主要目的是促进学生对自己行为的自我控制。另一种是《良好学习行为》记录表，主要记录学生好的行为，起到引导学生努力方向的作用。同时我根据学校对各班的评价内容制定了"一日生活记录表"，这样我设计了三张表格来分别记录学生的行为习惯。

良好学习习惯记录表

年级 班 年 月 日

姓名	创新	合作	作业	发言	姓名	创新	合作	作业	发言
李金星					皮爱迪				
王斯嘉					马晨翔				

有待改正的学习习惯记录表

年级　班　年　月　日

姓名	科任纪律	自习纪律	课前准备	作业完成	姓名	科任纪律	自习纪律	课前准备	作业完成
李金星					皮爱迪				
王斯嘉					马晨翔				
周志环					罗义				

一日生活习惯记录表

年级　班　年　月　日

姓名	卫生	瓶帽巾	职责	两操	姓名	卫生	瓶帽巾	职责	两操
李金星					皮爱迪				
王斯嘉					马晨翔				
周志环					罗义				

这三张表格包括了三大项内容。每一项又分成4小项(具体指标)。

第一大项是"良好学习习惯记录"包括:创新、合作、作业、发言四项内容。创新表示有与众不同的想法,能够主动提出问题,或者能够一题多解(具体的标准设定要根据自己班级的情况,对于学习氛围好,学生思维活跃的班级要求可能就会高一些);合作表示在小组活动中获胜小组的所有组员都会获得合作记录;作业记录表示作业全部正确,是学生作业正确率的记录;发言表示课堂上能够积极举手发言,并且回答正确。

第二大项是"有待改正的学习习惯"包括:科任课纪律、自习课纪律、课前准备情况、作业完成情况。科任课与自习课自律往往是班主任很头疼的事情,学生往往在班主任的课堂上表现很好,到了科任老师课上或者没有老师监督的自习课上就开始为所欲为了。学生的这种行为不仅仅使自己不能够很好地学习,也严重地干扰了别的同学。课前准备是为了让学生能够在上课前准备好学习用具为上课做好物质准备的同时,也做好心理的准备。按时完成作业是学生一个最为基本的学习习惯之一,所以我也把这项行为习惯列出来作为评价的一项内容。

　　第三大项是"一日生活习惯记录表"记录的是学生日常生活中的行为习惯。班级中的学生每一个人都要负责自己书桌里面和地面的卫生,只有每一个人都做好自己的地面卫生才能够把教室的地面卫生保持好。同时我们班级中所有学生都会承担班级里面的一些任务,比如擦黑板、擦窗台等工作都进行了分配,这项任务就是学生的职责所在。为了保证学生饮水卫生,学校要求学生要带自己的水杯上学;为了学生上下学路上的安全,学校规定学生佩戴小黄帽和红领巾。这些虽然是一些琐碎的小事,但是对学生的成长是有利的。小学生丢三落四是一件很正常的事情,这项记录就是要促进学生养成细致的习惯。两操指的是眼睛保健操和课间操。保护自己的眼睛,锻炼自己的身体本来是对学生有利的,是促进学生身体健康的。但是学生们很是不领情,总是有一些学生抓住这样的时间玩耍。这项记录为了保证学生在做操过程中能够自我约束。

　　这三大项记录表中具体评价指标确定的主要依据来自于三方面:一是对小学生来说非常重要的良好学习习惯行为细节;二是学校统一要求的学生日常生活中的行为习惯;三是本班学生当前普遍急需矫正的不良行为。

　　这三大项评价内容,只有第一大项是属于良好的记录,其他两大项内容是记录学生不良行为或违反要求行为的。不违反纪律的学生不用做科任课纪律记录,而违反纪律的要做科任纪律的记录。这是因为第二大项和第三大项对于大部分学生来说遵守起来是很容易的,即使不能够遵守也不过是其中的一小项或者两小项,如果所有遵守的学生都做记录的话,记录就会显得非常凌乱和繁琐。

　　这三大项的具体指标一旦公布在一定时间段内保持相对稳定。但记录表的评价指标以及评价指标的内涵是可以随班级的不同、据学生水平的不同而变换调整的。

　　(三)镜子评价的三方反思与沟通

　　以上我介绍了自己多年来形成的评价方法中的前两部分——客观记录和按年龄不同而实行的奖励方式。下面我要介绍这个评价方法中最重要的一部分——反思。客观记录是每一天都在进行的。每周五的中午我会把三张记录表上的记录登记在反馈条上,根据反馈条上的记录给予不同的奖励——盖章。

这些工作完成以后,我会把这些反馈条分别发给学生,学生把反馈条贴在自己的周反馈上,在周末的时候,学生要根据自己反馈条上的记录写出自己的反思。与此同时,家长通过反馈条上的记录对自己孩子一周的在校情况有一个整体的了解。家长可以在这个反馈本上写出对孩子的要求、期望,也可以写出对老师的一些建议。教师利用这个平台每一周都跟学生家长进行一次沟通,实现了三方沟通和三方反思。

1. 学生的反思

(1)学生用自己的力量不断前行——知耻而后勇(张子谦的反思)

这是一名学生的周反馈,我们可以看到他得到了诚信章。而他上一周的情况是怎样的呢? 从他的周记里我们可以知道:

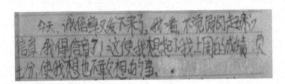

他上周的成绩是 −7 分,而这一周的成绩是 +28 分。这个变化是巨大的。从他的折线图上可以清晰地看到这种变化。

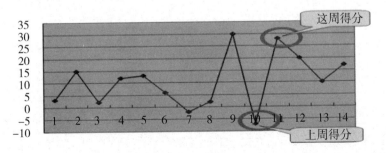

是什么使他发生了这么大的变化呢? 是他自己。我并没有对他进行额外

的干预。他发现自己的成绩竟然成了 -7 分的时候自己很是震惊,对自己非常不满意。于是在第二周的时候非常努力,他的努力使行为习惯有了一个飞跃。这也就是我期望的——通过评价激发学生向上的动力。

"自我完善"(李金星的反思)

● 李金星　　　　　090912

在这三周里,我知道了我的成绩原来这么差,原来我以为自己的卫生十分好,没想到原来这么糟糕;我原以为自己的作业还可以,没想到有这么多次不完成作业的情况。我要努力来证明我自己,把这些缺点改掉。早上我来到学校搞好卫生,把垃圾及时装进袋子放学的时候把垃圾倒掉。回家认真完成作业,让爸爸妈妈帮我检查。上课不再玩小纸条了,认真完成每一项作业,这样就能够得到正确作业的记录了。

● 李金星　　　　　090919

这周是第四周了,有发下来一张条,我知道自己的方法有了一点作用,我进步了。但是我也知道自己的又一个缺点了:不爱回答问题。这可是一个大问题呀!一定要想办法改掉这些毛病。我知道回答问题一定要做好预习,预习以后老师提出的问题才会。同时还要听清老师的问题,我上课的时候总是爱发呆,这样就没有办法回答问题了。我不能上课发呆了,要一心一意地。

这是评价开始不久一个学生在周反馈里写的话。当她看到自己的记录时,发现和自己平时对自己的评价是不同的。她以为自己各方面还是可以的。发现自身的问题,她制定了保持卫生和完成作业的计划。这些计划非常具体,可行性很强,因此她的进步也很明显。

不断总结反思努力(沈雨飞的反思)

● 沈雨飞　　　　　091106

在这周里我没有得到"信章",我十分懊恼,我没有完成上周定的目标。我要化懊恼为动力,总结上周的不足,不能犯上周的错误。

这周我因为作业完成不好而造成没能得到信章,因为我平时的习惯不好。做事总是拖拖拉拉,老师让量体温家长签字,我量完了就想下次一起签吧,到了下次又这样,一直到老师检查我还是没有让家长签字。我要改掉这个毛病,我下周一定努力得到诚信章。

● 沈雨飞　　　　　091113

一周一周过得真快！时间如流水般哗哗地流走了,一去不复返。我们要珍惜现在的时光,看看现在,有的人会叹息没有珍惜时光,我不要当这样的人,我要珍惜时光,珍惜每一分每一秒。

在这周我取得了信章,这是我上周的目标,我做到了。但是这还不够,得一次信章很容易,但一辈子得信章很难。我每一刻都不能放松。

下周的目标要在得到信章的基础上继续进步,继续一步一个脚印地走下去。

这是一名学生连续两周的周反馈记录。从中我们可以看到,当她知道了自己的问题所在后,及时进行了有针对性的改进。

通过学生的周反馈,我看到所有的学生都希望自己能够有所提高,同时都制定了计划。但是制定计划的水平差异很大。有的学生对自己的问题所在有清楚的认识,能够针对自己的问题制定计划,以上两名同学就是这样。也有的学生制定计划的可行性很低,这就使得他们的计划成功带有很大的偶然性。有的学生还会屡屡遭受失败。这个时候,我就会对他们进行适当的指导,为他们实现计划支招。

(2)师生共同努力

● 杨玉铮　　　　　091113

这周虽然得到了信章,但是我还是不满意,因为有的人得分很高有50多分。而我才得30多分,相差20多分呢！我失望极了！创新记录只有4次,有的人是9次,一次创新是5分,这一项就是25分呀！绝对是天壤之别。

得到条后,我后悔得肠子都青了呀！

下周我一定要做到:

提高创新记录的次数

提高发言次数

写作业要又快又好

多与同学合作

练习讲题的能力

保持好习惯,不要违反纪律

我就说这么多。呜呜……后悔呀！唉……

她只是提到了自己要做什么，她找到了别人的强项，却没有就创新问题想出好的办法。因此在第二周她依然没有成功。

● 杨玉铮　　　　　091123

又一次没有得上自胜者强，又一次没有完成计划，怎么能让自己变好呢？

为什么有的人可以得到50分，我只有17分呢？您一定觉得我这周表现不太好。

这周再写一次计划，我一定要做到！

作业正确率要高

发言积极些

作业每天记准，写对

得到信章

自胜者强我来啦！

下周千万要完成任务，不让自己和您失望！

（在这个时候我开始给她支招了：你可以用合作来提分呀！你能够有机会实现自己的目标的。）

对自己没有完成计划，她的办法是再写一遍计划。这当然是没有效果的。如果这一次还是不成功的话，她就会有挫败感，对她今后的成长是不利的。于是我在周反馈上开始给她支招了：你可以用合作来提分呀！经过我的指导，她在第三周修订了自己的改进计划：

作业正确率提高

与他人多多换题

得到信章

这周我与皮爱迪、贺迪分别换了题。皮爱迪的题我都做对了。贺迪的题共20道，我做错了2题，原因是读题不认真。

下周我会继续努力的！我会得到自胜者强的！

这次制定的计划内容少了，针对性强了。与他人多多换题就是得到合作记录的好办法。那个时候，为了提高学生的学习热情，我建议学生相互之间出题、讲题。每一组活动可以做一次合作记录。

看到自己的成功,树立向上的信心

如果用一把尺子来衡量学生,那么就会有好、中、差的区别。这种区别就像标签一样贴在学生的心中。于是他们就开始在自己认为应该在的区域徘徊,很难有所突破。多一把尺子,就会多一些成功的学生。成功的体验才能够让他们有超越的欲望,有了向上的勇气。

这个评价方法更像一面镜子,从镜子里面学生看到自己的努力,看到自己的成功。也许这个成功跟其他同学比起来是微不足道的,但是他们完成了自我的一个超越。他们对自己非常满意,这种满意、这种欣赏使他们对自己重新有了信心,重新开始了新的梦想。通过"镜子"的评价,一些已经成为"没希望"的学生开始喜欢自己、认同自己了。这种喜欢、认同就是他们新生活的第一步。

(3)看到自己的进步(李林啸的反思)

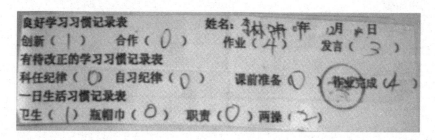

这名学生在我接班的时候刚刚把抽动症和秽语症看好。家长告诉我,在五年级的时候他经常眨眼、抽动、吐唾沫和骂人。经过很长时间的治疗现在效果很好,抽动症和秽语症的症状已经减轻了很多。这个班的原班主任告诉我,这名学生在学校是挂了名的。课堂上随便说话是家常便饭,因为经常给同学起外号骂人所以全班同学都不喜欢他,没有人跟他玩儿。从这张反馈中我们可以看到,他的作业有4次没有完成,卫生1次记录,上操2次记录。对很多学生来说,这是非常差的表现,但是对他来说进步真的是不小。特别是他有了1次创新记录,作业也对了4次,还有3次发言记录。这对他来说是非常可喜的。他自己也特别高兴,在周反馈中他写道:

总体来说我上周表现挺好的,没有骂同学,也没有怎么气老师,而且我的良好学习习惯里的创新终于做了一次,那可是五分呀！不过同时我很懊悔,作业完成不好,记录被做了四次,我很恼火。我已经下了决定不再在这方面丢分了,我要好好努力,改正缺点,争取也得上个信章!

这段话,他首先对自己是肯定的。肯定的原因是他说自己没有骂同学,也没有怎么气老师。这一点对其他同学来说是正常的、应该的,对他和他的家长来说是长久以来的一个努力目标,现在他做到了,他很高兴。他还看到自己有了创新记录,这也是他一直的期望。在看到自己成功的同时,他开始对自己有了不满:作业完成不好。他表示要好好努力了。

看到这个反馈,我非常高兴,这个学生很少看到自己的问题。他总是能够发现别人的哪怕一点点的问题,然后放大、放大……而对自己的问题是视而不见的。对自己的问题不承认,并不是一种自信的表现,恰恰是他的不自信。他通过指责别人的错误来满足自己内心对自己的不满。仿佛只有指责了别人才能够显得自己也是不错的,起码没有那么不好。这是因为他很少得到外界的认可,过多的批评指责使他用这种方法保护自己。他在小镜子里看到了自己的进步,发现了自己的优点,对自己的悦纳也使他对别人能够认可了,也能看到别人的优点了。能够看到自己优点的同时,他也开始认同自己的问题了,并开始为一个更好的自己而努力。

2. 家长的反思

通过一周的反馈,家长对学生的在校情况有了比较客观的了解。家长根据孩子在家的情况和周反馈上的记录进行留言,留言内容很广泛,有的是对孩子的鼓励,有的是针对孩子的问题提出的建议,有的是对学生的批评,有的是向老师的求助……

(1)家长对孩子的肯定与激励:

2009 年 9 月 24 日　李林啸家长

升入六年级近一个月了,你每天都在改变,各方面都有了明显的进步:学习用心了,上课听讲专心多了,正在学会听讲、记笔记;关心班集体,热心为班里做事,卫生习惯有了改观,尤其是你跟同学在一起变得大度了,使你更像男子汉了!努力吧,孩子,妈妈相信你下一周会有更大的惊喜带给妈妈。

2010 年 3 月 15 日　薛琦家长

现在我发现薛琦能积极动脑筋了,而且碰到难题能认真地思考,最让我高兴的是她能给别的同学讲题了。自己会做还会讲我觉得很好,能加深印象,更能锻炼自己的语言表达能力。

我非常希望看到家长对孩子的肯定与激励,这种肯定和激励是对学生最好的嘉奖。

(2)家长对孩子的幽默批评

沈雨飞是个非常优秀的女生,只是她写字很差。沈雨飞的父亲写字特别漂亮,他一直希望沈雨飞的字有所改观,最近沈雨飞的字改变了很多,只是变得又小又密。于是沈雨飞的父亲有了这样的一段话:

09 年 9 月 30 日

沈雨飞突然发现自己能写出比蚂蚁还大的字,自是欣喜不已,既节约了墨水又节约了纸张而且让人看了费劲。我不知道这是历史进步还是个人的英明,抑或是两者兼而有之。字,当写得工整、大方、得体,易于让人辨认。字,是人类交流的工具,应十分重视才对,而不宜凭自己一时兴起而想怎样写就怎样写,这样既浪费了自己的时间也浪费了别人的时间。……

看到家长的话,我感到这位家长真是幽默,没有严厉的批评和指责,沈雨飞同学看了自然也就没有那么多的反感。

(3)家长对孩子提出要求与期望

当学生出现一些问题的时候家长会主动给孩子一些建议,帮助学生提高。

2009 年 5 月 8 日 张旭家长

做任何事情都需要认真,不能只求速度。首先确保质量,学习更要认真养成好习惯:做题时认真审题,把题目要求看明白,然后动脑筋找解题思路,确定步骤,最后按部就班地写答案,切记:认真自觉行为不是依靠教师的严格要求养成的,老师的要求是外因,关键在于你自己,仅用聪明的头脑是不够的,还要有良好的学习品质——认真!

张旭是非常聪明的孩子,成绩一直非常优秀。但是有一段时间他的作业正确率特别低,于是引起了我和家长的重视,家长针对孩子的问题提出了一些建议。

(4)学生和家长之间的矛盾

2010 年 5 月 10 日 赵艺林

"赵艺林,快写作文!""我知道了,马上!"半小时后,正在房间里悠闲玩电脑的我被妈妈揪了出去。"好啊,你想玩是不是,那就别去上学了,成天在家里玩电脑吧!""知道了,以后不会了。""得了吧你,哪次是你自觉学习的。去,听英语去,看你现在不努力,以后怎么办,现在我们好说歹说,你就是不听……"就是经典,这段话少说我也听了100遍,不过妈妈这样做也是为了我好。(这段话进行了修改。在这句话的下面家长重重地做了标记,写道:你写这段话想体现什么呀!")

看到这段话我知道学生一定说了一些话让家长感到很伤心、很恼火,于是学生进行了修改。虽然进行了修改,但是孩子的内心一定是不服气的。如果站在家长的角度说话,学生显然是不服气的。如果站在学生的角度来说服家长也是不符合实际的。因为赵艺林这段时间的确是有些贪玩,已经是六年级学生了没写完作业就去玩电脑,家长让她写作文就写作文,写完作文没有听英语又去接着玩电脑了。如果我是家长我也会很生气的。思考再三,我写了这样的话:

最近复习我很累了,可是偏偏有一些同学总是找麻烦,我一次次地叮嘱他们就是不改。我很是郁闷。看到你的妈妈都说100遍了还在说,我很是敬佩,我也好学习你的妈妈这样有耐心才对。

我想,你如果先写完了作文、听完了英语再去玩电脑就好了。妈妈回来以后你可以潇洒地说:"老妈,我早就写完了!"那个时候,妈妈一定没有揪你的理由,反而会给你一个大大的拥抱,至少是一个灿烂的笑脸!

在随后的周记里我看到家长和学生的关系缓解了,显然学生意识到了自己的问题跟妈妈做了检讨。

3. 师生的沟通

作为一名班主任我要面对几十个孩子,无论我怎样努力也难做到倾听他们每一个人的故事,每一个人遇到的委屈,每一个人面临的问题,每一个人想跟我说的话。但是这一切对一个小学生来说是多么重要。反馈本使我能够关注到每一个孩子,每一周我最少可以有一次跟他们一对一的沟通的机会。反馈本成了我和学生之间沟通的桥梁,我从中能够感受到每一个学生的喜怒哀乐,倾听他们每一个人的声音。可以说,我不能没有周反馈。我要通过它感受每一个活生生的心灵的声音,我不能忍受与学生心灵的疏离,哪怕只是一周。坚持每周跟学生进行沟通已经成为我的一种习惯,甚至可以说是一种精神的渴望,只有每周跟他们说上一句话,哪怕只是一句话,都能使我感到我和学生之间是紧密相连的。我要让他们知道我的心里面有他们,我要让他们知道我无时不在关注他们,让他们感受到我的存在。

周反馈上的一问一答

下次会好的

2010 年 3 月 29 日　何老师

这次数学作业情况不好,是什么原因?是不会吗?你要加油呀!

2010 年 4 月 5 日　李金星

一时马虎,下次不会了,题我会做,下次不再马马虎虎的。我一定会加油的!我要学习王嘉:坚持。她以前学习不好,现在学习真的挺好的。她就是一直坚持努力最后取得的成绩。

这是我跟李金星的对话,当我发现她作业正确率低的时候,在周反馈上说出了我的想法,她在周反馈上进行了回复。看日期好像是隔了一周,这是因为我们周反馈一周才收一次,所以即使学生看到立即回复也会在下一周反映出来。

当学生做错事情以后

2010 年 3 月 19 日　张嘉硕

这周我在学校表现很好……但是我在家里并不太乖。一次我正在想题,奶奶叫我吃饭,我很不耐烦,跟奶奶吵了几句。爸爸说我心烦的时候跟奶奶吵嘴是在跟奶奶撒气。我十分羞愧,即使以后再忙也不可以跟奶奶吵嘴。

看到学生的周记,我知道家长已经批评过他了,同时这个孩子已经意识到自己错了。于是我写道:"你说得对呀!我们不能够伤害爱我们的人呀!你会慢慢学会处理不良情绪的。我建议你再烦躁的时候可以到外面去跑步,或者去健身器材上锻炼一下,运动是一种非常好的消解烦恼的方法。"

当学生做对事情时候

2009 年 11 月 23 日　向军

今天我和我的几个朋友在我们小区里玩球。一不小心球扔到了别人家里,把窗户打碎了。我们开始讨论该怎么办。我们打算把球要回来,可是谁也不敢去,于是就你推我我推你。我们都担心被主人批评。最后,我们决定一起去要球,并说赔偿玻璃的钱每人一份。于是我们来到了这家门前,我上前按下门铃。一会儿出来一位老奶奶,她很和蔼地问我们什么事。我说:"我们把球打进您家了。我们是来拿球的,再把玻璃钱赔给您。"老奶奶听了说:"球给你们,钱不用你们赔了。那块玻璃早就坏了。"我们听了都很高兴,不约而同地说:"谢谢您。"

真是一场虚惊,我们都捏了一把汗。

看到学生的这篇周记,我心情很是复杂。也许有人会嗔怪:不让赔钱就这么高兴? 可见这个孩子思想有问题。而我对这个孩子却给予了肯定。因为这个孩子能够这样做应该是非常不容易的。向军生活在一个单亲家庭,母亲要养他和他哥哥两个孩子。平时工作很忙,所以脾气暴躁。如果母亲知道孩子打碎了别人家的玻璃一顿打是避免不了的。这个时候他要是选择逃跑就能够把责任推卸干净。球不是他的,要不要都不是他的损失。他没有选择逃,而是和伙伴一起承担了责任。只是他的这个做法我就要给予肯定。虽然他也为没有赔偿而庆幸,但是他毕竟是有承担责任的勇气的。我希望通过我的表扬与肯定促使他能够继续成为一个有责任心、勇于承担责任的人。思忖良久,虽然向军的做法不是完美,我还是给予了表扬:

你做得很好。有勇气承担责任才是男子汉。希望你从老奶奶的宽容中学会宽容,希望你永远是一个有责任心的人。

当学生被冤枉的时候

2008 年 12 月 5 日 宋英杰

这周三上午下课的时候我在楼道里走准备去厕所,六年级 4 班的老师向我借红领巾说要用一下。我就把红领巾解下来给了她。下午来学校的时候我被执勤员拦住了,检查我的红领巾。看我没有红领巾执勤员问我是哪个班的,我知道她要扣分,就没有说跑回了班里。没想到执勤员一直追到了班里,给咱们班扣了 2 分。蔺丹晨知道了骂我缺心眼,我特别生气,就回骂了她。我知道自己错了,如果告诉执勤员我是哪个班的就扣 1 分,结果这次扣了 2 分。我也不应该骂蔺丹晨,下次这种事不会发生了。

看到宋英杰的这条周反馈，我知道冤枉他了。我以为他又骂人了所以批评了他。他竟然没有任何的辩驳，在周记里他详细地告诉我事情的始末。看来他真的是进步了。以前的宋英杰脾气火爆，点火就着。谁要是惹着他就麻烦了，一定是大打出手的。这一次他虽然也有不当的地方，例如不应该回骂蔺丹晨，但是他的火气明显小了。当我批评他的时候，他也没有像以往一样不服气，而是能够静静地写在周反馈上，可见他改变了很多。这件事情也反映出他在处理紧急事件的时候应变能力较差。在反馈中我是这样写的：

你呀！傻孩子！为什么不直接跟我说呢？遇到这种情况你首先可以直接跟执勤员说清楚，她是能够理解的，即使她不理解你也可以请六年级4班的老师帮忙作证的。其次，蔺丹晨骂你是不对的，她认为你为了逃避检查给班里扣了2分太傻了，还不如直接告诉执勤员你的名字班级就扣1分。她显然对你没戴红领巾的原因不了解，所以请你原谅她。第三，同学告诉我你又骂人的时候，你应该跟我解释。而你并没有解释，只是低头承认了。通过这件事，我希望你能试着学会处理一些紧急事件，争取以后再遇到这样的事情能够处理好。

从这件事可以看出你的自制力提高了，没有为了这件事跟同学发生很大的冲突。进步太大了，特别为你高兴！

处理这件事情的时候，我考虑到这个学生的性格特点，更多的是想告诉他以后遇到这样的事情应该怎样处理更合适。同时对他的进步给予表扬，使他能够看到自己的进步。

放大学生的优点给他们学习的信心

王嘉是我们班一个内向的女生。她的数学成绩不太好，六年级开学测试的成绩只有26分。第一周的周记，我发现她写得特别认真。讲了父亲生病妈妈带父亲去医院自己在家里焦急等待的事情。我告诉她："通过你的文字我知道了你当时的心情。看来你很善于写作文。"

在随后的周反馈中，我可以看到她在努力写文章给我看，每一次我都会鼓励她。在她得到诚信章的时候我写道："祝贺你，得了诚信章。这是对你踏实认真的回报。我想只要你坚持努力，你在各方面都会有进一步的提高。"

慢慢地她开始在反馈中跟我沟通了。

2009 年 9 月 21 日　王嘉

……我课前准备扣了 2 分,这周我没有什么长进,我以后一定快速地准备出下一节课要用的书,不忘带书。这周还有一个诚章,说明您还是相信我的。我知道只要我的学习成绩上去了,我就是个好孩子。我一定会努力努力再努力的。请您相信我。

我一定会成为一个好孩子。老师请您相信我。

我要让我的诚章没有白得! 做给自己看。

从这篇周记中,我看到她多么渴望我的认可,她是多么在乎我对她的评价。她认为自己成绩好了以后就是好孩子了。可见她一直认为自己不是好孩子。我要告诉她,我不会用成绩来衡量她。于是我在反馈中写道:

成绩只是评价一个人的一方面,不会因为成绩不好而被认为是坏孩子。我看到了你的勤奋与努力。我喜欢你这样的状态。我也相信你会有一个优异的表现。

翻开我和她一年的对话,我总是在给她鼓劲,她竟然超乎想象地越来越优秀了,数学成绩也能够达到 80 多分了。

1. 家校的沟通

随着网络的普及,家长和教师的沟通方式很多:博客、QQ、飞信……我使用的是周反馈跟家长进行沟通。每周学生的反馈条下发以后,家长都能够在周末的时候看到孩子在学校的情况。家长跟孩子沟通的同时也在和我进行沟通。通过每周一次的沟通,我也可以了解家长的家庭教育风格,也可以知道家长对学校对老师的态度。

居高临下的家长:

有些家长跟孩子沟通的时候总是采取一种居高临下的态度。他们跟孩子沟通时候的语气更像是领导讲话或者是中规中矩的教师写的评语。

2009 年 9 月 26 日　杨钰铮家长

开学以来表现基本上还可以,但是作为班长对自己还应严格要求,要比别的同学表现得更好。不仅要自己好,而且要负起责任把自己的班长工作做好。起到自己应起到的作用。按照自己在"反思"中说的克服自己的缺点,做好自己的事情。

2009 年 10 月 16 日　杨钰铮家长

本周在学习方面能认真完成老师布置的作业,对需要掌握的知识点基本上能掌握。但审题计算马虎的毛病还没有完全克服。

在纪律方面,虽然没有大的违纪问题发生,但我一直告诫你,作为一个班长,要处处、事事、时时严格要求自己,使自己成为全班的表率。只有这样才有资格去要求别人,你的管理才有说服力。

从这些文字中我可以知道家长对学生要求严格,总是在提要求,要明确目标、一丝不苟。我希望家长能够多给孩子一些孩子的关注,而少一些刻板的要求。于是我在周反馈中总是尽量使用风趣一些的语言跟学生沟通。当学生问我一些:"您的假期去做什么呀?"等一些家长看来不严肃的问题时,我也会很高兴地回答。

2009 年 9 月 8 日　何老师

哈哈!你真是个优秀的学生、小干部!你的写作很流畅,表达很清晰。我读到了你"上榜"后的沮丧。我会跟同学沟通一下,给你们一个准备的时间。当然,你也可以做一个建议,在班会或早读的时间宣布:下课 5 分钟以后再开始检查课前准备情况。

你有权力做更多我没有想到的事情。(呵呵)

2009 年 9 月 24 日　何老师

我的座右铭是:天道酬勤,自胜者强

我就是不断这样激励自己,不断地超越自己的。所以我现在才这样优秀。

这是我的秘密呀!

2009 年 9 月 28 日　何老师

我的假期到我妈妈家去住几天。然后完成 10000 多字的结题报告,还有一个几千字的开题论证。呵呵!咱们两个都挺忙的呀!

我感觉属于自己的时间太有限了。在有限的时间里享受亲情是很幸福的事。

祝:长假快乐,开心!

经过了一个学期,我渐渐发现家长跟孩子沟通的语气发生了变化,不再是居高临下了,有了更多的平易近人。

2010 年 4 月 24 日   杨钰铮家长

这两次数学考得太差了。不过，没关系，要从中找出差距所在，分析出错的原因，这就是进步的开始。如果不好好找原因，不接受教训，那就退步了。所以把差距变成动力。

家长的这段话里面少了一些命令式的要求，多了一些激励，一些建议。家长的这些细微的变化是在不经意间慢慢发生的。家长和家长都是成年人，成年人的观点转变是有一定难度的，需要一定的时间。在经过漫长的对话过程中我把自己的教育理念慢慢地渗透给家长，使他也能够改变居高临下的态度。

面对"工作第一"的家长

孩子、工作哪一个更重要？这是摆在年轻妈妈面前的难题。随着妇女扛起半边天，妈妈越来越像一个兼职了。但是对于孩子的成长来说，小学生涯不过是短短的 6 年的时间，而且是形成行为习惯、学习习惯等很多习惯的关键时期，这个时期一旦错过了孩子养成了不好的习惯，矫正起来是非常困难的。可是孩子上小学期间父母们往往是 30～40 岁之间，工作上正好是刚刚起步，或者正是蒸蒸日上的时候，需要很多精力。工作、孩子如何取舍？

一些很优秀的家长会选择事业，疏忽对孩子的教育。这样做的原因很多：

觉得自己工作出色了对孩子也是好的影响。

觉得小学期间的知识不算什么，没有必要花费太多的经历，等到了初中以后再抓也不迟。

自己工作挣钱养家才能够使孩子生活得更好。

自己小的时候没有让父母操心，所以自己的孩子也不用自己花费心思。

……

面对这样的家长，我们该怎样做呢？告诉他们孩子这个时期是非常重要的？优秀的家长往往会对小学教师的忠告无动于衷的。如果我们拿出说教的姿态来跟家长沟通结果可想而知。我通过反馈本，每一周坚持跟家长沟通，家长对孩子的教育越来越重视，一年以后家长不仅来学校开家长会，还会找机会来学校跟我面谈孩子的教育问题。

这个学生叫张旭，开学之初，就有很多次没有按时交作业等小毛病。经过一段时间我感到他是很优秀的，只是经常丢三落四，学习上能够轻松得到比较不错的成绩,但是因为孩子本身懒散,很难有更好的成绩和表现。在班级中他本应大有可为,但是他并没有努力提高自己的意识,只是感觉自己差不多就行了。我特别先跟家长沟通一下,希望双方共同努力能够促进张旭有一个质的飞跃。他原来的班主任告诉我,他的家长是职高的教师,从小学一年级开始从来没有参加过家长会,总是很忙。原班主任提供的这个信息让我放缓了跟家长的联系,我希望通过周反馈中家长的话来了解家长对孩子乃至对学校和班主任的态度。在不了解家长的情况下贸然把家长请到学校不会有好的效果。于是我和张旭的妈妈就开始了漫长的笔谈。

2007 年 11 月 8 日　张旭家长

何老师:

您好! 我是张旭的母亲,也是一名教师。所以对教育这个职业有些肤浅的认识。因为工作很忙,一直没有机会与您交流沟通。听孩子说您校内校外的事情很多。他很以您为自豪,同时您是骨干教师,培养出许多优秀的孩子。今天看了张旭的评价表,上面有些内容让他给我做了解释。希望您严格要求他,当然,您作为优秀教师给予孩子最多的是爱心关怀,这是最让孩子动心的。这里道声:辛苦了!

这是我们开完家长会以后,张旭家长的一条反馈。其实在这之前我们的周反馈已经跟家长见过一次面了。从文中看出家长刚刚询问孩子评价内容是什么意思。而且我还感觉到家长对我有一种距离感,一种疏远的感觉。她谈到自己也对教育有肤浅的认识,在最后又提出教师给孩子最重要的是关心和爱护。其实这正是她对教师的要求。作为一名职业学校的教师,她跟小学教师谈话中的那种优势心态也表露无遗。面对家长的这次反馈,我写道:

没想到您也是教师! 开家长会的时候没有见到您真实遗憾。

张旭是个很优秀的孩子,您真幸福。

我没有指责她不来开家长会,只是为没有见到同行表示遗憾。同时对张旭的表扬是中肯的,没有因为家长的不到会而抹杀孩子的成绩。表扬孩子也是拉近我和家长关系的一个很好的方法。

2007 年 11 月 16 日　张旭家长

何老师：

谢谢何老师对张旭的评价，每次开家长会我都因课多或续教而失去与教师交流的机会，内心感到对不起孩子，但无能为力。每周我 16 节课，再加上党校的业余班的课，周课时达到 26 节，太累了，也太忙了。虽然没有您作为基础教育那么大压力，但时间极其紧张，望体谅。

我可以看到家长工作的辛苦，也可以知道她不是不关心孩子，而是因为工作更重要。于是我在回复中是这样写的：

我们每个人都身兼数职：女儿、母亲、教师……这些都需要我们去协调。您的孩子本身很优秀，因此您不用太担心。没有和老师交流无所谓，但希望您多和孩子交流沟通。这样孩子会更健康。

回复中，我没有采用说教的语言来让家长重视对孩子的教育，而是谈到同为女人身兼数职的忙碌。提醒她注意跟孩子的沟通，跟孩子有更多的交流。果然，家长在随后跟孩子的沟通中改变了以前的语气。以前她只是提出目标，口号似的话："成为一个办事认真、一丝不苟的充满爱心有责任感的人。""做一个认真、真诚让人放心的好人！"现在她开始使用母亲的语言："诚信是做人的信条，是一辈子的事情。要以诚待人，以信对人。儿子，我相信你能做到！"

在第七周的时候，家长对孩子说的话又有了改变。这周张旭为自己定的下周目标是：不忘带任何东西。这个目标让张旭的妈妈很是恼火，她不能想象把不忘带东西当做目标。

这个孩子缺乏自觉性，希望何老师严格要求。不忘带任何东西不能作为下一周的目标，细心应该是一贯的事情。

其实张旭这个目标的制定非常符合他当时的情况，当时的张旭就是总忘记带东西。只是他的妈妈刚刚发现孩子这个丢三落四的问题。从此以后家长开始关注孩子的一点一滴了：从生活习惯到学习习惯都开始成为写给孩子的话。看到家长的变化我很是欣慰，家长能够开始关注孩子的习惯是我最希望的，也正是我的初衷。从我们开始沟通过去近两个月了，我从没有要求家长做什么，也没有指责家长对孩子习惯的忽视，但是也同样达到了让家长重视孩子的效果。因此，获得家长的支持和理解，未必需要我们直接说出要求。

经过一年的笔谈，六年级家长会的时候张旭的妈妈克服重重困难来到了学校。因为有很多家长留下来跟我谈孩子的教育问题，所以没有能够跟她沟通。第二天这位家长竟然来到学校给张旭交饭费，并跟我进行了一个多小时的交流。

这是张旭妈妈跟孩子在周反馈上说的话：

今天家长会我看了周反馈和班级作文《自胜者强》后，心里很不是滋味，为什么我的儿子很聪明、活泼、听话却总是和"信"章无缘呢？为什么你总是没有成功的体验呢？从作文中，我感觉到你对自己的学习激情不足、投入不够，望在小学最后一年取得令人满意的成绩。为自己的小学生涯画上一个圆满的句号。

稍后，家长又写到：

我利用交饭费的机会跟何老师聊了一会儿孩子的学习情况以及在学校的各方面的表现。我深受启发。是呀，我总是认为你做事不够主动，头脑过于简单是遗传的缘故。老师说你近来做事很积极，主动要求给同学们打作文的电子稿并做得很好。从那刻起，我知道我的想法是错的：遗传基因固然是重要因素，但事在人为，只要你有意识地主动创造机会展示自己的能力，就会克服遗传的先天不足，获得更多的喜悦、满足、快乐……很多体验。记住：事在人为，做自己的主人！望你一切都如愿，美梦成真！

从这段话中，我发现了一些跟家长沟通过程中也没有显露出来的信息：遗传观。家长认为孩子的种种行为是遗传的原因，在跟孩子的沟通过程中也会有所显露。这也成为一种暗示，给孩子贴上了标签，在一定程度上限制了孩子的发展。

通过和家长的笔谈，能够了解家长所思所想，使我的工作更有针对性，能够更好地为学生提供合适的教育，对家长提出更合理的建议。这种建议未必一定要以建议的形式出现，表达的方式很多，不伤害家长的自尊心，避免和家长产生不必要的误会是关键所在。在这个过程中，教师千万不要固步自封，认为我是老师你就要如何如何……这是不正确的。每个人的成长背景和知识结构、生活环境不同，对教育的理解也不同，教师期望家长能够天然地尊重我们是比较不切实际的。在这个多元的时代，我们需要用尊重来换取尊重，用我们对孩子的辛勤付出换来尊重,需要运用我们的智慧来换取尊重……总之,家长对我们的尊重从不会自然产生,需要我们的努力才能够获得。

三、"镜子"评价的理性思考

(一)"镜子"评价的目的

提起小学的评价,很多人都会想到墙上的小红花和小笑脸。这是一个班级里面张贴的一个组 5 个学生得到的笑脸。

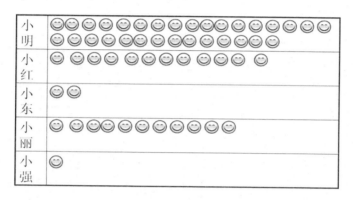

根据这个表格,我们可以做几个思考:这 5 个学生中谁是最愿意看这个评价表的? 这 5 个学生中谁是最不愿意看这张评价表的? 答案很明显:小明是最爱看这个评价表的,而小强是最不爱看这个评价表的。那么小东就喜欢看这张评价表吗? 显然也是不喜欢看的。这两个同学看到评价表以后就会意识到自己不是好学生,有谁会喜欢这个负面的评价呢? 那么小红和小丽看到这张评价表的感受是什么呢? "我是中等生,比上不足比下有余。"只有小明看到后很受鼓舞:"我是好学生,我会继续做得更好!"从这组的评价推想这种评价方法,其弊端就很明显了:只有 1/5 的学生得到正面的肯定,其他学生得到的都是负面的评价,最终他们给自己贴上了中等生和差生的标签。

这是我们评价的目的吗? 我们辛辛苦苦地做出的评价只是为了让 20% 的人得到肯定? 不可否认,二八理论告诉我们一个团队中只有 20% 的人是人才,但是作为教育工作者的教师,我们不能只关注 20% ,让众多的 80% 的人陪"太子"读书。我们要面向全体,让全体学生得到肯定与激励。评价作为一种激励的手段,值得每一个教育工作者仔细研究。

评价一词在《现代汉语词典》中有两个解释:【动】评定价值的高低;【名】评定的价值。评定价值的高低,在面对产品或者商品的时候可以确定他们的价值所在,并可以按照这个评定定价出售。而面对一个活生生的人的时候,评定价值的意义是什么呢? 也是确定等级? 在实际的成人管理中,这些确定的等级带来的是物质待遇的不同。但是如果面对的是学生,一个个未成年人,我们对他们进行评价的意义又是什么呢? 每个学期末的优、良、中、差代表什么呢? 代表这个孩子学习的程度? 那么这个学习程度对孩子的意义是什么? 对于成人我们可以区别他们的工资待遇,可以决定他们的提升或者降级,可以决定他们的去留。只是这些对于学生来说意义何在? 我们区别他们的目的是什么? 给他们不同的奖励或者惩罚? 使他们知道自己的层面而给自己一个明确的标签? 这一切仿佛都是不妥当的。

评价,在教育中和在工业生产中的解释应该是不同的,应该赋予它新的不同的意义。

美国学者 Ellen Weber 在《有效的学生评价》中给评价下了一个新的定义:"评价"指的是观察学生的学习过程、共同合作解释资料、制定标准、描绘进展、收集结果、记录反思和表现、发现学生的优点以帮助他们改正缺点的过程①。

这个定义和我们传统的定义不同。首先,把评价定义成一个过程,而传统的定义只是一个结果。其次,评价的目的不同:他认为是一个帮助学生改正缺点的过程。而传统的评价只是起到了区分学生的作用。最后,这个过程是由师生共同完成的,通过观察、合作等方式共同完成的。而传统的评价是教师自己完成的,即使有些评价是学生与学生之间的,但也往往是家长和学生不重视的部分。也就是说,评价的权力主要还是在教师一个人的手里。一支笔来评价学生。

Ellen Weber 提出真实性评价和表现性评价。真实性评价指的是真实生活环境中评价学生的表现。"真实性评价暗含的意思是:评价是学习的一部分,是不断发展变化的,成功或失败只能用学生在新的环境中应用知识和技能的

---

① ［美］Ellen Weber 著:《有效的学生评价》,国家基础教育课程改革"促进教师发展和学生成长的评价研究"项目组译,北京:中国轻工业出版社 2003 年版,第 8 页。

能力的具体事实说明。①"

表现性评价,要求定期观察和评价学生的表现。学生应该明确评价的标准。明确的标准不仅可以使学生知道关键信息,同时也可以给学生确定一个奋斗目标②。

Ellen Weber 提出真实性评价和表现性评价的同时,还提出了形成性评价和终结性评价(布鲁姆)。形成性评价旨在帮助学生为最终的分级评分作准备,或者,简单地说,是为下面所说的终结性评价作准备。终结性评价(summative assessment)指的是在每一单元或每一课后,为了判断学生在该单元/课中所学到的技能和知识而做的评价。③

从 Ellen Weber 的定义和描述中可以知道,真实性评价和表现性评价针对的是学生的学习过程,而形成性评价和终结性评价不仅针对学生的学习过程,而且针对学生的学习成果。

Ellen Weber 的评价给了我很大的启发。我非常同意他对评价目的的表达:评价是学习的一部分。评价是一个过程。评价的目的绝不是一种对优劣的分类,而是为了学生的长久的发展起作用。我关注的评价是学生的学习行为也就是行为后面显现出的学习习惯。我给这个评价起的名字是"镜子"。分三个步骤:

首先是收集数据——记录。这是一个收集数据的过程,这个过程中学生自己也是参与者,他们只是在客观记录自己的学习行为。

第二步是绘制镜子——评价。每一周的小镜子和大镜子组成的评价,是一面反映自己的学习行为的镜子。在这面镜子里学生可以看到自己的行为轨迹。因此这个评价不是老师给的,也不是学生给的,而是学生自己努力或者松懈的真实客观表现。面对评价更像面对一面看到自己的镜子。

---

① [美]Ellen Weber 著:《有效的学生评价》,国家基础教育课程改革"促进教师发展和学生成长的评价研究"项目组译,北京:中国轻工业出版社 2003 年版,第 8 页。

② [美]Ellen Weber 著:《有效地学生评价》,国家基础教育课程改革"促进教师发展和学生成长的评价研究"项目组译,北京:中国轻工业出版社 2003 年版,第 9 页。

③ [美]Ellen Weber 著:《有效地学生评价》,国家基础教育课程改革"促进教师发展和学生成长的评价研究"项目组译,北京:中国轻工业出版社 2003 年版,第 31 页。

第三是看镜子——反思。这三个步骤中我最为重视的是反思部分。我认为反思是评价的关键所在,没有反思的评价是没有意义的。这个反思是学生的反思和教师的沟通相结合的。在反思过程中学生发现自己的问题,调整自己的行为,确定自己的目标最终达到提高的目的。

这三个步骤,每周一次的循环往复。在这个循环过程中学生得以审视自己,发现自己,激发自己。教师能够给学生更恰当的引导与激励。学生不需要跟别人比较,因为他是不断地完善自己。只要针对自己有所突破就可以说是成功了。这使得每一个学生都有了成功的机会。

(二)"镜子"评价的优势

"镜子"评价的优势,可以概括成:简便快捷、可操作性强、效果显著,避免教师情绪化管理,实现"法制"管理。

简便快捷:镜子评价是由全体学生共同完成的,随着行为的发生随时进行记录,学生的行为能够得到及时快捷的反馈。

可操作性强:这种评价的可操作性很强。无论是有经验的老教师还是没有经验的年轻教师都能够立即开始使用。而且在第一周教师指导学生填写反馈条和汇总成绩以后,学生就可以独立操作。几个学生流水作业需要的时间不会超过30分钟,最快的15分钟之内就可以完成。

效果显著:这种评价在效果上的特点,即见效快、效果明显、可持续使用。这个评价一旦开始实行往往当天就可以看到效果,一周以后的效果会非常显著。评价的另一个优势就是可持续性。我们学校每个月都会有五好班集体的评选,需要从卫生、科任课纪律……很多方面进行考评。学校的评价内容也恰好是我们班级的评价内容,因此能够使学生很快形成良好的行为习惯。当学生对评价非常熟悉,养成了好的行为习惯以后就很难再出现滑坡的现象。因此我所教的班级,一旦得到第一个五好班集体的荣誉称号,就会把这个称号留在我们班级,一直到小学毕业。

"镜子"评价的另一个重要特点是实现了班级管理的"法治",能够保证班规班纪的标准始终如一,避免教师情绪化对学生评价的负面影响。

每个班都有自己的班规班纪,但是并不代表有班规班纪的班级就会秩序井然。这里的原因很多,如果套用法律的用词也许能够更清晰地表达。班规班纪的制定与执行有四个方面的工作:有法可依、有法必依、执法必严、违法必究。制定班规班纪只是完成了第一项:有法可依。这只是管理的第一步,也仅仅是一个小小的开端。也就是说各班制定了班规班纪不过只完成了工作的25%,还有75%的事情没有做。管理的重点应该是在后三项:有法必依、执法必严、违法必究。班级纪律好与不好就要看这三项的落实过程。有班规班纪存在,但是当学生违反的时候却不能够按照规定进行惩罚,这就导致更多的同学会效仿,破坏班规班纪的事情时有发生,班规班纪就如同虚设了。每一位班主任设立班规班纪之初都是严格监督和管理的,没有哪一位班主任制定班规的时候期望这个班规早些作废,他们都希望这个规章制度能够在班级管理中发挥重要的作用。那么是什么最终导致班规班纪的失效呢?

通过跟年轻班主任的交流,我发现他们在进行管理过程中使用班规班纪的评价标准前后不一致。这种不一致分为三种情况:前松后紧,前紧后松,时松时紧。按照这种分类我把缺乏经验的班主任分成相应的三种类型:前松后紧型、前紧后松型、时松时紧型。

前松后紧型:这一类型的教师在开学初的时候往往不制定严格的规范,他们觉得刚刚开学学生的心还没有收回来,要慢慢来等待学生适应。等学期近半的时候,老师感到班级里的学生太散漫了,于是他开始制定班规班纪严格管理。当这位老师制定好了班规班纪进行严格管理的时候,已经散漫惯了的学生很是不适应。以前一些不算是错的小事情也被老师揪住不放大动干戈,学生感到很茫然,做事情越来越小心以免触到霉头。学期末的时候,学生已经适应了老师的"新标准",可是没多久假期来临了。新的学期开始后,开学之初,学生仍然使用上学期末的标准来行为做事,而这个时候老师却并没有按照上学期末的标准来管理,他认为刚开学要让学生慢慢适应。学生们一开始还能够按照上学期的要求来做事,很快就发现老师的要求没有那样严格,于是乎重新开始了散漫生活……这样一种管理方式形成一个恶性循环。学生们始终处于无所适从的状态,他们很难明白怎样做是对的,怎样做是错的。即使被老师惩罚也只是感到自己很倒霉,被老师抓住了而已。

前紧后松型:这种类型的老师在开学初的时候要求很是严格,随着学期末的来临,优秀的考试成绩成了老师关注的重点。于是一切都为学习成绩让路了,关注学困生提高全班学生的成绩是第一要务。很多原本能够静下心来做的学生问题被老师一个个地忽略了。原本总是受批评的学生因为成绩还过得去而不再受到老师的特别关注,老师的注意力集中在给班级拉分的老实巴交的学生身上,他们成为了经常被指责的对象。这样的班集体中,学习好才是硬道理。学生们的最终理解是:只要我学习好就行了。

时松时紧型:这种类型的老师有的是情绪化比较严重,松紧的尺度由自己的喜怒来决定。高兴的时候大事变成小事,心情不好小事变成大事。有的老师松紧尺度因人而异,自己喜欢的学生就宽松,不喜欢的学生即使犯错不是很严重,惩罚也是在所难免的。这种环境中成长的学生首先学会的是察言观色,看到老师不高兴就躲得远远的,等老师高兴的时候才敢靠近。对于那些不受老师喜欢的学生,他们对老师的不公平牢骚满腹,这种不满也会影响学生之间的关系,往往老师喜欢的学生和老师不喜欢的学生很难融合在一起。

以上三种不同类型的管理方式,共同的问题都是在执行班规班纪的时候评价标准不统一。这种不统一往往使学生对规则的认识是模糊的,很难使学生养成自律的习惯。

造成老师不同管理方式的原因也是一样的:性格使然。前松后紧型的教师往往是慢性子,适应环境缓慢。开学初的时候教师自己还沉浸在假期的松散中,他很难进入一种紧张的状态,对学生严格要求也就无从说起。前紧后松型的老师往往是急性子,同时是班级荣誉比较关注的人。开学初,他不允许自己的班级松散;学期末,他不允许自己的班级成绩落后。时松时紧型的老师往往喜欢感情用事,自己的喜怒和好恶都会对学生评价产生影响,从而对班级管理产生影响。

如何避免教师性格和情绪原因对学生评价的尺度不一,从而产生不良影响呢?这的确是一个很难解决的问题。每个人都有自己的性格,不同性格的人行事风格也就会存在差异。作为教师做事风格对学生的影响是不可避免的。同时,一个人的情绪变化也是不可避免的。每个人都会有许多不如意的事情在我们毫无准备的时候来临,使我们措手不及,引发情绪的波动。如果希望教师的性格和情绪不给学生任何的影响是不可能的。但是要把我们情绪和性格带给学生的伤害降到最低,那就需要依靠规则管理——也可以说是法治。

如果把班规班纪定义为"法",我感到还是有些许的不妥,因此我更愿意把班规班纪叫做"规则",因此依据规则管理班级就可以称为"规则管理"。使用规则对学生进行管理和评价,可以更好地避免教师情绪对犯错误学生或宽或紧的影响。无论老师情绪如何都要按照班级规定办事,老师喜欢的学生、老师得力的小干部犯了错误一样受到班规的处罚;老师不喜欢的学生,无论老师多么想重罚他也是不能实现的,因为班级规章制度在,老师是没有权力改变的。避免教师情绪化对评价尺度的影响,使学生始终处于统一评价标准之下,这样的管理虽然不能够把教师情绪和性格对学生的影响全部排出,但是可以把不良的影响降到最低。"镜子"评价就是一种规则管理的方式。

(五)"镜子评价"与学生个体差异

使用评价一段时间以后我们会发现,对一些学生这个评价的作用很大,但随着时间的推移这种作用越来越小,最后评价对这些学生来说就如同虚设了。这是一种非常正常的现象,学生与学生之间存在很大的差异,有的学生能够自我调节,有的学生自我调节的能力较弱。当这样的情况出现的时候,恰恰是我们教师大有可为之时。经过一段时间的评价以后,我就会发现一些"特殊"的学生,这个时候我往往会仔细研究他出现问题的原因,根据每个学生不同的特点进行有针对性的指导与协助。

这是在一次班会活动中一名学生的发言稿:

我爱发言了

焦健

以前,我性格内向,上课时不爱发言,老师提出的问题我会答,可是我不敢举手。

自从老师设立了"诚信"章之后,我一直得不到"信"章,原因是我不爱举手,没有回答问题的记录。老师规定至少有一次回答问题的记录才能够得到"信"章。在周反馈里老师经常鼓励我:"焦健,你发言记录太少了,你能在课堂上好好表现一下吗?"看了老师的鼓励,我有了信心,决定举手试试,可一上课,我的信心就消失得无影无踪,还是一点胆量也没有,生怕说错了被同学笑话。就这样,一周一周地过去了,眼看过了两个月,我的发言记录还是零,我好着急啊!

6月份的一个周五上午的数学课,何老师问了许多题,这些题我都会,可还是不敢举手。眼看就要下课了,老师又问了一个问题,这是最后一次机会了!我告诉自己:这节课你必须举手,要战胜胆怯,没什么可怕的,只要努力就会成功。在这种思想的支配下,我战战兢兢地举起了手,可举得并不高,老师一看不爱发言的我举手了,马上欣喜地叫我回答问题。我回答得十分正确,何老师高兴地说:"焦健的回答全都正确,焦健简直棒极了!"我听了,心里像喝了蜜一样甜,原来被表扬的滋味真好!在老师和同学面前发言有什么可怕的呢?

从此以后,我就爱举手发言了。我的发言记录逐渐多起来,一枚枚鲜红的"信"章也"飞"到了我的周反馈上。老师还在周反馈上表扬了我,说我的发言记录越来越多了,我很高兴,也很自豪!

通过这件事,我明白了,只要有勇气就会有成功!

这名学生个子不高,就在班里的第一桌。经过一段时间的周反馈交流,我发现他的发言记录几乎总是"0",而他的作业记录很多。也就是说他对知识的掌握很好,但是不喜欢发言。他的妈妈是一位中学语文教师,语言表达能力很好,面对孩子的沉默寡言,这位母亲非常着急:"何老师,你可要帮帮我呀!现在语言表达多重要呀,长大以后去应聘也得先过面试这一关吧。如果他不说话以后连工作都不好找!"对家长的担心我特别理解,同时我也认为语言表达是非常重要的。我决定跟家长合作双方一起用激励的方法促进他开口说话。连续几周我都在留言里鼓励他发言,并且还跟他在私下里给他鼓劲,但收效甚微。于是我想提高诚信章的标准,以前只要是没有"有待改正的行为"就可以得到诚信章,现在又增加一条"每周必须有至少一次发言记录"是不是能够激励他上课发言呢?有了这个想法以后我就开始实施了。这样一来,以前总是能够得到诚信章的焦健再也得不到诚信章了。他很着急,我能够感觉到他内心的矛盾。我没有额外说什么,只是在每次提出问题以后注意他的反应。一次,他竟然举手了,虽然手举得很低,刚刚在桌子上露出头,我马上让他回答。他如我所料地非常流利地回答了问题,获得了一次发言记录。这次经历给他留下了深刻的印象,在一次班会活动中,他站在讲台上,面向全体同学和后面听课的老师以及摄像机的镜头,非常自信地一边播放自己制作的演示文稿,一边把这次经历讲述出来。这个时候的焦健不再是那个连上课举手都会发愁的焦健了。

通过这件事,我改变了诚信章的标准:第一,没有"有待改正的行为";第二,每周至少有一次发言记录。

学生毕竟是孩子,有的时候他们的一些做法我们不理解,而这些做法背后的想法往往是我们根本想不到的。比如不完成家庭作业这种现象的背后就会有着不同的原因。

第一:想多玩一会儿的孩子

张盛林就是这样的一个女孩:她的家庭作业总是要到学校来写完。开始的时候我以为是因为家里环境不好,或者是家里有什么事情,于是跟家长联系询问背后的原因。结果她家里很关注她的学习,并没有干扰她学习的因素。家长听说孩子不能按时写完家庭作业很是着急,表示一定会督促孩子,帮助孩子把这个毛病改掉。过了一段时间张盛林家庭作业的完成情况好转了一些,只是我总是感觉这个孩子对学习不是很积极,特别是对写作业特别反感。一天,张盛林的父亲来学校询问孩子最近的情况,我把最近张盛林的进步一一做了表扬,孩子的父亲很高兴。看着父亲拉着孩子的手往外走,我也跟着送出去,边走边聊的时候我说:"张盛林,你看现在按时写完作业多好呀!我真纳闷,你以前为什么不爱写家庭作业呢?"因为当时气氛很融洽,张盛林没有像以前一样一言不发,而是小声说:"我想多玩一会儿。"这是我万万没有想到的:一个五年级的女孩儿为了多玩儿一会儿不写家庭作业。我一直以为这是低年级孩子的做法。看来我是错了。听了这个答案,我笑了,停下来俯下身对她说:"想玩是对的呀!"听我这么说,她眼睛一亮,也许她也没有想到我会这样说。我接着说:"你在家的时候跟谁玩儿呀?"她的嘴撇了一下,一脸无奈地说:"没人跟我玩。"我说:"那多闷呀!一个人玩儿多没意思呀!跟同学玩儿多好呀!"她点点头。"你在学校的时候跟同学玩儿多好,可是你要是写不完家庭作业到学校以后还得补,你就没有机会跟同学玩儿了,是吧?"她很苦恼地点点头。"你如果在家里把作业完成了,到学校里就有更多的时间跟同学在一起玩儿了。"她笑了。从此以后,这个孩子竟然再也没有不写作业的现象了。

第二:我们为什么要写作业

王猛是个腼腆的男孩子,他学习成绩很差,新学的生字别人很快就会写了,而他只能对一两个。同时他特别不爱写作业,家庭作业不完成是常有的事情。他原来的班主任告诉我:"不写作业,只要找他爷爷就行了。"果然他爷爷很配合我的工作,每天要王猛记下作业,回家后他进行检查。可是这个办法很快就失灵了。原来王猛每天记家庭作业时总是故意少记一些,他爷爷以为完成了,其实没有完成。

"咱们为什么要完成作业?"当王猛又一次没完成作业时我好奇地问他。他显然被这个问题难住了,"为了,为了……"支吾了半天,他最终只是说"爷爷说为了将来。""为了将来的什么?"我追问道,他低下头不说话了。由此我感到能够理解他为什么总是不喜欢写作业了:为了那遥远的将来放弃现在的游戏是多么可笑的事情呀!别说是孩子,即使是大人也很少为了那遥不可知的将来牺牲现在的快乐。

那么到底为什么要写作业呢?写作业是为了什么?我对全班 36 名同学进行了调查,学生的答案五花八门,总结起来有几项:

写作业的原因	学生人数
进行复习,巩固学习过的知识	11 名
为了学习好	17 名
为了将来有个好工作	4 名
为了不让老师、家长生气	2 名
为了写字漂亮	1 名
怕自己在外面玩会出事	1 名

这些就是一群三年级小家伙们的答案。

针对这样的调查结果我们可以看出,教师、家长都在要求孩子要完成作业,但是没有真正说明留作业的原因,写作业的好处。班级中虽然有 28 名学生认为写作业和学习有关,但是其中回答"为了学习好"的 17 名学生对写作业的认识还是不够的。毕竟"学习好"这个概念太宽泛了,怎样来评价学习好呢?用成绩吗?对于中、低年级学生来说,知识很容易掌握,即使临阵磨枪成绩也不会太差。即使有差距,也很小,一些平时不用功的学生最后的考试成绩也不会太低,甚至要超过平时学习踏实的孩子。因此为了"学习好"不能够成为辛辛苦苦写作业的动力。完成作业可以达到两个目的:温故、知新。即巩固已学的知识,为学习新知识做准备。而现在班级中只有11名(占全班的30.5%)学生把写作业和学习知识联系在一起,这不能不说明一个问题:大多数学生对写作业的目的不明确。

写作业的目的既然都不是很清楚,学生写作业的积极性当然要受影响了。那么如何让学生明白写作业的好处呢? 于是我开始对作业内容进行改革,减少重复的作业,增加创造性的作业,让学生能够从完成作业的过程中获得乐趣。

但是学习毕竟不是一件总让人愉快的事情,对于一些重复性的作业是非重复不可的。例如识字部分,如果不重复练习学生就会很快忘记。特别是像王猛这样的学生,只有经常记忆才能够保证他的识字量。如何让王猛对这些重复性的作业感兴趣呢? 于是我想应该让他看到认真完成作业的好处,同时这个好处不应该是长期的,因为他这个孩子更重视一些直接、立竿见影的好处。因此我决定跟家长合作帮助他获得成功的体验。

这天我悄悄地打电话给王猛的爷爷,告诉他我们班明天要听写生字,请他务必要帮助王猛做好复习。王猛在第二天的听写中虽然错的字数不是最少的,但是进步是很明显的。我马上表扬了他,并提议让他来介绍进步的经验,王猛很腼腆地走到讲台前,不敢看同学,扭着头看着我说:"昨天我爷爷给我听写了好几遍。"我接过话说:"同学们,我们昨天留了听写的作业,但是没有要求听写到什么程度,而王猛同学严格要求自己听写了好几遍。功夫不负有心人,他用汗水换来了进步,我们为他的勤奋鼓掌!"在掌声中,王蒙第一次开心地笑了。在随后的学习中,我又多次提前告诉王猛爷爷我们要学习的新知识,请他配合我们帮助王猛提前预习,这样王猛有了在课堂上发言的机会,笑容不断地出现在他的脸上,他越来越自信了。其他同学也在他的经历中感受到认真完成作业的好处。于是在班级里渐渐形成了老师留的作业高水平完成,没有学习的内容要先看一看的风气。

从这些案例中我感到,有很多时候,我们认为学生们犯错的原因和真正的原因相去甚远。所以当问题出现以后慢慢寻找问题的原因,对症下药就会收到好的教育效果。这也就是所谓的因材施教吧。

3. 镜子评价与客观数据统计

(1)客观数据统计是面上整体把握对象的依据

通过对每周数据的整理,我绘制了一面"大镜子"。"大镜子"的数据来源于"小镜子"每一周的客观记录。在"小镜子"的数据中有良好学习行为和有待改正的学习行为。良好的学习行为加分(创新5分、回答问题1分、合作2分、作业1分),有待改正的学习习惯减分(科任课纪律2分、自习课纪律2分、作业1分、课前准备1分),这样就得到每一周的分数。把这些分数填入折线统计图就逐渐形成每一学期的学习行为变化趋势。

"大镜子"能够反映学生一个学期的学习行为的变化趋势。

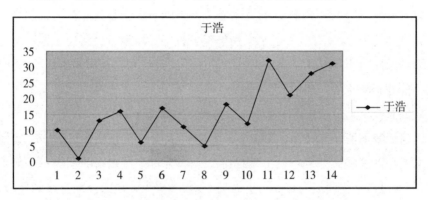

这个学生的变化趋势是逐渐上升的。这是我们比较理想的一种方式,每一位老师都希望通过自己的工作使学生能够获得一个向上的发展。

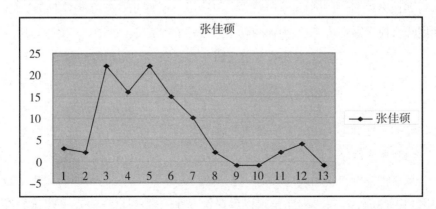

这个学生是下降的趋势。这样的情况往往是我们老师不希望看到的。出

现这种情况的时候我往往先要看一看班级的整体趋势,如果班级的整体趋势是下降的,那就说明班级管理出了问题。如果只是这个学生出现的情况,那就要细细分析这个学生最近环境等发生了哪些变化。找到他变化的原因进行相应的指导。

我把所有学生的统计图进行分类整理,发现学生们可以分为两大类:稳定型和波动性。

稳定型又分为高位稳定、中位稳定、低位稳定。

高位稳定是指学习习惯一直是正分。高位稳定的学生也有所区别,有的学生分数比较高,有的分数不是很高。

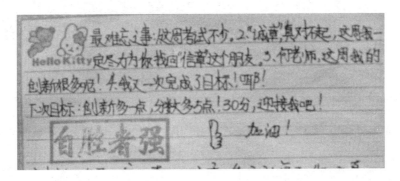

这位同学的分数比较高,保持在一个相对高的水平。这类学生往往是班里的优秀学生,还有很多是班里的小干部。他们学习成绩优秀、组织等能力都很强,是老师们的得力助手。

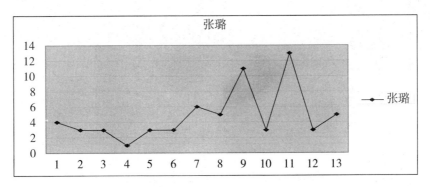

这个学生虽然也是高位稳定,但是她处于一个相对较低的分数段上。这

样的学生一般属于中等学生。在班级里面这些学生成绩不是十分突出,但是纪律等方面比较好。他们往往是容易被我们忽视的一个群体。

中位稳定的学生是指他们学习行为得分在0线上下波动,高分不会很高,负分也不会很多。这类学生往往是班里面学习困难的学生。他们好的学习行为很少,也不会出现特别严重的行为问题。他们往往需要教师花大量时间来补课才能够勉强跟上学习的步伐。

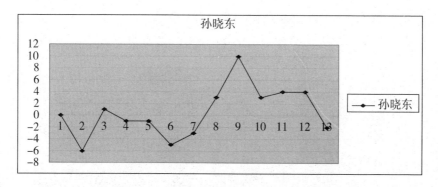

低位稳定是指成绩长期稳定在负分阶段。这类学生往往是班里面的捣蛋鬼,头脑灵活但是非常顽皮。老师不需要在学习上为他多操心,但是在纪律上却要为他操碎了心。这类学生有的是属于性格使然,有的是因为对自己要求不高。对于性格使然的学生我们只能慢慢来调整。如果是学生对自己的要求不高导致学习行为成绩的低迷,那么端正学生的学习态度是解决问题的关键。

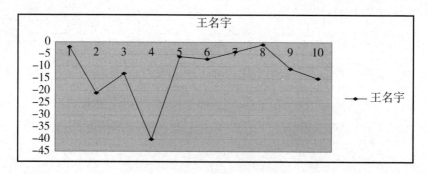

波动型的学生在班级里是少数,同时也不是学生的一种常态。处于这种状态的学生往往处于青春期,他受到外界干扰非常大,经常莫名其妙地发火,为一些非常细小的事情烦恼。

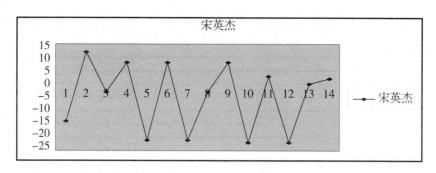

这面"大镜子"最初的时候是一个月下发一次,使学生了解自己一个月的学习行为发展趋势。学生看到自己是上升趋势都是特别高兴的,看到自己下降了往往很是忧心。他们希望自己的折线统计图能够一直处于上升、上升……经过一段时间他们会发现自己永远无法保持持续上升的状态。这个时候我告诉他们,一个人不可能总是处于进步的状态,反反复复、上上下下很正常,要正确面对。同时我们要关注的是自己的整体的发展趋势,只要整体趋势向上,有些波动是非常正常的事情。慢慢地学生们能够接受自己统计图的下上波动了,同时也从另一个方面让学生理解了:人不可能是匀速上升的。

客观数据与个案描述相结合

从学生的"大镜子"中我们可以看到教育的效果。

王名宇是一个特别淘气的学生,不完成作业、违反纪律几乎是家常便饭。使用评价方法以后他有些好转但是连一周也没有坚持。评价使用一个月以后,我把学生一个月的四次表现绘制成统计图让学生们知道自己的发展趋势,这个时候班级里面有几个学生一直是负分,其中就有他,并且他的负分情况非常严重。看过自己一个月的评价记录,很多学生都开始制定自己下一个月的计划,都希望自己下一个月能够有更好的表现,希望自己的折线统计图是向上的趋势。王名宇也是其中一个。又一个月过去了,当第二个月的统计图完成以后,我发现他明显进步了,但还是没有得到正分,同时也是班里面唯一一个连续8周没有得到一个正分的学生。看到了他的进步,我认为他在以后会努力的,因此也没有跟他单独沟通。第二次统计图反馈以后,他把自己的周反馈本换了,并在反馈本中告诉我:"我换了一个新本,我要改过自新!"看了他写的话我特别开心,也真的希望他能够从此改变。当我满怀期待的时候,却意外地发现他并没有真的改变,还像以前一样,并且有继续下滑的趋势。于是我决定找他谈谈。

王名宇来到了办公室,我拿出他的周反馈,指着他在第一页写的"我换了一个新本,我要改过自新!"对他说:"这就是你的改过自新吗?"他看着自己本子上的话,脸一下子红了。我接着说:"这两周我一直在等着你给我的惊喜,得到的竟然是这样的惊喜,这是你希望给我的吗?我认为你是一个有上进心的孩子,你甘心总是这样吗?难道你不希望自己的评价能够得到正分吗?"他表情严肃地点点头。我接着说:"那我就看你下周的表现了,我对你有信心,但是我更重视你的实际表现。"他重重地点了点头,走了。在接下来的一周他竟然真的变了,在周五发完反馈条以后,班长告诉我:"老师,王名宇得正分了。"我马上特别开心地走到王名宇面前说:"好小子!说到做到呀!真厉害!"他也特别高兴。快放学的时候,他抹着眼泪来找我:"老师,陶一鸣说我这次是瞎猫碰上了死耗子。下次还是得负分。"看着他委屈的样子,我立即露出气愤的神情说:"这个陶一鸣太过分了。"然后我看着他说:"你看我有两个方案,第一我去批评他。第二你下一周继续得一个正分让他闭上嘴。你认为哪一个更好?"他停下抽噎想了想说:"我再得一个正分,让他闭嘴!""好!一言为定!这才是对陶一鸣最有力的还击!加油!"他高兴地走了。

下一个周五很快就来到了,我来到教室,王名宇第一个跳到了我的面前挥舞着反馈条对我说:"老师,我又得了一个正分!"我非常夸张地张大嘴巴:"你真棒呀!真厉害!连续两周得了正分!"他得意地告诉我:"我下周还得正分!"我马上说:"好呀!得正分第一个告诉我!"其实这个时候我对他得第三个正分是没有抱希望的,他已经连续两周得到了正分已经不容易了,我不敢有太多的奢望。没有想到的是,第三周他果然又得了正分。他眼睛笑成一条缝,对我说:"我又得了一个,老师我说话算话吧!""不仅说话算话,你真的是非常有自制力的孩子。能够管好自己,能够管好自己的人将来会有大出息的!"

下面的统计图是第一学期使用评价时王名宇的学习行为统计图。从中可以看到他连续10周的负分,在第十一周的时候得到了第一个正分,随后连续的正分一直到了期末。

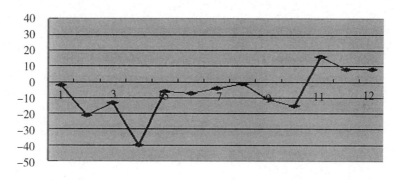

这一张是王名宇第二个学期的两张统计图,从图中可以看出,在第二个学期,王名宇的第一周还是负分。当发现他的第一个负分以后,我马上找到他,给他提醒:"你可要注意呀! 这周可是负分! 你上学期已经很好了,这学期可不能松劲儿呀!"从第二周开始他一直是正分了。

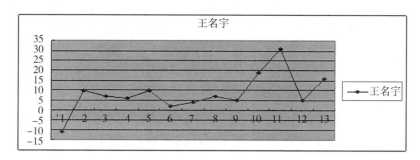

下图是王名宇这两个学期的统计图,左侧的是第一学期的统计图,右侧是第二学期的统计图。可以看到他在一学年的变化情况,更能够看出他在第二个学期保持了良好的学习习惯。

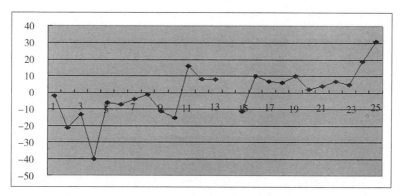

下面是他的一篇关于成功的作文,他把自己获得"正分"的经历详细地做了记录。

成长之路

（王名宇）

我只是一个普普通通的小学生,以前大家都了解我,不但学习成绩一直不大好,而且还有很多不良习惯。可你们知道吗? 每一次听孙雯读其他同学的正分,而我呢只能听自己的负分,我的心里酸溜溜的,每次都是如此。

就这样,我发自内心地想:我也要和其他人一样,我也要争取有一次正分! 于是我就把以前的周反馈本扔了,连同以往的不良学习习惯一起扔掉! 我要从今天起,改过自新。就这样,我又换了一个新本,写上:"老师,我换了一个本,这就是我的改过自新,请您相信我吧。"

自从换了新本后,我还真坚持了一段时间,但没过多久,我的老毛病又犯了。一次,上课了,老师让我们把数学书打开,这时,我发现35页的题我没写。恰好我的同桌看见了,马上就跟何老师报告了,我对老师说:"我不是故意的,我是真的忘写了。"老师说:"下课到我的办公室去。"我来到老师的办公室,老师正好在看我的周反馈本,她翻开写着我保证的那一页,声音不大但很有力量地说:"这就是你的改过自新吗?"这句话像晴天霹雳一样,震撼了我的心。

从这件事后,我更加时时处处提醒自己:我一定要得正分! 我要让老师和同学们看见,我有能力得正分! 这种想法,一直控制着我的行为。当老师讲课时,我又想在桌下叠纸飞机,可我想起了那句话;当我课间正想顺手扔掉桌上的废纸时,我又想起了那句话;当课间操我站在队伍里想和同学说话时,我又想起了那句话。很多次我都管住了自己。一天,两天……一周过去了,我不但保证了自己得的是正分,而且放学时,我总是认真听老师留的作业,免得漏掉作业,又有不写作业的不良学习习惯;在课上不说与课堂无关的话;认真回答老师提出的问题……

第二周又过去了,果然我又保证了自己得的是正分。因为我做对了好几道思考题还得到了创新的记录,一次就是 5 分! 我太高兴了,我得了珍贵的正27 分!

就这样,我用自己的努力,证明了自己,已经坚持了一个多月。结果我在同学心中的地位提高了,学习也变好了,最后我获得了学校颁发的"进步奖"。我太高兴了! 我终于尝到了成功的味道,它比花儿还香,比蜜还甜!

现在,我想和大家说:成功的味道,是一种只有用努力和汗水才能换来的味道,一种用金钱买不到的味道!

科尔伯格非常重视"角色承担"在道德判断中的作用。"虽然道德判断 需要角色承担的参与,即把自己放在道德冲突中各种人的位置,但如前所述,达到一定的角色承担是道德发展的一个必要条件而非充分条件。……因此角色承担水平是逻辑或认知水平与道德水平之间的桥梁;它反映了个体的社会认知水平。[①]"作为最小的主任——班主任,为学生创设一个可以自我审视、自我管理的环境,创设一个完善的评价体系,在这个评价体系中,学生、老师和家长的思考都跃然纸上,我们可以相互了解,知道彼此的想法,了解对方的角度。对于学生的评价也不是老师或者同学给的,而是自己努力的一个行为轨迹。因此,学生需要思考的是如何调整自己,让自己更加优秀。

---

① 　[美]L. 科尔伯格:《道德发展心理学——道德阶段的本质与确证》,上海:华东师范大学出版社 2004 年版,第 189 页。

第六章　教育是爱的事业——理智不能解决的问题

一、关注人内心的需要

按马斯洛的需求层次理论来说安全需要是人的基本需求。年龄小的孩子需要家人的关爱来获得安全感。来到学校是孩子们社会化的过程的开始，来自老师的关爱，一个温暖有爱的环境，能够让孩子获得安全感。

（一）安全需要是第一需要

从一个环境若能让儿童体验到温暖的情感与公平，就能够支持儿童的道德发展。在这样的环境中成长，儿童基于"善意"来建构社会观的机会就会增加（Arsenio & Lover,1995）。善意会让儿童产生积极的情感和幸福体验，而这种体验在他们遇到善行或者得到帮助时才有……综上所述：一个可预测的、可信任的、情感温暖的、互惠的氛围是建立善意模式的关键（Arsenio & Lover, 1995），善意模式有益于道德自我的出现（Noam,1993）①。

一个外国小男孩的拥抱

北京市朝阳区实验小学　魏月

今年新接的一年级，班里有一个外国小男孩，名字叫宋福恩，匈牙利人，大

---

① ［美］拉里·努奇（Larry nucci）著：《"好"远远不够——促进儿童的道德发展》，北京：机械工业出版社 2015 年版，第 47 页。

大的眼睛,白白的皮肤,很可爱。

在都是中国人的班里有一个外国小男孩,不管是学生还是老师都觉得挺新鲜的,自然也对他有了一些特别的关注。

经过一个星期的观察,我发现这个外国小男孩还真是有点"不一般"。首先在学习方面,虽然他会说一些中文,但只是能与人进行一些比较简单的交流,较复杂的或是语速较快的谈话他就听不懂了。同时,他认识的中国字也比较少,因此,在课堂上他自然就很难听懂,导致注意力不集中,手里的小动作太多,甚至出现自己玩起来的现象,不能够像其他小朋友一样积极主动地参与课堂活动。

在生活方面,他很少跟其他小朋友交流,但他又不是那种"乖乖"的孩子,不言不语不说话的那种。反而他喜欢出怪声,经常遭到同学们的告状,或老师的批评,导致其他同学不愿意与他亲近。

在其他中国小朋友慢慢适应了小学的学习生活,积极主动地展现着自己的出色表现的同时,他的这些"不一般",显得有些"特殊"了。一周马上就要结束了,最后一节课是班会课,为了鼓励孩子们能够继续努力,更上一层楼,我将要在班会课的时候对这一周学习习惯和行为习惯两方面进行总结,对表现突出的同学进行表彰。秉着每个孩子都有一张表扬信,的确几乎每个孩子在这一星期都有一方面甚至多个方面表现得很出色,值得表扬。很多小朋友收到了自己的表扬信,非常开心。但是发到宋福恩的时候,我看着他,他看了我一眼很快就低下头了,我能感受到他有一些担心,所以才低下了头。想想他这一周的表现我也有些犯愁了,但也不能就让他一个人没有表扬信啊!想了半天,终于想到可以表扬他懂礼貌呀!这个比较容易做到,因此一张"懂礼貌的表扬信"就发到了宋福恩的手里。当我念到他名字的时候,我注意到了他很惊讶,但又很迅速地起身,红着脸,不好意思地又很庄重地双手接过了这张表扬信。他转身回到座位后,我惊讶地发现,他突然坐得很端正,眼睛一直盯着我看,很认真地听我继续说话,比之前的任何时候都认真,甚至比其他小朋友听得还认真,一直到下课都没有乱动过。我突然意识到这张表扬信有一股神奇的力量,让这个"特殊"的孩子变得不特殊了!这也正是我发这张表扬信的真正目的。

放学后我对这件事进行了反思,这个外国小朋友确实和我们其他的中国小朋友不一样，但是不能让他的不一样阻碍了他正常的学习和生活。作为教师我应该做的是因材施教，首先应该先从他的角度思考一下他现在的处境，他上课注意力不集中是因为他听不懂，听不懂自然就会注意力不集中，甚至乱动。下课出怪声是因为他渴望与其他人沟通交流，希望引起老师和同学的注意，说明他很希望被关注和肯定。

做了这样的反思之后，再上课的时候我就更加地关注宋福恩的听讲状态了，时不时地就叫他回答问题，即使他答得不好，也不批评他，而是鼓励他有进步。经过几次之后，他就开始主动举手了，这时，我就更加地表扬他进步大！即使别人回答过的问题，也给他机会，让他再回答一次。其他同学听到老师表扬他，看到他进步的表现也都纷纷投来赞许的目光，这样就更加地增强了宋福恩的自信心。慢慢地，宋福恩上课保持注意力的时间越来越长了，回答问题也比较完整了。上课注意力这一方面算是有了很大的进步！但是对于他来说是否能听懂、能学会应该是一个更大的难题，比如数学学习中，5以内的加法他还不会，但是大部分中国小朋友都已经掌握熟练了，因此，在讲这一部分知识的时候，我故意放慢了速度，针对他讲解了 3＋2 如何等于 5，我们可以利用手指算一算等方法。很快他就学会了，但是每次做口算的时候他的速度还是比较慢，这个时候我都会等等他，让他慢慢算。没想到功夫不负有心人，三天的时间，宋福恩也能够比较熟练地算出 5 以内的加法了。

又到了周五发表扬信的时候了，这次我毫不犹豫地发了他"学习态度进步最大"的表扬信，他很激动，也很开心很郑重地双手接过表扬信。让我更加意外的是，在放学之前，宋福恩是第一个先收拾好书包，坐好等着我检查的同学，当我刚说完"宋福恩不仅学习态度进步很大，整理书包的能力也增强了"这句话之后，他一下子抱住了我，不好意思地跟我说"魏老师，我喜欢您"。

就是这一个外国小男孩的拥抱，让我明白了怎么做是尊重学生、爱护学生。只有你真正地发自内心地尊重他、爱护他，他才能够正常地发展，才能够健康茁长地成长。同时，作为教师的你也会得到孩子们最真最诚的爱戴！

"数量化的情感——情境力量在原则水平比习俗水平上更少决定道德决策。[①]"也就是说,习俗水平和前道德水平的孩子更容易受到情感的影响来做出道德决策。一个 6 岁小男孩,来到语言不通的全新环境,他的内心一定有种种焦虑,缺玩伴、缺少认同感……这样的焦虑使孩子的行为与班级的规范发生了一些冲突。魏老师为了避免小朋友的尴尬,努力找出了孩子身上的"优点",这个善意的举动让孩子感到了安全和温暖,从而激发了他内心的道德自我,来努力让自己的行为更加符合班级规范。对于低年级的孩子来说,情感在道德发展中的力量的巨大的。"亲其师,信其道"说明了情感在道德教育中的重要性。

"神奇"的开学第一周

北京市朝阳区实验小学 谷莉

喜忧参半的第一天

担任一年级班主任工作对于我这个长期与高年级孩子打交道的老师是个挑战。开学第一天,我们班的小朋友——超宇就先给我来了个"下马威"。

那天,小朋友们都高高兴兴地走进了教室,只有超宇来晚了。他满脸泪水,一只手紧紧拉着妈妈,另一只手拽着门框,就是不肯进教室。超宇妈妈告诉我,假期里一直带他外出旅行,两天前才回到家,可能是玩得心散了,还没有进入上学的状态。我嘱咐超宇妈妈把孩子交给我就可以了,她可以先去开家长会。

我蹲下来,悄悄告诉超宇:"别哭了孩子,只要你不哭,自己走进教室,老师可以送给你一颗'勇敢星'。"超宇似乎根本听不进去我的话,边哭边摇头。我见"软的"不行,只好来"硬的"。我装作一脸无奈地说:"哎,其他小朋友都进教室了,只有超宇不进去,那我只好在放学时让你妈妈留下来不能走,我得和她好好谈谈。"超宇一听似乎不能回家了,只好自己走进教室,坐了下来。我心里暗自窃喜:总算先把这个"小不点"哄住了。

---

① [美]L. 科尔伯格:《道德发展心理学——道德阶段的本质与确证》,上海:华东师范大学出版社 2004 年版,第 72、73 页。

为了让孩子们能"劳逸结合",半个小时后,我开始讲故事了。"今天我给大家讲一个《神奇保姆——玛丽阿姨》的故事……"孩子们听得津津有味。我悄悄地看了超宇一眼,他似乎已经忘记了离开妈妈的忧伤,瞪大了眼睛,聚精会神地听着。"孩子们,今天你们认识了神奇的玛丽阿姨,想知道后来发生什么了吗?""想!"超宇也和大家一起喊道。"明天,谷老师才能告诉你们!"我故意补充了一句,想哄哄小超宇:"如果不想错过精彩的故事,明天可要早点来呀!"

判若两人的第二天

第二天,我早早来到教室,想看看小超宇是不是能像其他小朋友一样自己高高兴兴进教室。果然,大约七点半,超宇就来到了教室,不仅非常有礼貌地向我问好,还安安静静地整理好自己的物品,拿出一本课外书专心地读着。上课的时候,超宇坐得特别精神,几乎没有小动作。我情不自禁地夸赞道:"超宇可真棒,昨天还有点不适应,可今天马上就进入状态了。看人家那小腰板儿挺得多直,我们一起夸夸他!""嘿,嘿,你真棒!"孩子们纷纷向超宇伸出了大拇指。接下来,我兑现了自己的承诺,继续给孩子们讲《神奇保姆——玛丽阿姨》的故事,孩子们依然很享受地听着,超宇也不例外。在这一天中,我有意识地关注了超宇,他不但坐得直,而且上操时站得也特别精神。而我也多次表扬了他,并评选他为这一天中的小标兵。

放学时,我特意向超宇妈妈肯定了他这一天的表现,这让我发现老师的肯定似乎胜过所有的表扬,让他们有了信心,这母子俩别提多开心了。

发现问题的第三天

这是开学第三天了,孩子们也正式进入了学习状态。课堂上我们开始学习单韵母。我发现似乎一提到学习,小超宇的表情似乎就不那么阳光了,课上不敢举手,有时好像害怕回答问题,会把头低下来。

开始练习书写了,观察、交流、书空、握笔指导……一番准备工作下来,同学们第一次写的"a"还可以,只有超宇写的"a"几乎看不出来原型。我没有批评他,也没有指出他的不足。我重新指导小超宇握笔,发现他拿着笔的小手一写起来会发料。我知道这是孩子的生理特点决定的:他的小肌肉群还没有完全发育好,所以不能很稳地执笔。我没有急于要求超宇写得跟其他小朋友写得一样好,只是再三强调握笔的正确姿势"食指拇指捏着,三指四指托着,小指在后藏着,笔尖向前斜着,笔杆向后躺着⋯⋯"

放学的时候,超宇妈妈一如既往地与我交流超宇的情况,孩子妈妈告诉我,超宇在上学前没怎么接触过拼音,也不怎么识字。这下我知道了超宇课上状态大不相同的原因了:其他同学多少学过一点儿,而他完全没接触过,所以没有自信心。为了不让母子俩刚刚树立的信心受到伤害,我没有马上告诉超宇妈妈孩子在班级中的情况,只是说:"今天我们学习了怎样拿笔,回家自己练练,找找位置。"

手把手的第四天

第四天超宇在课堂上的表现没有太大变化,可当我们再次拿起笔,准备书写的时候,我发现小超宇的坐姿和握笔姿势非常准确。虽然孩子什么也没有说,但是我知道他昨天回家一定练习了,这令我既高兴又感动:这么小的孩子有上进心、有毅力,这是多么难得啊!"超宇回家一定练习了,姿势最端正,你可真棒!"此时,我也毫不吝惜地表扬了孩子。

我开始握着超宇的小手一点一点地练习起来:"孩子,握好笔慢慢写,别着急。"超宇点了点头。"咱们来写'ɑ',先写一个圆圆的大肚子,再写一个直直的小竖,最后画个短短的小辫子⋯⋯""你写得多好看啊,咱们再来写一个⋯⋯"就这样我们一起写了四个,"告诉你,谷老师能像故事里的玛丽阿姨一样神奇,老师握着你的小手写了四个,四个字母都这么漂亮,你自己写后面三个,肯定也能写得特别漂亮!"小超宇很认真地写了三个字母,虽然不是完美的,但是进步很大。我赶紧在她的作业本上写了"优☆",还在前面的成绩单上盖上了一个红红的"奖"字。

在后面的写字课上,我又握着超宇的小手写了起来,小超宇似乎特别相信我有神奇的力量,写得特别认真,又一次得到了"优☆"和"奖"的他十分开心。这当然不是因为我有神奇的力量,而是孩子自己认真努力练习的结果,我感到很欣慰。

神奇力量现身的第五天

今天的语文课可谓喜忧参半。在第一节课上练习书写的时候,我帮超宇打好了字头,把要求说充分后,决定让他自己独立练习写一写。只见孩子非常认真地写着,结果令我都有些吃惊:超宇写得和同学们的水平已经不相上下了,可是这仅仅是一个零基础的孩子上学的第五天。看着他写得这份作业,我别提多高兴了。超宇疑惑地看着我:"老师,您可真神奇啊!"我故作神秘地笑了笑。

可是在第二节课上,小超宇哭了,哭得很伤心,因为在做"开火车"练习拼读时他没有接上。我走过去悄悄告诉他:"没关系,虽然今天读得不是很熟练,可是谷老师仍然很喜欢你,不然我就不会把神奇力量传给你了。这样吧,中午吃完饭你来找谷老师,我带着你读一读,你得到了我的神奇力量,回家以后再练一练就一定能读得特别棒。"小超宇抹了抹眼泪,使劲点了点头。

周末,超宇妈妈打电话告诉我说,孩子在家主动要求练习拼读,熟练多了。我再一次被这个六岁的小家伙感动了。

孩子始终相信我这位老师有什么神奇的力量,可以帮助他不断进步。这当然不是真的,事实是老师的肯定和表扬使孩子获得了信心,再加上孩子自己不懈的努力使得自己在开学的第一周一天一个样,每天都在进步。我从心底里佩服这个六岁的小家伙,他虽然年龄小,可他的坚持不懈、积极进取感动了我……

谷老师从开学第一天开始耐心记录了小朋友每一天的生活。经过5天的记录我们看到了孩子的变化,更看到老师的耐心和细致。开学第一天用故事吸引孩子的注意力,但这绝不是第二天孩子正常上学的主要原因,在随后的故事中,我们看到谷老师能够发现孩子的问题并及时提供帮助。因此第一天,孩子一定感到了来自老师的温暖,感到了安全。因此对上学不再排斥和恐惧。

传递爱的纽带

朝阳区实验小学南校 陶丽丽

我们班里有个很让人头痛的孩子——小森,他上课从来不听讲,喜欢拿别人东西,常常招惹别人,逆反心理非常重,听不得半点批评。在学校建议和指导下,家长带他去医院检查,检查结果是:行为不能自控,智力水平有问题。由于小森家庭条件比较贫困,爸爸一直瘫痪在床,妈妈没有工作,全家四口只靠姐姐一人打工养家,所以也没有条件给他治疗。

在这种情况下,作为班主任,我只能降低对他的要求。学习上降低难度,只要求他完成一些比较简单的题。和同学相处时,会让其他同学对他宽容些,但他还是会常常拿别人的东西。我找到小森的家长希望寻求共同的教育时,家长也总是袒护他。因为小森妈妈觉得本身他们家就很穷,如果承认孩子拿别人东西,担心其他同学更看不起他。小森妈妈文化程度不高,所以讲道理根本听不进去,也讲不通。妈妈平时对小森的教育方式比较极端,打骂对小森来说就是家常便饭,同学们总能看到他脸上青一块紫一块。就算这样,小森却没有什么本质上的变化。

正在我束手无策、发愁如何教育孩子及家长时,学区开展了用变废为宝的方式进行帮扶活动。学校领导经过前期了解,得知在小红门地区,小森的家庭确实是最困难的,于是就选择小森家作为帮扶对象。消防队的战士们多次走进小森家,为其赠送了米、面、油等生活必需品和捐款,使小森全家很感动。小森妈妈开始重视小森在学习上的表现了,她觉得不能对不起消防队的战士们对他们全家的帮助。她希望小森也能成为一个对社会有用的人。以此来回报消防队员们的帮助。班里同学们也学着消防队叔叔积极地在学习上帮助小森,班里成立了帮扶小队,凡是每天帮助小森讲会一道题的同学就会得到老师的奖励。慢慢地,帮助小森的同学越来越多,似乎成了同学们的习惯。

与此同时,小森的妈妈也有了很大的转变,得知学校开设书法课,孩子们正在学习地书,她就到小红门村拆迁地区捡拾废弃沙发里的海绵,清洗干净,自制地书海绵笔,并且免费提供给班级里的孩子们。因为小森妈妈做了很多,手都起了水泡。班级开展环保活动,小森的妈妈就去帮忙捡瓶子。在暑期学校开展了"变废为宝时装秀"的活动,小森和妈妈一起利用无纺布材质的环保袋做衣服,开学时小森兴奋地把成品拿到班里,孩子们都惊呆了。有短款民族特色的旗袍,有甲壳虫样式的上衣,有适合身材瘦小同学穿的肚兜娃娃装,有小淑女的连衣裙,还有卡通版的超人服……数一数,他们做了二十余件衣服,件件不同,件件都很精致。为此我们班还在全校面前开展了一场亲子服装秀。小森母子俩和全班同学一同上台走秀。本次走秀得到了同学们和老师的认可。在学习上,小森的妈妈也是先自己学,学会了再教小森,有时他妈妈会拿着书问我这个字怎么读,很是认真。由于小森的妈妈对学校和班级的工作及活动都给予了很大的帮助,上学期还被评选为朝阳区"好家长"。

小森的变化也很大,现在的他不再那么叛逆,反而更加懂事,知道了妈妈的不容易,懂得感恩,想用自己更好的表现来回报消防队的叔叔对他及家庭的帮助。虽然有时也会发脾气,但更多的时候可以接受别人给他的意见。学习上也更用功了,一篇课文要读上二十多遍,直到读的很流利为止。

在去年朝阳区"孙敬修杯"故事比赛时,小森主动报名参加,获得了朝阳区二等奖。在本学期全校环保演讲比赛中,获得了一等奖。这些成绩,来之不易,都是他和妈妈一点一滴努力的成果。家长和孩子都有着巨大的变化,我不禁赞叹,这就是爱的力量。感谢消防队的战士们的爱心捐赠,因为他们捐赠的不仅仅是金钱,更多地体现了对社会承担的一种责任和爱的传递。

孩子的家庭如此贫困,连温饱都要成为问题,我们在这样的情况下谈教育又有什么意义? 社会的资助,让这个风雨飘摇的家获得温暖。这家善良的人立即就把感受到的爱传递出去,孩子也发生了很大的变化。正如马斯洛的需求理论所说,人们必须满足了较低层次的需求,才能产生更高阶段的需求。

别让孩子感受孤独

一个小女孩张彦,给我的印象是个很积极向上,很有能力的孩子。因此当学生们推选她做小组长的时候我欣然同意了。但是在每天检查作业的过程中我发现她竟然经常不完成作业。

我马上跟她原来的班主任取得的联系,班主任反映她经常这样,并且是故意的。家长也反映孩子总是故意不完成作业。我找到张彦,对她说:"同学们选你当组长你有什么感受?"

她说:"我挺高兴的。"

"是因为同学们信任你、相信你,你高兴吗?"

"是。"

"可是你总是不完成作业同学们会怎样看你?"

她沉默了。

"你能够改正不完成作业的坏习惯吗? 这样老师和同学们还会一样地相信你、支持你。"

“好。”她抬起头，坚定地看着我。

第二天她果然完成了作业。可是第三天她又开始不完成作业了。无奈只能把她的组长撤掉了。我又一次找到她，问道：

“你回家以后做什么了？”

“去跟别人玩了。”

“你知道自己没完成作业吗？”

“知道。”

“那为什么还要去呢？”

“我想先玩会儿。”

“那回家怎么也没有写作业呢？”

“……”

“以后先写作业再去玩好吗？要是先玩的话也要留出写作业的时间好吗？”

“好。”这次她没有抬头，低声答应着。

可是第二天她还是没有写完作业。我感到纳闷：究竟是什么使一个很有自尊心的孩子坚持不完成作业呢？在不完成作业这件事情上她究竟能够得到什么样的好处呢？根据经验，孩子如果故意做一件事情那么在这件事情上她一定能够得到她需要的东西。看来用她自己的力量是不能够改掉这个坏习惯的。无奈之下，我又一次找到了她的妈妈，希望她能够每天检查孩子的作业。她的妈妈很爽快地答应了，并对我说：“我也纳闷了，这个孩子只要我在家里，她写作业可快了，也不用管，还帮我做好多事！可是我只要不在家她就不写作业。”母亲的话一下触动了我。我连忙问到：“您平时不在家？”“对呀！”原来她的父母都很忙，爸爸每周也回不了一次家。妈妈是出租司机，每天把她接回家就开车出去拉活，家里就留下孩子一个人。了解了这些情况，我担心地问：“那您能检查孩子的作业吗？”

“没办法，我等她写完作业再出去吧！”

“您以前也是这样吗？只要她不写完作业就看着她？”

“对呀！她不写作业老师找我，我就只能看她一段时间。”

听到这里，我猛醒了，难道这就是她不完成作业的原因吗？孩子只要是不完成作业,妈妈总是在家里多陪她一会儿,等她写完作业再出去。为了得到妈妈的陪伴,为了不面对空荡荡的房子,一个本来很要强的孩子竟然选择了这样一种方法。

　　知道了这个情况我心里很难受,她的父母也很震惊。她的父母已经调整了时间,争取每天都跟孩子聊一聊天,陪一陪孩子。这个孩子的转变是立竿见影的。到现在为止,没有再犯过不完成作业的毛病。

　　人都有一种需求,需要别人的注意,特别是家长的关注,在关注中获得作为人的快乐。意大利洞穴专家毛里奇·蒙塔尔曾只身到了意大利中部的一个地下溶洞里,亲身经历了一段长达一年的与世隔绝的生活。当再次重见光明的时候,这个喜欢了宁静的科学家已经丧失了交际的能力。他说:"过了一年我才知道,人只有跟人在一起时,才能享受作为一个人的全部快乐。"现在的好多父母以给孩子一个好的生活为理由,忽视跟孩子的交流,其实孩子真正需要的是家长能够抽出时间来陪陪他们,不让他们感到孤独。

　　案例分析:孩子需要妈妈的关爱,为了得到妈妈的陪伴,她宁可用叛逆、不写作业等方式来留住妈妈。孩子没有妈妈的爱,就没有安全感,这个时候所有的一切都不重要的。

　　(二)帮孩子找回缺失的爱

　　最爱孩子的应该是孩子的妈妈,家庭中爱的缺失会让孩子出现很多的问题。

他笑了,我也笑了

北京小学大兴分校　　何兰兰

背景资料介绍:

　　自从我接手这个班的第一天,我就获知了他的"大名":同学去上体育课,他竟偷偷地在学生水壶里放了一只"钱串子";上科任课时经常违反纪律;他头脑很聪明,但是考试不及格是家常便饭;对学生是软的欺负,硬的怕;只要看见父母他又老实的像个小猫;常常是做了一件错事后,一整夜躲在外面不回家……在学校里,从来就没有看到过他的笑脸。

　　被访者自述:

被老师叫到办公室时的自述:"我不想学习,上课又闲得无聊;我不想回家,我想到很远很远的地方再也不回来了,可是我没有钱,等我一有了钱,我就走。"

原因分析:

听了这样的陈述,我不禁愕然!? 心里是五味俱全,自己作为一位教师,一位母亲,看到这样一个本应该是活泼烂漫、被幸福包围着的孩子,而他……什么原因让他这样? 一个大大的问号在我的头脑中不停地翻滚着。

经过调查得知,原来他是一个养子,他的养父母在抱养他之前,家中有两个亲生的孩子,多年前因为一次交通事故双双身亡。痛失孩子的他们后来抱养了他。来到这个家后,养父母对他的态度时好时坏,管教也是十分严厉。在家时,他表现得特别好:每天打扫院子,收拾屋子,帮助父母干活……熟悉他的人还说:"这孩子,在学校不听话,就是欠打,就得像在家里似的,用棍子揍……"调查到的结果令我震惊。难怪他在家里一个样,在外面另一个样。看来养父母教育他的态度、方法,是他形成不健康心理、造成双面性格的根本原因。我认为教育他的根源应从走进家长的内心入手。

辅导过程:

了解家长,走进家长的内心:我怀着复杂的心情,拨通了他家的电话。电话虽然一次次被接起,但是一次次令我失望:得知我是孩子的老师,家长便总扔下一句话:"他又不听话了?! 您就使劲揍他。"随后挂断电话,让我把话硬生生地憋在了肚子里。于是,我开始不停地给家长发信息、多次请学生给他们捎便条,要求他们来学校详谈。终于,在我的努力下,他的养母来了。她的表情很冷漠,全然没有对孩子的关心与疼爱。当听到我不是要告状时,她的态度才慢慢缓和下来,接着,向我吐了一肚子的苦水:家长难当,作为养父母就更难当,孩子不管不行,过分了不行,舆论压力大啊! 字里行间,都是他们教育他的困难……显然此时的她把我当成了一个可以诉说内心的知己。耐心听完她的诉说,我不失时机地告诉她,要面对现实,不要再让第三个孩子受到伤害,还列举了孩子身上被忽视的优点:爱劳动,善解人意……听了我对孩子的肯定,他的养母先是再次陷入了痛苦的哭泣之中,然后答应我要多关心这个孩子,并表示要加强和我的联系。

　　说得容易，做起来难啊！几年的态度不是一次谈话就能改变的，之后他们还是刻意回避着我。他家承包了不少土地，农闲时间卖早点，用他们自己的话说："趁年轻，多挣点钱养老，亲生孩子都指不上，更何况是抱养的。"看来，心理上他们还是无法接纳他。因此，我更主动地和家长联系，或用便条、或打电话、发短信，甚至有时会跑到他家的田间地头去询问孩子在家中的表现，把孩子在学校的表现汇报给他们，与他们交换意见。开始时，我多报喜少报忧，让家长看到希望。接下来，共同研究教育他的方法。看到我三天两头跑来谈孩子的情况，家长被我的诚意打动了，跟我的关系越来越好了，对孩子的态度也有了改观。在做好家长工作的同时，在学校，我要求自己多关注、帮助他，同时号召班内学生，共同帮助他和他做好朋友。每次他有了好的表现，我都会写一张小纸条让他捎给家长："×××家长，您好！最近您家×××在学校的表现很好，能按老师的要求完成作业，尤其是语文，进步更大。在班内，他十分爱劳动，真为他的进步感到高兴！"这样的信息，我完全可以用短信的方式告诉家长，我让他送给家长是让他知道，我看到了他的进步，为他的进步而高兴。看到他小心谨慎地接过纸条，折叠好，放在口袋里，甜甜的微笑漾在了他的小脸上。我也笑了。

　　效果与反思

　　慢慢地他变了，上课捣乱少了，成绩也有所提高……虽然这对于其他学生来说是不值一提的，但对他来说是巨大的进步。他的养父母也能够主动地打电话与我联系，了解孩子在学校的情况。每次开家长会时，他们也能积极主动地来参加。

　　大多数心理不健康学生的家庭教育都有着这样那样的缺憾，要想真正形成家、校一体的教育合力，促进学生心理的健康发展，首先要做好家长的工作，取得家长的信任，给予家长有效的指导，共同寻找症结，解决问题。在这则案例中，家长面对的是次数太多的告状，他们已经失去了他能学好的信心。针对这点，我制定了切实可行的方法，对症下药，从而使情况得到了根本上的改变。教师真正认识到家长的教育造就了这个具有两面性格的学生，是这名学生心理不健康的重要原因，把工作的重点放到转变家长的意识上来，从根本上挽救这个摇摇欲坠的家庭。对学生进行心理健康教育是学校、家庭、社会共同的责任。

案例里面的养父母因为沉浸在失子之痛中无法修复,对待孩子的态度特别情绪化。这样他们就不能建立起稳定的亲子关系,孩子没有得到应有的关爱很难获得安全感。这个时候我们跟他们谈论什么遵守纪律呀,要好好学习呀……不会有任何好的效果。了解孩子的需求,满足孩子的需求,让孩子获得安全感才是最先要解决的问题。而父母因为孩子总是被告状也就对孩子失望,同时对学校老师特别排斥。老师从表扬肯定孩子入手来跟家长沟通,从而获得家长的支持,使家、校形成合力。

我相信爱会改变一切!

朝阳区实验小学南校 丁静

我们班有一个叫陈昶飞的小男孩,今年九岁了,天性内向的他不善与同伴交流,不愿与同龄人交往。和同龄孩子接触少,性格也变得比较孤僻,每次课间看到他都是独来独往。

爸爸妈妈在他很小的时候就已经离婚了,陈昶飞跟着爸爸生活,由于爸爸上班比较忙,每天很晚才能回到家,没有时间陪在孩子的身边,陈昶飞的日常生活只能由爷爷奶奶照顾。爷爷奶奶对他过度宠爱有加,在家里是他的"专职玩伴",被他呼来喝去的,不太听爷爷奶奶的话。爷爷奶奶年岁大了,文化程度也不高,根本辅导不了孩子的学习,因此,孩子经常不完成作业,上课根本就不听讲,致使学习成绩很差。爸爸为了弥补对孩子的亏欠,对孩子的各种物质需求都尽量满足,但对孩子的心理需求关注很少,不能及时把握孩子的内心想法。

有一次,因为他上课没有听讲,歪着身子坐着,提醒他两次后,仍然没有坐正听讲,因此,我严厉地批评了他,声音大了些,语气硬了些,孩子显然害怕了,一副要哭似哭的样子,眼泪在眼圈里含着,楚楚可怜的样子,后来,我再跟他说话,一副怕怕的样子,这一天总是离我远远的。他的这个样子刺痛了我,反思自己,自己刚才的行为是不是太过了? 孩子瘦瘦小小的,看到孩子的这个样子,想到孩子的家庭,孩子已经够可怜的了,从小缺少母爱,性格很孤独,特别没有安全感了,我怎么能够那么严厉地跟他说话吗? 想到这里,自己觉得好自责呀！我想：要想使孩子能够听讲，完成作业，与同学一起能够正常地交往，我首先要做到：与孩子的关系要融洽，在平时的生活中多关心他，课下多与他聊天，自己不仅是他的老师，还要是他的朋友，像妈妈一样地去关心他、爱护他，让孩子信任自己、不怕自己，然后再慢慢地引导孩子去听讲，去与同学交往。我想这样就可以慢慢地打开他的心扉。

利用课余时间，我经常以朋友的身份多次找他谈心，不谈学习，就谈生活，就谈兴趣。我有时拉着他的小手，有时拍拍他的肩，让他感受到老师对他的关爱。慢慢地，他开始挽着我，手自然地拽着我的胳膊，有说有笑，就在昨天，他居然把他的日记本主动给我看，他能敞开心扉跟我说心里话了。

我想：孩子不能光跟我亲近，还要学会与同龄的孩子们交流。于是，我下课时，经常来到教室外面，与同学们一起活动。起初，他只是站在旁边看着，我想：他也是渴望着与同学一起活动吧！我把他拉到孩子们中间，一起活动，他很不自然，怕怕的样子，低着头，我拉着他的手，对他微笑，用眼神鼓励他，他开始也踢起了毽子，慢慢地也露出了微笑。看着他开心的样子，我也露出了欣慰的笑容。

我想：这只是第一步，接下来我还要为他制订相应的学习计划，明确学习目标，鼓励他赶上去、超过去。在课堂上，设计一些难度不大的问题，请他回答，激发他的兴趣，使注意力集中到课堂上。

这天下课，小飞跑到了我的跟前，抱着我，就像投入妈妈的怀抱，那么开心，看到孩子幸福快乐的样子，我也顺势搂住了孩子，给予"妈妈"的关怀。不一会儿，我摸着孩子的头，温和地问："昨天怎么没有完成作业呀？"他低着头说："昨天太晚了，就没写。"我把孩子的头轻轻抬起来，让他看着我，我也紧紧盯着孩子的表情，又问："你觉得昨天作业留得多吗？"他说："不多。"我接着问："那为什么写得那么晚了？"他不好意思地说："昨天我到家先玩了会儿，一直没写作业，想写的时候就很晚了，所以……"我打断了孩子，双手握着他的手，站在孩子的立场，说道："昨天自己肯定特别累了，特别想玩会儿，休息会儿，再写作业，但是呢玩儿着玩儿着就上瘾了，就忘记写作业了……"我还没说完，他就一个劲地使劲点头，我笑着小声地对他说："告诉你个小秘密，老师小时候也有过这种情况，也有因为玩儿忘记了写作业的情况，后来我的老师狠狠地罚了我写双倍的作业。所以，丁老师特别理解你。"他又投入到我的怀抱，就像找到"知音"一样，不可思议地说："不会吧！"我笑笑并对他说："真的哟！但老师不会像我的老师那样罚你，但你觉得作业应不应该写呀？"他快速地说："应该。""那咱下课少玩会儿，把作业补上，行吗？"他不停地点着头。于是他下课时真就没出教室，在那里认真地写作业，有不会的题还知道过来问我，两个课间的时间就补完了作业，而且我发现字迹也比以前工整了。

其实，不光是孩子，我们成年人也会犯像孩子一样的错误，都有惰性，所以我们应允许孩子犯错误，要站在孩子的立场去看待、去处理，换位思考一下，不要一味地去指责，我想会收到意想不到的结果。

面对失去妈妈的孩子，丁老师用自己的爱和温情来进行弥补。孩子不仅仅需要严师，更需要慈母。丁老师及时补位让孩子的心灵得到了抚慰。

人是有情感的，所以人们做事往往受情感的左右。了解学生的内心需求，满足他们的内心需求。

二、教师的爱是智慧

教师的爱和家长是不同的，教师对学生的关爱应该体现在察觉学生的需要，给予学生切实的帮助。因此教师的爱需要专业知识的支撑。

（一）用孩子的语言沟通

都说孩子有一百种语言。作为教师，特别是小学老师，读懂孩子的语言，跟孩子畅通无阻地交流是基本功。

老师也犯过同样的错

朝阳区实验小学南校　丁静

这天下课，小飞跑到了我的跟前，抱着我，就像投入妈妈的怀抱，那么开心。看到孩子幸福快乐的样子，我也顺势搂住了孩子，给予"妈妈"的关怀。不一会儿，我摸着孩子的头，温和地问："昨天怎么没有完成作业呀？"他低着头说："昨天太晚了，就没写。"我把孩子的头轻轻抬起来，让他看着我，我也紧紧盯着孩子的表情，又问："你觉得昨天作业留得多吗？"他说："不多。"我接着问："那为什么写得那么晚了？"他不好意思地说："昨天我到家先玩了会儿，一直没写作业,想写的时候就很晚了,所以……"我打断了孩子,双手握着他的手,站在孩子的立场,说道:"昨天自己肯定特别累了,特别想玩会儿,休息会儿,再写作业,但是呢玩儿着玩儿着就上瘾了,就忘记写作业了……"我还没说完,他就一个劲地使劲点头,我笑着小声地对他说:"告诉你个小秘密,老师小时候也有过这种情况,也有因为玩儿忘记了写作业的情况,后来我的老师狠狠地罚了我写双倍的作业。所以,丁老师特别理解你。"他又投入到我的怀抱,就像找到"知音"一样,不可思议地说:"不会吧!"我笑笑并对他说:"真的哟!但老师不会像我的老师那样罚你,但你觉得作业应不应该写呀?"他快速地说:"应该。""那咱下课少玩会儿,把作业补上,行吗?"他不停地点着头。于是他下课时真就没出教室,在那里认真地写作业,有不会的题还知道过来问我,两个课间的时间就补完了作业,而且我发现字迹也比以前工整了。

其实,不光是孩子,我们成年人也会犯像孩子一样的错误,都有惰性,所以我们应允许孩子犯错误,要站在孩子的立场去看待、去处理,换位思考一下,不要一味地去指责,我想会收到意想不到的结果。

老师小时候也会犯错,这句话一下就拉近了老师和孩子的距离。是呀,老师也曾经是孩子,也会犯错……老师的话激了发孩子改错的动力:老师能够改,我一定也能改。

一棵猪笼草

朝阳区实验小学南校　吕运杰

孩子情况介绍:

父母感情不和导致离异,孩子留给父亲,学习由父亲负责。由于父亲采取批评方式导致孩子没有自信,没有信心表达自己的观点,不善于与人交流和沟通。生活起居由奶奶负责。父亲及奶奶对孩子过于娇惯,导致孩子任性、倔强、轻度叛逆、遇事容易出现轻度过激行为。性格上,孩子也因父母离异缺乏安全感,不愿与同伴玩耍,喜欢单独行动,或过度依赖某个熟悉的玩伴或长辈。如:①不能单独入睡,需奶奶陪睡。②谁都不理,后来只依赖我,有机会就紧拽我的手臂不放。③不爱说话,很少跟老师和同学交流。

第一次与孩子一起参加社会实践活动是去了北京植物园,在参观的过程中,孩子对每一种动、植物都特别感兴趣,不仅在参观的过程中问动、植物名字中不认识的字,而且还把他感兴趣的植物告诉了我,让我帮他记录下来。当遇到猪笼草的时候,孩子表现出了异常的兴奋与激动。

恩:老师,这个为什么叫猪笼草,是装猪的猪笼吗?

师:应该不是,老师也不是很了解这种植物,但是我觉得没有这么小的猪,也没有这么小的猪笼吧?

恩:也对,那为什么叫猪笼呢?(自言自语)

师:(我小心留意着,虽然孩子对每种动、植物都很感兴趣,但是对猪笼草的喜爱已溢于言表)

恩:(中午用餐时间)老师,您知不知道那个为什么叫猪笼草?

师:不知道。

恩:老师,我觉得这个植物特别的神奇。为什么植物还能吃小虫子? 为什么起这么特殊的名字?

师:咱俩一起用手机查查吧,好吗? 我们一起学。

恩:嗯嗯,好的。

利用午饭时间从"名字的由来"、"研究历史"、"形态特征"等多方面简单地了解了猪笼草。看到孩子满脸认真的表情,让我感到找到了跟孩子的交集,这是第一次做到了我与这个孩子的双向了解。

师:(发现孩子这个兴趣点后,我抓住不放)如果你的学习有进步,老师一定奖励你一盆猪笼草让你去养去观察,好不好?

恩:真的吗?

师:真的。答应你的事情老师一定能做到,但前提是你答应老师的事情也要做到才行。拉钩吗?

恩:嗯,好。

经过这一件小事,让我与孩子拉近了心与心的距离,孩子上课的状态有了很大的调整,由原来的随意趴在桌子上、手脚乱放等没规矩的坐姿到现在坐姿端正了;从原来不愿意参与课堂的互动、不愿意思考的学习状态到现在回答问题特别积极的转变;每日早读、口算从最开始的规定时间内完不成到现在的偶尔出错但大部分时间全对的成绩慢慢转变着;最近的一次小测验也是得到了满分的好成绩。于是我就帮他买了猪笼草,他开心极了!

过了几天,他撅着嘴找到我说:"我的猪笼草要死了!都怪你,总是让我浇水。"我吃了一惊,赶快说:"是吗?我一会儿赶快上网查查该怎样养,然后咱们按照科学方法来养它。"接着,我收集了猪笼草的相关知识并送给孩子,从此孩子经常跟我聊起猪笼草,孩子每节课下课都会主动找我聊天,聊他喜欢的猪笼草,聊他喜欢的鱼和青蛙。

孩子现在已经特别喜欢我、信任我了,很多心里话都愿意和我分享、沟通。我引导孩子多交朋友,多和小伙伴玩耍。一天语文老师告诉我,小恩问他知道猪笼草吗?然后滔滔不绝地告诉了语文老师关于猪笼草的知识。听到他主动跟别的老师聊天,我感到他的心扉敞开了。

这让我想起了一句话:喜欢钓鱼的人要研究鱼爱吃什么?不要把自己爱吃的东西当成鱼饵。一棵小小的猪笼草打开了孩子的心扉,那是因为喜欢,从学生喜欢的感兴趣的问题和事情入手才能够跟孩子进行有效的沟通。有的时候,老师总是抱怨学生不跟自己沟通,这只能说明老师还没有走进孩子心里,不知道孩子想的是什么。一位老师跟学生顺畅沟通可以说是基本功,如果学生连话都不想跟你说,那么教育从何谈起呢?

(二)了解孩子的困难

有很多时候,孩子是需要我们老师帮助的,但是他们往往不能够把这种需要表达出来。作为老师应敏锐地感受到他们的需要,并为他们提供独特的帮助。

用心滋养,润物无声

北京市朝阳区实验小学　杨帆

我班有这样一个孩子:上课沉默寡言,下课似乎话语也不多。一次上课,我叫她回答问题,她竟跟没听见似的,不起身,也不说话,我感觉很是气愤,也太没有礼貌了!就在此时,班里其他同学纷纷议论,告诉我说:"老师,她基本上前四年就没怎么说过话"。听学生这么一说,我心想这个孩子心里肯定有自己的想法,我得帮帮她。

我估计她不说话可能跟数学知识不会有关,于是我每天都单独给她补课,借着单独相处的机会和她交流。一次考试中她考了78分，正当我刚要开口时，她先说话了："千万别批评我，我平时都考60多分，这次考70多分我已经尽力了"。听完后，我笑了。她终于主动说话了，看来我努力没有白费。于是我们每天都一起学习，单独辅导，坚持谈心，一学期下来，这个孩子变得爱说爱笑，上课也能回答问题了。看到她的变化我感觉到了教师的价值与自豪感。

有了些许自豪感后，我依然坚持帮她补课，在一年的补课道路上也经历了酸甜苦辣。常言道："兴趣是最好的老师"，但我慢慢地发现她似乎对数学本身就不感兴趣，甚至带有排斥的心理。经常遇见一道简单的问题时，想都不想就说不会。我也很是苦恼，想了很多办法，给她讲数学故事，带她玩数学游戏，动手折纸等一切都无济于事。有时我在想她是不是上天派来折磨我的，这种心态经常闪现一下就被另一种意识所推翻，"每一个孩子都是天使，所以我们要爱护他们。"于是，我坚持了下来，在一次做数独的过程中，我发现了她的优势——分析迅速，切入点正确，用时较短。接着我大力表扬了她，她也似乎意识到了自己的优势，几次下来，她越来越喜欢钻研了，借着她这股对数学的热情，我赶忙"移花接木"，把她转移到了日常的数学学习中来。日复一日，渐渐地她的数学成绩达到了优秀水平，她也对我言听计从。一次日记中，我看她这样写到，多亏了老师每天的关心和帮助使我这个班级的"落后分子"一鸣惊人，我也要不断努力，对得起老师的付出。看到孩子的话语我眼眶湿润了，我觉得我的付出有了回报，自己的辛苦没有白费。

"坚持是一串串脚印，踩下去的是足迹，印出来的是真实。"在我们一次次坚持的背后，是心和心的对话，是情与情的交流，是灵魂和灵魂的感化，更是孩子们无声的变化。

杨老师是一位新老师，作为新老师竟然能够敏锐地察觉到孩子是因为不会而沉默，真是太让人惊叹了！有的时候我真的感到：做老师是需要天赋的。因为杨老师的这份敏感，她不仅帮助这个孩子提高了成绩，更重要的是找到了孩子的优势——数独。老师的厉害之处就是发现孩子自己都不知道的优势和长处，这往往能真的让一个孩子走向成功。

我们班的女汉子

北京市朝阳区实验小学南校　董可

去年我新接任一年级的班主任。一个顶着一头乱发的女孩引起了我的注意：她说话大嗓门，一句"老师，你看!"能够一下子让隔壁班的老师探出头来。早上一进校门经常可以看到她顶着一个"鸡窝"飞奔而来，进班之后衣服也是很豪气地随手一放，从来不管是放在了椅背上还是掉到了地上。在课上她丝毫没有课堂的意识，随意地歪在椅子上整个一个葛优瘫。老师讲课，她若无其事地东张西望，根本就没听老师在说什么。只要她有事想说，无论是在什么时候，她就要表达出来，比如：上课铃响起，她发现自己的橡皮找不到了，于是就开始大声喊："我的橡皮呢? 老师，我的橡皮呢?"然后就跪在地上开始翻书包……

我原本以为孩子刚入学，以后会慢慢好起来的。可是出现了更让人着急的事：她仿佛听不懂老师的话。一次在午休的时候我发现她和一个男同学起了争执，两人互相指责，一直在说"你错了""你错了""就是你错了"这种毫无意义的话语，我走过去想帮两个人解决矛盾，可是还不等我详细地了解情况她就再一次开始说"你错了，你错了……"根本不给我调解的机会。班中所有的孩子也把注意力放到了这边，我很生气，就告诉她"那你就一直说你错了，别停!"听我这么一说，小男孩立即不说话了，安静地看着我。而这个宝贝儿，却依然说着："你错了，你错了"甚至还和那个小男孩说"老师不让停，你赶紧呀!"我当时就觉的她一定是成心的，气得我血往上涌，一会儿数学老师进来了，看到这个情景就问了事情的原委，并且告诉她，老师的意思是不让他再说下去了。"啊! 什么!"她惊诧的表情，怀疑的语气彻底把我打败了，她是真的没听懂我的话呀……没过两天她就已经在年级"出名了"。

"孩子只是有些兴奋。""过一个星期适应了就好了。"……这样的安慰话语我听了好多，可是随着时间的推移，她不仅课上随便说话的问题没有改，讲的知识听不进去，甚至还在课上跑到教室外面玩。最关键的是，我在班里表扬坐得好的同学，其他小朋友都会立刻坐好，争取老师的表扬，可她却依旧我行我素，毫不在乎。

这个孩子虽然难住了我这个没有什么经验的小老师了，可是我依旧没有放弃，我尝试过每个问题都叫她回答以提高她的注意力，每讲一个生字拼音都叫她带读。慢慢地，书中课文她会读了，我满心欢喜地以为这个孩子开窍了，还在沾沾自喜。

"25 分"怎么会只有 25 分？这是她第一次单元卷子的成绩，对于我来说无异于是一个晴天霹雳。明明课文会读了，字认识，怎么会满篇卷子都是空白，仅仅得了 25 分呢？我的心碎了，但是这也激发了我一定要转变她的决心。

我把她的家长请到了学校。通过和家长的交流，我知道了这个孩子的妈妈是武替——也就是电影电视剧里的武术替身，可以说是个女中豪杰——说话、做事带着一种侠客身上的豪气。知道了妈妈的职业，我立即知道了孩子为什么会是这样——孩子是受了妈妈的影响。再加上她只上了公立幼儿园没有上过学前班，而且家长一直以为在入学之前可以什么都不教，一切等一年级的老师教就可以了，可以说是零基础。在习惯方面又因为是家中的老二，和自己的姐姐相差了十五六岁，爸爸十分溺爱……

不过孩子妈妈还提供了一个非常重要的情报，这个孩子非常好面子，知道了她的这一特性之后，我决定就以他好面子为突破口，重拳出击。

我开始了我的计划，课上特意表扬了一下考试满 100 分的同学，也特意观察了一下她，眼里充满了美慕。课下我找来她，"看到别人考 100 分你有什么感觉？""考就考呗！""你不想考？""没意思。"虽然他嘴上这么说，可是我依旧抓到了她眼中一闪而过的渴望，我和他说"你要是不想就算了，本来老师还想给你几个保证能得满分的小妙招呢。"说完又问了他一次"你不想考？""想"我听到了一个微弱的声音。

我给她的第一个小妙招就是回家复习，不贪多，就复习当天学的。孩子半信半疑地应了下来。我赶紧和她妈妈进行了交流，幸运的是她的妈妈非常好，决定全力配合我。我要求她妈妈每天晚上都要给她复习当天所学的知识，由于孩子落下的功课比较多，而且也有了厌学的情绪，我和她妈妈交代了，不过分地逼孩子，哪怕一晚上只记住两个字也是好的，但是必须及时告知我孩子的学习成果。这样我在第二天的课上会挑她会的问题向她提问，避免再次打击孩子，当她答对以后我会大力地表扬她，这不仅提升孩子的自信心，而且让她有成就感,感受到头天晚上的付出是有回报的。过了些日子我发现孩子在课上开始问问题了,这给了我莫大的欣慰。

　　课上的情况正在朝着好的方向发展,我有点沾沾自喜,可是一做题又打回原形了。于是我把她的座位调到离我最近的位置,方便我查找她的问题。做了几次题后我发现,只要我读题她的成绩会高一些,不读题的话她会的题还是空着。这让我明白"字"是她进步的障碍。她逃避读题,只做字都认识的题目,但在整张卷子里可谓是凤毛麟角。由于第一个小妙招起了作用,孩子开始信任我,于是我把她单独叫到办公室,故作神秘地和她说:"老师知道你的小心思,咱俩一起想个可以帮你的小妙招吧。"我把题中常见的几个字和特殊的题型找了出来。告诉她看到题目中的某些字是可以理解题意的,其他的字不认识不会影响做题,不要看到一个不认识的字就放弃整道题。每当我看到她应该会的题空着没写的时候,我都会走过去,一个字一个字指着让她读,不会的字可以跳过,很多时候她读着读着题意就明白了,答案也写出来了。在刚刚开始接触阅读题的时候,我提前和她沟通,告诉她文章里有不认识的字不要紧,一定把能看懂的都看懂。随着时间的推移,她不再抵触读题。

　　一切都在朝着好的方向发展。在年级的走班活动中我发现她特别爱表演,丝毫都不怯场,积极性很高,于是我决定利用这个契机,给她来一针强心剂。我把剧本发给孩子,并且以她近期表现都很好为由,让她挑选了自己最喜欢的角色。在排练的时候他碰到不认识的字虽然已经不排斥了,但还是不知道该怎么办,孩子主动找到我,问有没有小妙招可以帮她。我就鼓励她,让她利用字典来解决这个问题,由于这次表演她特别喜欢,所以对于查字典这件事没有十分的抵触,一个课本剧演下来,不仅查字典的能力提升了很多,而且还养成了查字典的好习惯。只要遇到不认识的字她就会想到利用字典来解决问题。

　　孩子从老师主动给小妙招,到与老师一起想小妙招,再到主动找老师要小妙招,学习态度在不知不觉中已经发生了改变。

　　改善孩子的纪律,我还是想以她的面子为突破,首先我发现她的运动细胞非常活跃,在课间操期间我发现她的表现特别好,我就悄悄地找到体育老师,请他在平时的课间操多关注一下她,如果表现好就大力表扬她,并且让她站在班级第一个,给全班领操。经过一个星期的刻意表扬,她的课间操已经是我们班的榜样了,从这儿我发现表扬对她还是非常有用的。课下我就找到她,告诉她,她现在在课间操的表现特别好,问她能不能坚持,继续给班级争光,孩子非常肯定地告诉我"能",从此孩子的课间操不用我再操心了。

有了这次的成功,对于改善她上课的纪律我充满了信心。

这个孩子最大的问题是听不出来话外之音,什么事情都必须开门见山地告诉她。在班里只要她有做不好的地方,我都会悄悄地走到她身边,十分明确地给她指出来,你不应该这么做,这件事的意思是让你这样做,这样的话语在一定时间内占据了我俩谈话的大多数内容。有一次上课的时候她随便说话,我让她别说了,她非常天真地问我:"啊!怎么了?"我当着全班的面批评了她,她却很不耐烦地看着我,我知道我可能伤到了她那所谓的面子,于是我决定和她做个约定。课下我找到她,问她是不是觉得在全班面前很丢面子?她默默地点了点头,于是我和她约定,如果她再犯了错误,我会看她一眼,或是敲敲她的桌子,但是她必须立刻改正她的问题。她欣然接受了。从此课上虽然她还是会犯错误,但是却很少会听到"啊!怎么了?"这种让你哭笑不得的话语了。

这个孩子让我有了很多的思考。

每个人都希望得到他人的肯定,以体现自身的价值,孩子自然也不例外。作为老师的我们需要懂得尊重学生的个性差异。孩子的思想虽还不成熟,但他们也是一个个独立的生命个体,他们不满足于被爱、被保护,他们更渴求一种尊重和理解。

而这种尊重和理解必须以爱为基石。因为只有心中有了真爱,才能真正走进学生的内心,寻找到切实有效的沟通方式,以不同的策略,逐步纠正其不良的行为习惯。

就像苏联伟大教育家苏霍姆林斯基说的:"我们所创造的一切都是为人着想的。如果人不能给人以幸福,那么任何物质财富和精神财富也不会给人带来幸福。"时代要求我们要着眼于"人"的发展,我们没有理由放弃任何一位学生。虽然冰冻三尺,非一日之寒,但只要你肯坚持,冰山也会融化的。特殊学生的教育需要方法,需要耐心,更需要有打"持久战"的心理准备。在今后的日子里,我将一如既往,打好这场持久战。

记得朝阳实验小学陈立华校长曾经分享了这样一句话:教育就是一棵树晃动另一棵树,一片云推动另一片云。既然让我们相遇就是一种缘分,我们在相遇中彼此改变,这就是一种修行……

"自信"从后滚翻开始

我们班里有这样一个女孩子小 A,文文静静、沉默寡言。上课提问到她需要老师有极大的耐心:半天说不出一个字是很正常的,老师要是等不及了让她坐下,她就如释重负般出一口气。有的时候我就故意等她,她见躲不过去了紧张得要命,几乎是浑身发抖,一个字一个字地往外崩:"不……知……道。"每次考试成绩总是在及格线徘徊,一次考试得了 60 分,她跟家长说:"还有 59 的呢。"她妈妈急得要命,对我说:"这个孩子就是不努力,她要是努力一定能够考好! 您说我是个急性子,争气要强的人,她怎么就是一点儿上进心都没有呢?"

是呀,她为什么不肯努力呢? 我想到了奥地利心理学家阿德勒说过的话:"引起教育中最大问题的,不是小孩的任何限制,而是他认为自己有什么限制。"究竟是什么限制了她的努力? 仔细想想这个孩子在各个方面来说都太平常:不善言辞、思维缓慢、运动能力很差……在每一点上她都是很一般的孩子。也许就是因为太平常了她对自己没有信心。一个什么事情都不做的孩子要么是因为懒惰,要么是因为没有信心,她就是属于没有信心的孩子。

我建议家长多鼓励孩子,也有意识地找机会表扬她,收效甚微。其实孩子们都很聪明,他们知道自己在同学中各个方面所处的位置,老师的表扬和家长的鼓励跟自我的评价比起来是苍白无力的,她始终没有勇气尝试着努力做一件事。

2008 年 4 月,北京市对各个地区学生体育进行抽测。抽测的项目有后滚翻、跳绳、投球。体育测试那天我和体育老师一起来到考场。看到同学们一个个精神抖擞地进行测试,心里很开心。我对学生要求是:做最好的自己。只要他们自己尽力了就可以,不一定要有很高的成绩。当看到小 A 做后滚翻时,我简直就要气炸了:她只是闭着眼睛向后面一仰……我看到所有的裁判都特别不满地打出了 4 分——全场的最低分。我诧异地问体育老师:"她怎么一点儿都不用力呀?"体育老师说:"她老这样! 五年级了还不会跳绳呢!"听了这些,我暗下决心:必须要让她能够突破自己的"限制",哪怕有一次成功的体验都能够使她鼓起勇气。

回到学校,刚好她的妈妈来接她回家。我把在测试时看到的告诉了她的妈妈,并谈了我的想法:"您总是问我怎么办才能够让她有上进心,我们就从后滚翻开始练习。您每天就看着她做后滚翻,只要她把后滚翻学会了以后也就努力学习了。"她的妈妈将信将疑,但是看到我很坚定还是同意试一试。

这样过了一个月,我问小 A:"会做后滚翻了吗?"她说:"还没全会,快会了。"又过了一个月,我又问她:"会做后滚翻了吗?"她特别兴奋地说:"会了。"我故作惊异地说:"太好了,这么快就会了! 会跳绳了吗?"她有些尴尬:"还不熟。""那好,你就利用假期把跳绳练会了。后滚翻那么难你都会了,跳绳一定没有问题!"

2008 年 9 月,新的学年开始了。我明显感觉到小 A 的变化:上课手举得高高的,回答问题的时候沉着淡定,即使回答错了也毫不慌张,能够按要求重复一遍正确答案……几节课以后,我问同学们:"你们发现没有,小 A 变化真大!上课举手太积极了,回答问题声音也大了!"同学们转过头看着她说:"发现了。"小 A 开心地笑了,没有了往日的局促不安。我悄悄问她:"跳绳学会了吗?"她自信地快速回答:"会了。"在一篇作文中,她写了自己学习后滚翻的经历,我不仅学会了跳绳,还学会了很多体育项目:踢毽、打羽毛球……

我感觉她学会的不仅仅是这些运动,更学会了做一个自信的人。

由此事我感到学习上的问题不一定要用学习来解决。作为一个体育项目后滚翻更有可操作性。以前的时候总是要求家长激励孩子,但是我们地处农村的家长往往不能够掌握激励的方式、方法,不能够对孩子起到激励的作用。而具体的可操作性的事情家长是能够配合老师完成的。家长能够进行具体操作:帮助孩子学会后滚翻,鼓励孩子学习跳绳并进行督促。这样具体的、外显的事情,比起激励孩子学习要好操作得多。小 A 通过学习后滚翻这个她认为很难的动作,慢慢体会出怎样努力做事,当成功以后,她获得了激励,她开始相信自己有能力完成、实现以前不敢想的事情了。这份成功的经历促使她开始努力学习、大胆发言……我相信,这样的经历会在她的一生中有着深远的影响。

我们经常说失败是成功之母,其实那是针对20%的优秀人才来说的。对于80%的人来说,成功才是成功之母。对于这孩子来说,她的妈妈是个手脚麻利的人,很多事情都不用她动手,在妈妈面前她简直就是失败者,在学校也是,很少能够走在同学的前面。可以说她从来没体会到过成功的感觉。这次做后滚翻,最初她也是不相信自己能够成功的,一次次练习以后当她终于可以做出这个动作了,她第一次感受到了:我可以。于是她就开始不断尝试跳绳……慢慢地自信在她的脸上洋溢了。

(三)"接住"孩子的挑战

别看孩子们小,有的时候他们会故意制造麻烦来挑战老师,维护自己。在这个时候,能够接住孩子们递过来的"招数",不仅考验老师的智慧,同时也注定了学生今后跟老师相处的方式。如果接不住,孩子就会永远用这招来对付老师。而成功地化解孩子的招数,并表达出我们的善意,就可以拉近跟他们的距离,为今后的教育工作做好了铺垫。

一套卡片
北京市朝阳区实验小学　王秋香

还记得那是2008年清明节前夕,也是我刚刚走上教师工作岗位的第一年。学生正处在一年级下学期,是养成良好学习、生活习惯的关键期,故事就这样发生了……

又是一个周五,尽管身心俱疲,但我依然在学生面前保持着朝气蓬勃的精神面貌,相信一次次的细节坚持都会潜移默化地影响着学生的身心变化。正当我饶有兴致地开完班会准备和学生一起放学时,学生小B高高地举着手,满脸着急地说:"王老师,打扰一下,我有事和您说。"

我微笑地向他点头示意:"怎么啦,说吧!"。只见他伤心地说:"老师,我妈妈昨天刚刚和我一起做完数学老师布置的数字卡片,老师说周末回家里要和家长一起复习百以内的计算,看谁的口算又准又快,可是我的卡片不在了……"边说边抽噎着,不知道是怕完成不了作业还是舍不得自己亲手制作的的"宝贝",总之,那捆卡片对于他来说很重要,得赶快帮他解决问题。我立刻轻轻地走过去,摸摸他的头说:"抽屉里、书包里都找了吗?""今天肯定带来了吗?"这时我问了问他周围的同学,同学们都很坚定地说可以证明他的确带来了,上课小组合作时还用了呢!只有旁边的小A装出一副与我无关的表情。

如果这件事发生在放学前的任何一段时间,我都会慢慢梳理思路……可是,我一看表,呀,离放学时间只有3分钟了,我不能因为这件事而影响全班家长正常接孩子的时间。于是,不由得心里很恼火:怎么这么不小心,现在怎么找呢?是不是丢哪儿了?唉,明天就放清明假了,下班后,我还着急跑到车站挤上长途车回平谷家呢!可不想放学一个人留下来解决问题。明天再回家……关键是学生一个个都回家了,怎么解决呀?

正当我心烦意乱时,突然看到那个收拾书包最慢的孩子正在把自己的那对卡片用橡皮筋捆好,往书包里塞呢!灵机一动,如果今天不解决,学生把自己的卡片都带回家,三天之后我再查找,可能黄花菜都凉了。我连忙说:"其他同学都把自己的卡片拿出来,放到桌子上,看看是不是小组合作完拿错了。"趁着大家都在找的找、看的看时,我悄悄地对小B说:"孩子,别着急,如果今天找不到的话,你可以换种方式复习你的功课,我会和数学老师解释的。对了,你的卡片有什么特殊的吗……"小B点了点头,轻轻地告诉我——那张纸是父亲使用过的,背后可能有些乱东西!我迅速地浏览了全班35个同学桌子上的一捆捆卡片,尤其是小B同学的左邻右舍的卡片,仔细端详后,我把目标锁在了毫无面目表情,看似很坦然的同学小A身上。

但是,因为自己没有十足的把握,也为了保护小A同学的自尊心,防止其他同学的胡思乱想,不影响正常的放学时间,我连忙开玩笑地说道:"呵呵,我知道小B同学的卡片'跑到'哪里去了,我想过完节它也会回来的。"

看着一个个家长把孩子接走,我单独留下了小A同学和他的家长。将事件发生的全过程简单地告诉了小A家长,并向家长讲述了我的出发点以及这件事对于每位孩子健康成长的重要性。家长可能看到一位年轻的班主任临近周末,为了给孩子解决问题宁愿耽误自己回家的时间感动了,就很痛快地答应了一定会配合我完成教育工作。

拉着小A的手走进教室,三个人坐成了三角形。我们开门见山地谈了自己的看法。我让小A拿出自己的卡片给家长和我看。我轻声问道:"这是你自己亲手制作的吗?"孩子毫不犹豫地答道:"我和我父母一起做的。"这时,我转过身问其家长,家长仔细看了看,很诚实地说:"我没有印象了,平时我很少管小A,可能是他妈妈和他一起做的。"我语气稍重地接着问道:"你的和我说话时一定要想好后再说,否则我会认为你对自己的言语不负责任,这些卡片真的是你自己做的吗?"孩子依然面不改色,坚持自己的说法。这时,家长简单跟我说了小A在家里的表现,如家里的零钱经常会不翼而飞……

面对家长的坦诚合作,我放下顾忌,询问家长,家里面是否有打印机,是否经常使用A4纸打印英文等。家长快速地回答道:"我和他妈妈文化低,根本就不会英文,更没有打印机,工作都和泥土打交道,怎么可能呢!"(其实,家长的个人资料我已经通过学生档案系统一入学就知道了)在家长回答的间隙,我不经意间发现小A的表情有了一些变化,也许心理正在发生着微妙的变化吧。

这时,本以为一年级的学生在事实面前会哑口无言,主动承认撒谎、拿错别人的东西,但学生却坚决地说就是他自己的,而且边喊边大哭起来。

通过心理学知识我意识到小A哭说明他已经心虚了,这只是自尊心在作怪不愿承认罢了。既然行为人师,就要抓住这个契机,好好地教育他一番,让他从内心真正心服口服,不能着急,使其彻底改变。于是,我慢条斯理地笑道:"你还这么肯定吗?"还没等小A反应过来,家长就一个巴掌拍了过去。这恰恰暴露了家长教育的方式简单、粗暴、无能,也呈现了孩子为什么会变得习惯如此恶劣。我连忙拦住了家长,用有力的教师口吻说道:"孩子不是打出来的,是需要教育的,相信小A自己也想承认,只不过是怕挨您的打骂。您这样只会让小A更加地不信任老师和家长……"

家长红了脸,表示认同。我仔细看看了卡片上面的阿拉伯数字,然后给小A同学一张纸,让他写出0~9,小A写完后疑惑不解地看了看我。我拿起小A写数字的那张纸与其中一张带有数字5的那张卡片放在一起。让家长和小A一起看上面的数字5是否一样,他们摇了摇头,不理解我在说什么……我有意放慢了语速,用手指指着上面的两个5说道:"你看,小A写得5是一笔写下来的,从右往左,即'横折弯钩',而卡片上的数字是规范的两笔写下来的,即'竖弯钩然后从竖的中间起笔向右一个横'……"小A低下了头,红着脸。家长顿时伸出拇指表示佩服,并为此影响我的休息和按时回家感到抱歉。

其实我是知道的,作为班主任,我只不过利用了自己的语文教师专业的知识罢了。语文的每个字在书写时都要规范其笔顺，尤其是一年级的语文认字，更是严格、精准。问题解决了，家长踏实了，小A第一次服了软，我不仅感受到了班主任的成就感，也意识到了肩上重任的艰巨。

王老师单独沟通和交流，保住了孩子的面子。同时应用了语文老师的专业知识让小A心服口服。这对孩子来说是非常有意义的。从孩子拒不承认的态度看，这个孩子的行为一定不是第一次，他把拒不承认当成维护自己的武器。在事实面前，他就能体会到原来只要做错事就是会被发现的。在随后的教育中，王老师用自己的智慧感染着孩子，逐渐让孩子步入正轨。

我骂自己呢

朝阳区实验小学　王学俊

大课间的时候，孩子们陆续走出教室去操场活动，我则埋头处理未完的工作。心里还不断窃喜，孩子们真是长大啦，不用我组织就能活动去了。可陈博宇突然间的一句"王老师，王家祖骂我。"一下子让我来了一个"烧鸡大窝脖"。我抬头看去，王家祖已经向教室外边走去。还没等我张口说话，陈博宇又气呼呼喊道："老师，他还骂我。"我看到王家祖已经走到了门口，就赶忙喊住他："王家祖，你回来。"王家祖好像没有听见一样头也不回地走了出去。以我多年的经验，这件事也许没那么简单。于是，我嘱咐陈博宇把他叫回来，而且一再强调在和他沟通的时候一定要心平气和，一切由老师来处理，保证给你一个圆满的答案。

不一会儿，王家祖就回来了。他看班里只剩下了我一个人，还没等我问，便理直气壮地说："王老师，我骂我自己呢，我没骂他！"他的回答让我很吃惊，心想：怎么可能呢？这世界上怎么有自己骂自己的人呢？但是我根本就没有办法证明他没有骂自己。看着他毫不在乎的样子，我明白了：他在发泄，在说气话，在装出一种无所谓的态度让我看。

既然他这样无理取闹，那我就将计就计，于是便和颜悦色地问道："帅哥，你为什么要自己骂自己呢，你肯定有难言之隐对不对？"对我的这个态度他显然感到很吃惊，犹豫片刻，支支吾吾地回答道："我不小心踩了他一脚。"听他这么一说我知道了事情的起因，我接着问："你踩了他的脚就骂了自己一句？"

"是。"他说完,挑战地看着我。我又问道:"你骂自己的目的是什么呢? 是表达自己的歉意还是别的意思?"他小声嘟囔道:"我不是故意的。"我接着追问道:"那也就是表达歉意了?"他点头说:"是。"抓住这句话,我进一步追问:"表达歉意应该说什么?"他愣了,不说话。我又问了一遍,他沮丧地低声说:"应该说对不起。"

"那你说的是什么?"

"……"

"你没有说对不起,还骂了自己一句。你说陈博宇听你骂的这句话会怎么想? 他会认为你在骂自己吗?"

"……"

"你换位思考一下:如果是你被别人踩了一脚,别人立刻就骂自己了一句,你会怎么想?"

"我会想他在骂我。"这次他终于开口了,并且低下头说:"我的确骂他了。"

见他认错我也不想过多的指责,而是想利用开学初学生一起制定的班规来引导他。因为在班规中有一条是:"不能骂人"。我跟王家祖一起来到班规面前,找到其中一条,说:"咱们一起看看有多少同学提出了不要骂人的班规。"我一一读着同学们的名字,突然我看到了"王家祖"三个字。我有些吃惊:王家祖自己提出"不骂人"的班规竟然自己带头违反! 这时王家祖也意识到了这一点,有些尴尬。我该怎么办呢? 如果我指着班规批评他:"你自己指定的班规为什么自己不遵守?"那么王家祖一定认为班规就是老师设计的陷阱,以后再也不能上老师的当了。这种想法绝对不是我想要的。于是我指着他的名字说:"你看,你自己也不希望骂人呀! 看来你是知道自己有骂人这个缺点的,所以设定了这样的一个目标是吧? 孩子,知错能改,善莫大焉! 王老师也犯过错误啊!"

"……"王家祖很不好意思地连连点头。

这件事情已经过去近两个月了。现在小家伙虽然也会偶尔惹些小麻烦,但是再也没有骂过人。

反思:

我感到当我们遇到学生的故意刁难时,首先,保持冷静的头脑是非常关键的。如果我当时愤怒地指责小家伙撒谎,换来的恐怕只是小家伙的不屑和师生间的不和谐。

第二步是给学生倾诉的机会,让他说一说这样做的原因。小家伙虽然是在故意为难老师,但是也没有拒绝说一说自己的理由,通过学生对事件的叙述我们才能够了解事情的来龙去脉。更重要的是,当学生愿意跟你说一说自己的理由时,他的心就已经向你打开了。

第三就是寻找他们思想中的闪光点。面对学生的错误,我更多地想从他们的错误中找到能够放大的优点。他虽然骂了人,但并不表示他没有丝毫的愧疚,他希望同学们文明有礼,但是自己却没有遵守,并不表示他不知道怎样做是好的。把他闪光的地方放大,让他看到自己有一些很好的想法,他对自己的看法也许就会发生改变。如果我把他的行为定义成故意捣乱,明知故犯,并讽刺他不能言行一致,那他会是怎样的感受呢?感觉自己就是个淘气鬼,并不断用淘气来证明自己就是这个样子;痛恨自己当初提出了这样的班规,感觉到自己被老师设计了……总之,这些所谓的标签是贴不得的,要不然物极必反!

从这件事情也使我看到了一个很实际的问题:学生对道德的认识存在知性不一的现象。但是不能说孩子的道德认识是错误的或者是无效的。我们要发掘孩子内心的善,守住孩子心中的善,即使不能执行不能落实的善,也是善,一样值得尊重。

让学生自己选择

杨阳是一个新转入的孩子,那一双闪闪发亮的眼睛,总是有一种让人琢磨不透的感觉。他很聪明,经常有出色的表现。当我对他的表现进行称赞时,他闪烁着明亮的眼睛说明他很高兴。但是表扬过后他跟其他的学生表现不同。其他的学生在受到表扬后会更积极地表现,而他就像没事一样,该干什么还干什么,没有任何积极的倾向。好像对表扬没有任何反应,或者表扬是他意料之中的?或者他根本就不在乎表扬?在随后的日子里,无论面对我的语重心长还是批评责备,无论我说什么,嘴上都是一百个答应,但是他的眼睛却闪烁着狡黠的光、嘴角挂着捉摸不定的笑。他需要的是什么呢?……

这个孩子好像是个谜,引发了我对他的更多的关注。我发现他很顽皮,但是很谨慎,一般是在他感觉我有可能不知道的情况下淘气。他跟班里的同学不是很亲近,只是跟和他一起转入的学生在一起玩。他经常不完成作业,当我提出要见一见他的家长时,他表示一定会改正的,并且能够在几天的时间里表现很好,但是过一段时间后就又开始依然故我。他的爷爷告诉我,这个孩子很喜欢听评书,一有机会就给他爷爷讲,讲得头头是道。在学校受到了表扬他也很开心地告诉爷爷。但是对于家长的一些建议批评都当成耳边风,只按照自己的想法去做,家里人对他一点办法也没有。我感到他是一个很有主见的孩子,对这种有个性的孩子来说让他们做自己的主人,自己来决定应该怎样不应该怎样是最重要的。

我耐心等待的机会终于来了。一连几天杨阳都没有按时完成家庭作业,总是在早读时间补上。第一次时我找到他对他说:"杨阳为什么没有按时完成作业呀?"他低头不语,"明天一定要按时完成好吗?"他点了一下头,没有表情地走了。这样的孩子往往错在侥幸心理,在原来的学校老师不是天天查作业,于是他被查出后没有马上改正,而是认为第二天就不会再查了。第二天他果然还是没有写完作业。这次他显得很坦然,一会儿就把作业交了,看到他心安理得的样子好像觉得没有什么大不了似的。这样过了几天,他丝毫没有改正的迹象。大概是他觉得自己写作业的速度快,用不了多长时间就能够完成不会因此而被留下补功课。我又一次找到他:"杨阳今天怎么又没有写完作业呀?"

"我补齐了。"他理直气壮地说。

"你早晨补上作业和昨天完成作业有区别吗?"

"不知道。"

"首先说你少写作业了吗?"

他立刻抬起头说:"一点都不少,不信您去查。"

"我已经查过了,一点都不少。所以我才纳闷。"

他好奇地抬眼看着我,等待我的下文。

"我纳闷的是你这样一个聪明的孩子怎么做出了这样的糊涂事!"

他的眼神迷惑了……

"你来分析一下,作业一点都没有少写,但是结果可不一样。今天你补上了,但是在同学的心目中的坏印象是无法补上的。'一个没完成作业的学生'这样的名字好听吗?你的损失太大了!你好好想一想,你应该怎样维护自己在班里的形象!"他的眼睛怔怔地看着我,这一次没有了漫不经心,是从心底涌出的尊重。从此以后他再也没有过这样的行为,同时也开始慢慢融入班集体。

用尊重换取尊重,让独立性强的孩子拥有独立选择的权利,比一味地说教更有效果。让我们都来尊重这些小大人吧。

作业补齐了就可以理直气壮?当然可以了。因为在学生心中作业就是给老师写的,完成了就可以了。从这个案例中我看到了一个特别有想法的孩子,他仿佛已经看透了老师的教育方法和策略,自然有一套对付老师的方法。但是这次当老师站在一个全新的角度给他分析了利弊以后,他被触动了。因为这个年龄的孩子,越来越在乎自己在同学中的形象,维护自己的形象、获得同学的认同,是他们的需要。老师的善意分析学生显然是感觉到了,因此也就没有必要再不断地发起挑战,而是越来越踏实地学习了。

(四)为家长提供帮助

1. 不可生搬硬套专家理论

书房里,郄慧跳到了写字台上,去追飞上屋顶的纸飞机。而这个时候,孩子的爸爸正在她跳上的写字台旁看书。看着孩子跳到了桌子上,她的爸爸无动于衷地看自己的书。郄慧的妈妈听到声音从厨房里出来,看到这种情景很生气,质问孩子的爸爸:"你怎么不管孩子呀?"又转向孩子:"郄慧下来!你作业做完了吗?"看到妈妈的严肃表情,郄慧赶快跳下桌子,跑到写字台前拿起笔,慌乱地翻找着作业本。母亲无奈地看着孩子,沮丧极了,"这孩子怎么这样呀?!"孩子的父亲慢条斯理地说:"孩子要慢慢引导,你看我不正在用实际行动来熏陶孩子吗?"

母亲立刻无话可说,无奈地叹了口气走回厨房。孩子的父亲刚刚开完家长会回来,专家说:"身教胜于言教,对于那些不爱看书的孩子和学习习惯不好的孩子来说环境很重要,家长要是没事就看书,都不用跟孩子说什么,孩子自然就会慢慢受家长的影响开始看书了。"孩子的父亲回家后就开始原封不动地按照专家的话去做了。结果家里上演了这样的一幕。

无独有偶,黎兵的家长听到专家讲了自己教育孩子的方法:一次孩子因为家里来了小伙伴而没有马上写作业,等到晚上该休息的时候还有作业没做。为了让孩子记住这次教训,专家没有让自己的孩子完成作业,理由是:"不能为了迁就孩子的第一个错误(没有先写作业就玩)而犯下第二个错误(不按时休息)。而孩子没有完成作业,第二天教师自然会批评他。老师的惩罚对孩子来说就是最大的惩罚。也就是用老师的批评来惩罚孩子促使他不再犯同样的错误。"在当天晚上回家后,黎兵的爸爸没有催促一直完成作业情况不好的黎兵写作业,而是在晚上该休息的时候不顾孩子的请求,强迫孩子上床睡觉。第二天孩子哭着跟老师说:"我爸爸非让我睡觉,不让我写作业。"

看,这样的家长是不是让你觉得可气又可笑?

在这两个案例中,家长都犯了生搬硬套的错误。在第一个案例中,郄慧的家长不惜改变自己的生活习惯来影响孩子的精神让人敬佩。但是孩子在教育过程中,不仅需要环境的熏陶,还需要家长不断纠正孩子错误的习惯。犹如园丁,不仅要施肥浇水,还要修枝剪叶。郄慧在应该写作业的时候不认真写作业,而是折纸飞机玩。这个时候在她身边的爸爸不给予阻止,那么郄慧就会形成一种错误的想法:写作业的时候可以玩。在这种认识的影响下,郄慧很难形成良好的学习习惯,学习成绩也一直不是很理想。

在第二个案例中,黎兵的家长忽视了自己孩子与专家案例中的孩子的区别。专家案例中的孩子有着良好的学习习惯,一直是个受老师表扬、同学羡慕的孩子。这次没有按时写作业是个偶然的事件,对于这样的孩子来说老师的批评会给孩子很大的刺激,能够起到惩罚的目的。而黎兵经常不完成作业,老师的批评对于他来说是家常便饭,因此家长想用这种方法惩罚孩子是不可能的。黎兵本身的学习习惯不好,经常不完成作业,需要的是在家长的帮助下养成按时完成作业的习惯。从而得到老师的表扬,在班级中树立自信。

2. 帮助家长协调家庭关系

我给学生告状

作为班主任最忌讳的就是给学生告状,喜欢给学生告状的老师往往遭到家长的冷遇和学生的厌烦。但是我就给陶一鸣告了一状,而且还收到了很好的效果。

　　陶一鸣是个瘦瘦的男孩子,中等个子,一双大大的眼睛。他特别淘气,我刚接手他们班的时候,只有我的课上他还好一些,连语文老师也总是告他的状。虽然经常听到老师们告他的状,我一直很耐心地开导他、激励他,从没有因此给他向家长告状。慢慢地,他语文课的纪律有了一些好转,英语课等科任课的纪律却没有起色。在上学期的期末考试中,他的语文和数学成绩都很高,进入了班里的前三名,英语成绩却只有80分,因此评选优秀学生的时候他落选了。我并没有责怪他,而是轻轻地跟他说:"下学期好好上英语课,我相信你的成绩一定能提高很快的。"这学期开学以后,他真的变了一个人似的,课堂纪律特别好,再也没有听到老师们跟我告他的状。我对他越来越放心了,但在这个时候,一个偶然的事情让我对他开始不放心了。一次中午在食堂吃完饭,我和同事一起边说边走向办公室。在楼前的乒乓球台前,我看到陶一鸣正在兴致勃勃地打球。看到我经过,他马上说:"老师好。"我一边回答:"你好,"一边顺口问了一句,"吃饭了吗?"听了我的问话,他愣住了,吞吞吐吐地说:"没有。"我停住脚步严肃地说:"马上去吃饭,一会儿食堂就关门了。"他马上收起球拍,飞快地跑向食堂。

　　等他从食堂回来,我找到他询问为什么不先吃饭再去玩球。他说:"球台太少了,去晚了玩不上。再说,食堂的人太多,去了也要等,不如边玩边等。"我一听也有道理,就嘱咐他玩球的时候要掌握好时间,不要因为玩球耽误了吃饭。他也点头答应了。

　　有了这次经历,我开始关注他的吃饭情况。每次中午看到他都要问一句:"吃饭了吗?"经过一段时间,我慢慢就不再每天都问了。又过了一段时间,我无意间问他:"你最近好好吃饭了吗?"他还没有张嘴,他身边的同学就告诉我:"他中午老不吃饭!"我一听大吃一惊,忙问他:"是吗?"他点了点头。

　　"那你吃什么?"

　　"什么都不吃。"

　　"什么都不吃?就饿一个下午?!"

　　"我不饿,晚上回家再吃。"

　　面对他这样的回答,我气得不想再跟他理论,对他说:"把球拍拿过来,中午吃完饭再跟我要。"

中午我吃完饭,在办公室等他跟我要球拍,一直等到学生开始午休也没有看到他的影子。下午上课我问他:"你怎么没跟我要球拍呀?"他身边的同学说:"他没吃饭。"

"为什么?"

他气鼓鼓地站起来说:"我不饿,不想吃!"

一看他的样子我感到他在跟我斗气,他认为我想用球拍要挟他,他想做英勇不屈的"英雄"。

这个时候正好上课了,科任老师来到了教室恰好为我解围。回到办公室,我想:我是好心怕他挨饿对身体不好,为什么会引起他的不满呢? 一般情况下学生是理解老师的用心的,而且为老师关心自己感到高兴,他这种反应说明他考虑问题的方式和其他人是不同的。也许这是一种情商低的表现? 初步做了判断以后,我决定跟他的妈妈取得联系,希望通过他的妈妈来帮助陶一鸣理解老师是为了他好,而不是跟他较劲儿。

陶一鸣的妈妈很快就来了,一进门她就说:"我们家陶一鸣真的是没法要!就是这么个招人烦的孩子……"我很惊异,在电话里我已经跟她说清楚了是孩子不吃中午饭的问题,是一件小事,她为什么这样指责自己的孩子? 听着家长的数落,我反复思考她这么做的原因,猛然我想到了:这位家长一定是自尊心很强,怕听到老师说孩子不好,于是自己先说出来。想到这里,我看着家长,等她说了一个段落以后带着疑问的目光说:"您说的是陶一鸣吗?"

家长有些惊讶,说:"是呀! 就是他。"

"可是他在学校挺好的,我眼里的陶一鸣优点挺多的? 根本不是您说的样子!"

"他在我眼里没有优点!"

听家长这么说,我故意很不高兴地说:"您这么说我特别不爱听! 从上个学期到现在陶一鸣的进步特别大,越来越好。您怎么能说孩子没有优点呢? 您要是觉得孩子一点儿优点都没有不就是在说我这个当老师的没有做好工作吗?"家长一听我这么说,马上就露出满脸的歉意:"何老师,我不是那个意思。陶一鸣进步挺大的,他也特别喜欢您。……"我笑着说:"对呀! 孩子明明优点很多,您为什么看不到呢? 我今天请您过来是因为这个孩子连续好长时间不吃中午饭,现在正是长身体的时候,天天中午不吃饭哪受得了呀!……"听完我的叙述,家长说:"怪不得天天晚上到家跟饿狼似的!我才知道是因为中午不吃饭!太谢谢您了!"我接着说:"您看我采取的方式,一般的同学都会理解,还觉得老师特别关心他。可是陶一鸣竟然因为这个跟我恼气,我觉得挺奇怪的。觉得我这个做法他可能接受不了,您看是不是可以跟孩子沟通一下,让他理解我的真实想法。"家长笑着说:"没事,我跟他说就行了!这孩子就听我一个人的话!他爸爸、他奶奶的话都不行,别人也不行,就我一个人的话管用。"听到家长这么说,我暗自吃惊:对于一个孩子来说,最初依赖的是自己的母亲。母亲必须让孩子不仅爱自己,还要爱父亲、奶奶……如果孩子听妈妈一个人的,说明孩子的爱没有迁移到别人身上,这种狭隘的爱会影响孩子今后跟父亲的相处,甚至会影响今后的家庭关系的处理。这位妈妈显然没有完成把孩子的爱迁移到父亲和其他家人身上的任务,并因孩子只依恋自己而感到自豪。这也许就是陶一鸣会误会我的原因。我猜想他不仅对我的一些善意的作法产生误会,还会对他的父亲和奶奶等家人产生这样的误会。从妈妈哪里获得了肯定的答案后,我知道我的猜想是正确的。我正思考该怎样表达我的想法,家长说:"我觉得孩子误会他爸爸很正常,他爸爸本来就特别过分!动不动就发脾气,对孩子的事要不就是不问,要么一问就急。我已经告诉他不用他管孩子!"看到妈妈怒气冲冲的样子,我猜想最近他们夫妻的关系一定出了些问题。于是试着问:"他爸爸做什么工作?忙吗?"家长还是一脸不悦地说:"做工程,有的时候忙就不回家。最近工程完工了,回家了。回家有什么用,什么也指不上,我跟孩子都不愿意他在家。不在家更好。"我试着说:"男孩跟爸爸的关系不好处理呀!如果男孩小时候跟父亲的关系就紧张等他长大以后关系也不好改善。那样的话等到孩子长大了,你们也老了。父子间有矛盾您夹在中间会很苦恼呀!"家长听了,一怔,又叹口气说:"是呀,可是他爸爸动不动就打孩子,孩子跟他很难沟通。"听到她这么说,我又问:"您可不可以做做爸爸的工作,让他改变一些做法?"家长叹了口气说:"他那里听我的!最近我们就是因为他对孩子不好生气呢!"我想了想,试着问:"您看能不能让我做一做孩子父亲的工作,劝劝他改变教育的方法?"家长立即高兴地说:"那太好了!您就说说他,不要让他打孩子了!""那您也得劝劝孩子,让他理解爸爸也是好心,只是表达方式有问题。只有父子的关系处理好了您将来的家才会和睦。"家长点点头说："只要他不打孩子我们娘俩就不会对他有意见的。"

陶一鸣的妈妈离开后，陶一鸣看到我的时候不再撅着嘴不高兴了，而是充满了幸福与信任。

陶一鸣的父亲很快就来了，见到我就跟我抱怨："何老师，陶一鸣太淘气了，他妈妈又不让我管，我一管他妈妈就急，孩子也就不听我的了。弄得我一点儿办法都没有!"我并没有直接面对这个问题，而是询问他的工作情况，他表示工作一忙起来根本就回不了家，对家庭的照顾不够。我顺着他的话说："您好长时间不在家，孩子和妈妈一定特别想您，盼着您回来。"父亲点点头说："是呀。可是时间一长就不行了。"

"您回家以后最希望一家和和气气地享受天伦之乐，孩子和妈妈一定也是这么想的。您跟孩子发火的时候妈妈跟孩子就会觉得委屈，觉得您好长时间也不回来，回来就发火。这样您也不开心，他们娘俩也不高兴。其实您是好心想帮妈妈管管孩子，结果是三个人都不舒服。"

父亲苦笑着说："就是这么回事。"

"所以，你干脆放权。让孩子的妈妈管好孩子，您做个好爸爸、好丈夫就行了。"看着父亲探寻的眼光，我接着说，"您难得回家，回家您就做好人，不做恶人。把孩子老婆哄得开开心心的，您也就开开心心了，这就行了。不就能够享受天伦之乐了?"

"可是您说孩子这么多毛病怎么办呢?"父亲不放心地问。

"您不在家的时候怎么办的? 不还是妈妈管? 您管的时间很少，主要是妈妈管。您回家对孩子表示不满也就是在变相说妈妈没有管好孩子，这样一来家庭不就有矛盾了吗? 陶一鸣这孩子挺好的，妈妈也很负责任。我今天找您就是希望您能够跟孩子搞好关系，给孩子一个温暖和谐的家。您每次回家都让孩子和妈妈觉得您真好，等您去工地以后都盼着您回来，那是多幸福的事情呀!"

"那倒是挺好的，我不管孩子也就没有矛盾了。"

"也不是一点儿都不管，只是不要跟妈妈的意见不同就行了。即使不同意妈妈的做法背后悄悄说，不要当着孩子的面给妈妈难堪。不管也不代表不疼孩子。您还是疼爱他,孩子上学了,放学回家您可以给孩子做点儿好吃的,让孩子觉得有爸爸在家真好。总之让孩子觉得您对他来说太重要了,而不是让孩子觉得您还是上班不在家合适,总是盼着您上班别回来。"

父亲满面春风地说:"这我能做到。您放心吧!"我一边送父亲离开,一边说:"等您的好消息了!""好!一周,您就等一周。我准保把他们娘俩哄得高高兴兴的。"我觉得父亲这句话有些太夸张了,不可能用这么短的时间就做到,于是笑着说:"不用着急,欲速则不达。"父亲依然很自信地说:"放心吧!我做得到。"

一周以后,学校开家长会,陶一鸣的妈妈来开会。我找了一个机会询问陶一鸣和爸爸的关系,陶一鸣的妈妈一脸幸福地说:"他爸爸天天做饭洗衣服,把家里的活都包了,孩子的学习我负责。不批评孩子了,孩子也就喜欢他了……"

有的时候老师不仅仅要关注孩子,还要帮助家长梳理家庭关系。这些仿佛不是老师的职责所在,但是为了孩子有好的家庭氛围,老师有时候真的要"多管闲事"。

有的时候,家长不能给予我们帮助,需要我们独自面对所有的困难,这个时候,我们也要竭尽所能,帮助每一个我们能够帮到的人。

3. 当家长没有办法时,我们一个人也要坚守

三年的漫长的等待

2003 年 9 月 1 日,我们班里来了一个很特殊的学生——李岩。他应该上五年级了,家长偏偏要放到三年级来重新读过。因为他实际的知识连三年级的水平也没有。看着他那明亮的眼眸,没有丝毫的混沌。我感到很奇怪:他怎么会留级?

跟他的前任班主任了解情况的时候,他的班主任还没有开口,旁边的老师一听他到了我的班,首先祝贺他原来的班主任"胜利大逃亡"。科任教师纷纷说:"他哪儿会上课?一次我讲课,座位上没有人了。一看,在地上爬呢!……""一年级的时候,他妈给他写作业!他什么都不会!"……我决定跟李岩的家人沟通一下。来的是李岩的大姨。李岩的大姨告诉我李岩的母亲有

癫痫，父亲也是一名有残疾的人。这个健康的孩子对这个家庭来说是个奇迹，家长对他的宠爱可想而知。在家里父母对他言听计从，他到了为所欲为的程度。这次让李岩降级完全是孩子姥爷的意见。李岩的姥爷看到自己的外孙越来越不像样子非常担心，害怕这个孩子承担不了父母的赡养责任。于是说服女儿、女婿开始抓孩子的学习。女儿、女婿对孩子的溺爱让老人不放心，于是李岩的大姨承担了这个责任，李岩开始跟她生活，执意让李岩蹲班的也正是这位大姨的意见。

　　了解到这样的情况后我陷入了深深的思考：我要怎么办呢？突破口究竟在哪里？孩子的大姨虽然愿意帮助他，但是经过这次接触我发现他大姨也是没有文化的人，她对待孩子的方法只有一个：打。这样的家庭教育能够起到的作用不会太大，甚至会是反作用。我决定再跟李岩好好谈谈。

　　找到李岩，我感到有了很大的希望。他在假期里已经开始学习了，对新的学习生活充满了憧憬。他认为必须要好好学习了，自己绝不能再像以前一样了。听他这么说我很高兴，当他把他的画"我心中的老师"交给我的时候，我的心一下被他抓住了；在画中，他高高地站在领奖台上，讲台下是我在向他挥手。我立即明白了：在他的心中老师是一个帮助人成功的人，一个多么伟大而崇高的人呀！看到这种情况，当时我暗下决心：我一定要尽全力帮助他。

　　我要给他怎样的帮助呢？看好他？显然不是一个好的方法，小学四年我可以看好、看严，但是到了初中老师不再像我一样看着了怎么办？我应该让他离开我以后依然能够很好地学习、生活。要想达到这个目的就要让他在小学阶段就获得成功，就能够成为一名优秀的学生，只有这样他才能够把优秀保持到以后的生活中，才能够保证他离开小学以后也能健康生活。

　　我分析了李岩当时的情况，决定开始以学习为突破口来帮助他逐步成功。

　　（1）严抓学习

　　对于李岩和他的家人来说，把落下的功课补上来是最直接的目的。以学习做突破口符合家长和李岩的个人期望，具有更大的内部动力。其次是因为对于一个学生来说，学业的成功会给他们带来无上的自豪，这种成功的体验会成为他成功的动力。

　　第一，以点带面，树立信心。

虽然是以学习做突破口也要根据李岩的实际情况为他设定目标。这个目标应该他能够达到的,第一次的成功体验是非常重要的,如果失败了会给学生很大的挫败感,影响他对自己的信心。李岩的语文很差,但是在数学方面的问题是很多字不认识读不懂应用题。于是我把重点放在他的计算能力上。10月份我们学校会举行口算比赛,我从开学初就督促他每天进行口算训练。因为比其他学生普遍大了两岁,他的口算速度也明显比其他同学快。经过一段时间的训练他口算正确率也得到了提高。在10月份全校的口算比赛中他获得了年级第一的好成绩。我在全班对他进行了表扬,他高高地举着奖状一脸的自豪。

这次成功使他对自己有了更大的信心,也使我坚定了严抓学习的目标。从此我对他的数学要求很严格,计算要求尽量全对,凡是错了的应用题都要一一向我口头汇报错误原因。每当他能够答对一些难题的时候我都会说:"不错。你就应该会。"慢慢地他觉得自己在数学方面非常有天赋。

第二,提供指导,积极补缺。

数学成绩的提高帮助他建立了信心,我时刻思考怎样弥补语文上的不足。我看到他识字量特别低,连我们二年级的学生的识字量都没有。识字毫无窍门可言,只能是每天练习,每天听写。我要求李岩的大姨在家里督促李岩练习三年级的生字,我在学校每天给他听写生字。他记生字的能力的确不强,但是我从不批评他,不会写的先练习,一会儿再听写。当他的生字会写以后我又开始让他读课文。课文读熟以后就开始让他看故事书。对这个建议他有自己的看法,他认为看故事书没有用,还不如看作文选。对他的这个想法我真的是无可奈何:地道的功利主义者!但是我还是同意了他的想法。这样他就开始看作文选了。可是他的作文水平还是不敢恭维!太差了,每一篇作文写得都是驴唇对不上马嘴。于是我对他提出的要求是:作文长短无所谓,一定要写真事。只有真实的事情才能够帮助他整理思路,能够促进他学会思考,学会表达……那个时候我是语文数学双包,我认为写作文必须从写真事开始,写真事能够促进学生观察、思考的能力,能够培养他们整理思路、使用文字的能力,这种能力是一种综合的能力,一个能够写出细腻文章的人情感一定不是粗糙的,一篇思路情绪的文章它的作者说话做事不会一团乱麻……写真事是在培养学生成为真正的自己。所以,我要求我的学生要写真事。就是这样的要求李岩开始的时候也是达不到的,干巴巴的几句话就写完了。每次他都会羞涩地把作文交给我说:"我实在是写不出来了。"我对这样的作文也很少批评,只要是他尽力就可以。但是如果他表示不想写,我是不会答应的。并且会表现出一脸的不高兴说:"不练习永远也不会! 遇到这么一点儿困难就退缩了!"他会马上跑回去写作文。慢慢地他写的作文越来越长了,虽然还是词不达意但是他已经不满足于自己短短的几行字了。他的作文,我总是能够圈出一段或者一个词说:"这里写得不错!"……

2006 年,学校举行"春雷杯"作文竞赛,他竟然在规定的时间内完成了一篇近 600 字的作文。并且能够表达得比较通顺、流利,更重要的是能够围绕一个主题,这就是一次质的改变。他得意地告诉我:"何老师,这次写作文我比我周围的人都写得长,而且我觉得自己写得还行!"我也开心地说:"你写得特别棒!"从他的话语中我知道原来他是这样在乎自己的作文水平。

(2)宽待纪律

李岩的纪律很差,刚上一节课就让音乐老师满脸通红地来找我:"你们班怎么来了这么一位? ……"一周下来,所有的任课老师对他都有了很深的印象。还有就是和同学的关系很紧张。他太淘气,力气又大,跟别人闹着玩手下没轻没重的,天天有人告他的状。一周不到就没有人跟他玩了。这种情况是我预料之中的,但是没有想到会是这样严重。但是我没有找李岩狠狠批评,我觉得现在让他达到普通学生的水平是很难的。不能够期望他很快改变,只要他能比以前强了就行。

但是如何处理好他和科任老师和同学之间的关系呢?

我找到每一位科任教师,跟他们每个人都把李岩的情况进行了详细说明,请他们看到李岩的进步,能够对李岩以更宽容的标准进行要求。科任老师们被我感动,表示尽量给他一些表扬。

做好了科任老师的工作,接下来是学生的工作。在班会上,我向同学们介绍李岩现在的勤奋和他的热爱劳动,让他们也看到李岩的进步和他的努力。"我们的班级是个大家庭,我们不能因为他不是很好就抛弃他,我们应该让他也感到班级的温暖。所以我们要宽容些,以更宽容的心接纳他。"学生的工作也终于做好了,同学们虽然对他还存在不满,但是在某种程度上还是接纳了他。

虽然老师和学生的工作都做好了,但是他的纪律还是要改变的。如何改变呢? 他这样一个孩子,还没有学会怎样跟老师、同学相处,告诉他应该怎样处理和老师、同学之间的关系很重要。

第一,学会听讲。

李岩在我上课的时候,基本上能够注意听讲,可以看出他对语文、数学的重视和对我的尊重。但是在科任课上他几乎从没有认真听过讲。不仅是自己不听,还故意跟前后左右的同学捣乱。

这让我很苦恼,也不可能我天天上课去看着他吧。思来想去,我想如果让他不动、不玩是不可能的。引发他对科任课的兴趣也许是一个好办法。于是我找到他,问他喜欢什么科任课? 他脱口而出:"数学。"

"还有呢?"

"语文。"

"还有呢?"

他竟然很无奈地摇头。我说:"怎么会呢? 科学课就特别好呀! 你看,你上课的时候肯定没有认真听。今天你就认真听听,看老师讲了什么。行吗?"他同意了。渐渐地他比较喜欢科学课了,科学老师也及时表扬了他,并且让他当了科学课的电教管理员,每次上课前给老师打开电脑和电视。他对工作很是认真,于是我把所有的电教管理员的活都交给了他。经过一年多,他几乎就成了我们班的电脑"专家",当电脑转换出现问题的时候,学生总是会说:"让李岩弄吧!"

对其他一些科任课,我让他争取在课上给老师提问,要给老师提问题可不容易。需要在课前进行预习,于是每次上课之前我都要叮嘱他先看看书。慢慢地他虽然课上不一定给老师提出问题,但是注意力提高了很多。

第二,学会交流。

他跟科任老师的关系虽然让人头痛,但有我经常跟被他气坏的老师点头哈腰赔不是也就过去了。但是跟学生的关系就不一样了。现在都是一个,哪一个受了气家长都不会答应。但是他跟同学的矛盾大多不是故意欺负人,而是他跟别人闹着玩,别人又不能够接受他玩的方式而已,每次同学告状他也很委屈。面对这种情况,我对他说:"你比他们都大两岁,他们喜欢的游戏你不喜欢,你喜欢的他们不喜欢。你说怎么办呢?是你迁就他还是他们迁就你?"他想了想说:"我迁就他们。""这就对了!"我马上肯定,"你比他们都大两岁,你就应该有个大哥哥的样子。你要有这样的心态:你哄着他们玩?谁让你大呢?"他用力点点头,脸上立即出现了严肃的表情。年龄小的孩子就是这样,一旦觉得自己是大哥哥大姐姐就会感到开心,并产生一种责任感。

从此后,他真的有了大哥哥的样子,脏活累活抢着干,只要他做得好我就当着全班表扬他:"看,李岩真不赖!不白比你们大两岁,就是懂事!"他每次听了都美滋滋的,更加努力做事了。每次和同学发生冲突,我总是说:"看,你这个做大哥的不称职!"这样他即使有些委屈也就不再说什么了。虽然大了两岁,但毕竟还是孩子,经常忘记了大哥哥的身份,被告状的事情还是时有发生。不过次数还是逐渐减少的。

五年级第二学期的时候,一天班会刚开始,班长就跟我说:"老师这节课我想说说李岩。"我的头立即大了,心想:"李岩又怎么了?最近没听说他闯祸呀!"我硬着头皮说:"你说吧。"班长看了一眼李岩说:"我要表扬李岩。"我怀疑自己的耳朵,不由调整注意力听了起来。"李岩表现太好了。班里涮墩布的事都让他承包了,所有的脏活累活都抢着干。同学们有事他总是挺身而出。上次咱们某某的自行车坏了,他自己一个人搬着自行车走了老远去修。修车的不在,他又帮助同学一直送回了家。他跟以前一点儿都不一样了!"我听得眉开眼笑,李岩却趴在了书桌上,不好意思抬头了。班长的话音刚落,很多同学举手表示要发言,结果都是对李岩的表扬。这节班会是我第一次听到来自同学的对李岩的表扬。我意识到:李岩真的融入班集体了。同学们对他的接纳、对他的认可让我对他走向初中生活充满了信心。

在期末复习考试中,李岩的数学得了 97 分,语文也到了平均分。这对他来说是一个突破。以前他的数学成绩虽然也有过 100 分的好成绩,但是很不稳定,在大考中总是考得很低。语文更是在平均分之下。这次在大考中的好成绩无异于向所有的人宣布:李岩成功了。这是他期盼的,也是我盼望的。当李岩把进步奖捧回去的时候,他的脸上没有了往日的得意,表情竟是如此的凝重。奖状不过是薄薄的一张纸,它的分量也只有我和李岩能够掂得出。

李岩到六年级的时候已成为全校老师口里的优秀学生的典范。在校园里他要是看到哪位老师搬着东西一定会主动上前帮忙,看到哪个小同学受欺负一定会阻止并把这个学生送回教室交给老师……他的好人缘让我对他的未来更加放心了。

后来,李岩因为英语成绩比较差去了技校学习。他来到学校找我,我们谈到过去在学校的生活,谈到他的现在的老师和同学。老师们都非常喜欢他,说他懂事。他的同学都很尊重他,他还认识了很多高年级的学生。他的话引起了我的担心,马上说:"技校的学生参差不齐,你可要分辨清楚,不要结交不应该结交的朋友。"他很自信地说:"您放心吧,我知道。他们要去做不好的事情我就会借机溜掉。我不会参加的。""那他们不就对你有意见了吗?""不会的,我有自己的理由的。"见我不放心,他又说:"同学们经常请我吃饭,可是我又没钱请他们。不请也不合适,显得太抠了。我就想出了一个办法。"说到这里他故意停了一下,看到我很认真地听,他得意地说,"我请他们到我家里去吃饭。我自己买东西,自己做。能省好多钱呢!吃的也挺好的。您看我处理跟同学的关系挺好的吧。"我笑着说:"好,我放心了。你真是会过日子还会跟人相处,智商、情商都不低。"我请他一起吃午饭。他告诉我,即使毕业以后他还要继续学习汽车修理、电工等技术活。"我家里因为拆迁有两套房子,一套住,一套租出去每月有1500元的收入。我妈退休有1000元,我爸在外面给人家看门有600元,我们还有一些低保的补助。一个月我们要存起来1000元,我妈糖尿病吃药也差不多花一千块。虽然我们的钱不多但是很幸福。"这个17岁的少年口中说出这些话让我感到惊异:现在的孩子拜金成风,他竟然这样淡定真是不易。

李岩的转变花了三年的时间,在这三年中我一直坚持三条原则:

第一,用放大镜找优点。

用放大镜找优点不是指把他的小优点放大,而是花费心思找他真正的优点。小学生虽然年龄小,但是他们对自己的能力高低有着非常清晰的认识。故意夸大他的优点并不能够使他真正得到激励,他们需要的是真正的成功,真正的优点。寻找学生真正的优势,促进他体会到真正的成功并不是一件容易的事情。需要教师的细心和敏锐的观察力。

李岩的转变首先来自于自信。这种自信来自他的第一次成功:口算年级第一。为了保护他的这份自信我降低对他纪律的要求,而在学习上严格要求。因为学习上的严格是他可以达到的,他能够从中获得一次又一次的成功,这些不断的成功能够促进他的自信。对于纪律我放宽要求,是因为即使严格要求他也是很难达到。反复的批评会导致他的挫折感,最终失去改变的信心和勇气。

第二,获得家长的支持。

家长给学生创造的是家庭环境,这对孩子的成长非常重要。对于李岩来说,他的家庭能够给他的帮助很少,但是并不表示我们不需要跟他的家长进行合作。我们需要跟家长达成共识,这样即使家长不能够对孩子有所帮助,但是他们的教育也不会与学校的教育背道而驰。

第三,争取任课教师和学生的帮助。

任课教师和同学对李岩的态度决定了他的学校生活环境的好坏。作为班主任我个人跟他的关系只是所有学校环境中的一个而已。同学是否接受他,其他老师是否认可他对李岩更为重要。我努力改变着他在学校的生存环境,希望他获得同学和其他老师的认可。与此同时,我要求李岩改变自己的处事方式,塑造他大哥哥的形象。这样的定位使他自己总是能够以宽容、爱护的心态对待同学,从而获得同学的好感。现在独生子女非常普遍,学生们很少会照顾别人、体谅别人。李岩作为大哥哥恰好是在学习关心照顾其他人,这样形成的不怕苦、不怕累、宽容的性格能够帮助李岩在今后的生活中获得更多人的好感和支持,为他走向社会打下一个坚实的基础。

三年转变一个学生,是不是太久了?可是这三年放到孩子一生中,是多么的短暂。孩子的一生将要度过多少个三年?在这关键的三年里,孩子发生了改变,改变的是他一生的轨迹,为了孩子的一生,即时再多一个三年又何妨呢?

十年树木,百年树人。作为教育者,即使是小学教师,跟孩子相处最长的时间不过六年。看似漫长,但在孩子一生中是很短暂的,但又是非常关键的。老师面对的学生很多,每个人都是几十分之一,但是这个孩子对于他的家庭是独特的,对于他自己也是独特的存在。所以,教师要以一种无条件接纳的思想对待每一个孩子,接纳他们或好或坏的感受,包容他们的问题。怀有一颗包容的心,不过于干预,同时让学生感到温暖。教师的爱是理智的,因为需要有专业知识的支撑;教师的爱同时也是感性的,只有感性的爱才能够体会到学生的情感,了解到学生的需要。教师的爱应该闪烁智慧之光。